AF355644

L'INCRÉDULE

CONDUIT

A LA RELIGION

CATHOLIQUE.

L'INCRÉDULE

CONDUIT

A LA RELIGION

CATHOLIQUE,

Par la voie de la démonstration;

OU

DISSERTATIONS

POLÉMIQUES ET DÉMONSTRATIVES,

CONTRE

LES INCRÉDULES,

LES ATHÉES ET LES DÉISTES.

A TOURNAY,

De l'Imprimerie d'Adrien Serre', rue aux Rats.

M. DCC. LXIX.

Avec Approbation & Permission.

LETTRE

A Mr.

LE MARQUIS DE ***

Pour servir de Préface.

MONSIEUR,

Vous l'exigez, il faut vous obéir. J'ai donc l'honneur de vous envoyer les Dissertations Polémiques, ou Disputes sur la Religion, que j'ai eûes avec le Gentil-Homme que vous m'avez adressé. J'ai reconnu avec plaisir la justesse de son discernement à saisir au vrai un caractère : rien n'est

*

plus ressemblant, ni plus fidèle, que le portrait que vous m'avez tracé de ce Cavalier. Il joint à un esprit pénétrant & cultivé, une vaste mémoire, beaucoup, ou même trop de lecture : il a puisé dans de très-mauvaises sources : Bayle qui est son Héros, a sur-tout contribué à le jetter dans un scepticisme universel en matière de Religion. Je lui ai cependant remarqué une ressource dans son malheur, qui me fait tout espérer : il sent ses maux, & cherche de bonne foi à dissiper ses doutes : Dieu ne manque jamais à seconder de telles dispositions. C'est à la faveur de cette divine lumière, qui éclaire tout homme venant au monde, que je suis parvenu à lui faire abjurer l'Athéisme & le Déisme. J'ai borné à cette matière

LETTRE.

les Differtations que j'ai l'honneur de vous adreffer cette année : car il nous refte un fort grand pas à franchir. Vous m'avez paru ignorer, MONSIEUR, que c'eft la liberté de penfer & de juger qu'infpire le Calvinifme, qui a conduit notre Gentil-Homme dans ce labyrinthe tortueux de doutes & d'incertitudes où il s'eft trouvé engagé : il lui manquoit ce trait, pour être un parfait imitateur de Bayle, fon maître & fon modèle. Détacher de ces entraves un homme qui paroît fort inftruit dans fa Secte, eft une befogne, qui jointe à beaucoup d'autres occupations, demande au moins une année. C'eft après ce terme écoulé que vous aurez mes autres Differtations. Au refte, vous aurez les unes & les autres au naturel, tel-

les que l'occaſion les a fait naître:
j'en retranchcrai ſeulement les devoirs de politeſſe réciproques de
l'abord, afin d'entamer plutôt la
queſtion. N'y cherchez pas les graces du diſcours ; ſouvenez - vous
que c'eſt un *Flamand* qui écrit,
& que ſon but eſt de convaincre,
& non de plaire. Trop heureux ſi
je puis par là ſervir la Religon,
& vous convaincre des ſentimens
reſpectueux avec leſquels j'ai
l'honneur d'être,

MONSIEUR,

Votre très-humble & très-
obéïſſant ſerviteur,
P ✳✳.

TABLE

Des Dissertations.

TABLE.

Fin de la Table.

APPROBATIO.

Vidimus & approbavimus in Vicariatu. 15ª Novembris 1768.

DE MANDATO,

LIETAR, *Secret.*

PERMISSION.

J'Ai lû le Livre intitulé L'incrédule conduit à la Religion Catholique, *par la voie de la démonstration, &c. & j'en permets l'impression. Tournay le 15 Décembre 1768.*

DE BETTIGNIES.

DISSERTATIONS
CONTRE LES ATHÉES
ET
LES DÉISTES,

Entre un Théologien & un Gentil-Homme.

DISSERTATION PREMIERE.

DE L'EXISTENCE DE DIEU.

Le Théol. JE suis aussi charmé qu'édifié, Monsieur, de votre exactitude à vous rendre à l'heure dont nous sommes convenus.

Le Gent. Ne soyez pas surpris, Monsieur, de me voir empressé à dissiper l'affreux cahos de doutes & d'incertitudes qui envelope & travaille mon esprit. L'amour de la vérité est imprimé si profondément dans le cœur de l'homme, qu'il n'y a que le tumulte des passions

A

qui puiſſe l'empêcher d'en ſentir la vivacité : jugez delà combien ma ſituation doit être tranquille.

Le Théol. J'eſpére que ce Dieu créateur, qui eſt lui-même la vérité par eſſence, & qui a placé cet heureux germe en votre cœur, lui fera, moyennant votre coopération, produire les fruits pour leſquels il vous l'a donné.

Le Gent. Ha! Monſieur le croiriez vous? Quel aſſaut impétueux me livrent mes doutes & mes perpléxites, à ce ſeul nom de Dieu!

Le Théol. C'eſt par cet article fondamental de notre croyance, que je vais commencer nos diſſertations.

Le Gent. De grace ſouvenez-vous, que je ne puis rendre les armes qu'a l'évidence.

Le Théol. Je me flate que vous la trouverez dans mes démonſtrations. Mais avant que d'entrer en matiere, il eſt à propos que nous convenions d'un plan général, que nous ſuivions l'un & l'autre, pour procéder avec plus d'ordre & de méthode. Voici celui qui me paroît le plus convenable & le plus ſimple. J'établirai une démonſtration; & ſans attendre les autres, vous formerez d'abord les objections que vous aurez à y oppoſer. C'eſt la forme ſur laquelle nous réglerons toutes nos diſputes.

Le Gent. Ce plan eſt de mon goût: j'y reconnois votre bonne foi. Si vous cherchiez à me ſurprendre, vous me feriez un étalage impoſant de démonſtrations entaſſées les unes ſur les autres, qui accableroit plutôt ma raiſon qu'il ne l'éclaireroit : mais n'ayant à combattre qu'un ennemi à la fois, si je succombe, la surprise n'aura point de part à ma défaite : la vérité seule sera victorieuse. J'ajoûterai cependant un seul trait à ce plan si sagement imaginé. Pour éviter le trop de prolixité dans nos dissertations, & débarrasser, pour ainsi parler notre arêne ; je ne vous proposerai que les difficultés qui me paroîtront les plus épineuses, & laisserai les plus triviales aux Ecoles. Elles ont un droit acquis sur elles, pour armer de toutes piéces leurs nouveaux champions.

Le Théol. Vous avez vû mon plan général : voici en particulier mon plan d'attaque pour cette dissertation. Je la diviserai en trois articles. Le prémier contiendra les démonstrations que nous fournit la nature même de l'Etre nécessaire : le second celles que nous fournit la merveilleuse structure & la sagesse admirable qui brille dans cet univers. La troisième espéce sera prise du cri général de la nature raisonnable, & de celui du sentiment intime de la conscience.

Le Gent. Je vous attends avec une sorte d'impatience.

ARTICLE PREMIER.

Démonstrations de l'existence de Dieu, prises de la nature d'un Etre nécessaire.

Le Théol. J'Entre d'abord en matière. Voici ma prémière démonstration.

DEMONSTRATION GENERALE.

Il existe un Etre nécessaire par sa nature, qui a donné l'existence à toutes les autres choses. Or cet Etre est Dieu: donc il existe un Dieu.

Je démontre ma prémière proposition.

S'il n'existoit point un Etre nécessaire qui eût donné l'existence aux autres êtres, il n'existeroit aucun être contingent, ou pour tout dire en un mot, il n'existeroit rien. La raison en est évidente ; puisque l'être contingent est par son essence indifférent pour exister, ou ne point exister, il n'exige pas plutot l'un que l'autre ; & cependant quelque torture qu'on donne à l'entendement, il ne trouvera rien qui ait pû tirer l'être contingent de l'état d'indifférence, sinon l'Etre nécessaire ; donc il existe un Etre nécessaire. Mais est-il bien évident qu'il y ait des Etres contingents ? Car c'est là le seul point qui puisse ici être controversé.

Ouvrons seulement les yeux, & par-tout où nous promènerons ou nos regards ou nos idées sur les choses d'ici bas, par-tout nous appercevorons leur contingence marquée en caractéres ineffaçables.

Commençons par le Ciel: c'est pour ainsi dire la voûte de ce bas monde. Je prends le télescope pour observer le soleil qui paroit y regner entre les astres, & je decouvre sur son disque des taches qui y séjournent, puis disparoissent au bout de quelque temps. Je suis alors forcé de me dire : les autres parties du Ciel où l'œil le plus obſervateur ne peut avoir un ſi facile accés ; cette voûte azurée, les autres aſtres ne peuvent avoir une nature plus noble que le ſoleil. Donc puiſque celui-ci eſt ſujet au changement, & par conſéquent eſt d'une nature contingente, le firmament & tout ce qu'il contient ne ſçauroit avoir une autre origine.

Du Ciel je deſcends dans les régions de l'air. J'y conſidére les altérations diverſes de cet élément, ſes vibrations, ſes modifications différenciées preſqu'à l'infini, cette multiplicité admirable de météores formés, pour ainſi dire, par les débris des eaux, de la terre & des minéraux, je veux dire par les vapeurs & les exhalaiſons. Cette viciſſitude inégale des ſaiſons qui n'a rien d'uniforme & de conſtant, que ſon inſtabilité même. Alors ma raiſon me dicte que tout étant néceſſaire & immuable, juſqu'aux modifications mêmes, dans l'Etre néceſſaire, puiſqu'il n'a rien que de lui même, c'eſt-à-dire, par ſon eſſence ; par conſéquent tous les éléments, & ce qui eſt formé de leur mélange, eſt marqué au coin de la contingence.

Delà je viens enfin à ce qui eſt plus à portée de mes ſens. Je contemple cette diverſité frapante de plantes & de fleurs : les unes ſont couronnées de feuilles & de fruits, les autres de ſimple verdure, qu'elles élevent preſque juſqu'aux nuées : celle-ci ne faiſant preſque que tapiſſer la terre, préſentent aux yeux le ſpectacles riant d'un vif coloris nuancé par mille traits divers d'une délicateſſe inimitable ; mais je les vois

tomber ces fruits, cette verdure, ces feuilles;
je vois la beauté fugitive des fleurs se faner,
s'éclipser en peu de temps. Je vois toutes ces
productions, que j'avois admirées, naître d'un
simple germe qui leur sert de matrice, se fortifier,
s'élever, dépérir : puis-je douter de leur cadu-
cité? Je tourne donc mes yeux vers cette multitude innombrable d'animaux de différente
espèce : la mort a imprimé son sceau sur chacun
d'eux, comme sur autant de victimes qu'elle
veut s'immoler.

Je m'arrête principalement sur l'homme, je
le contemple attentivement. S'il y avoit un des
Etres limités, qui dût être exempt des loix de
la contingence, ce devroit être assurément ce
Roi de l'univers. Mais les fastes du monde me
font démêler, même parmi les fables des Poëtes,
l'époque où les hommes ont commencé ; j'y
lis le dépérissement & la succession des générations d'âge en âge ; j'y remarque une chaîne
non interrompue d'êtres contingents, qui passent
& se succédent jusqu'à nous : étant de la même
nature, pouvons-nous manquer de passer de
même, & d'être remplacés par d'autres qui
n'existent point encore ? J'examine au moins si
l'ame de l'homme ne seroit point un être nécessaire. Mais au temps même que j'y fixe & y
concentre mes recherches, je sens qu'elle
change d'état ; qu'elle passe de la joie à la tristesse, de la tranquillité aux inquiétudes ; il
ne me faut point d'autres preuves de sa contingence, & je me vois dans la nécessité d'avouer

que toutes les parties de cet univers sont contingentes. De ce simple coup d'œil je conclus : il est donc évident qu'il existe un Etre nécessaire qui a communiqué l'existence à tous les autres êtres de la nature.

Le Gent. Je le conclus avec vous. Il faut avoir l'esprit, je ne dirai pas bien borné, mais bien massif pour se refuser à cette évidence. Pour moi, j'en suis si convaincu, que je ne prendrai pas même la peine de vous reproduire l'objection surannée des générations éternelles, que quelques anciens paroissent avoir admises. Vous pourriez me dire que je péche dans le principe même du raisonnement, qu'il y a une contradiction manifeste à les admettre, sans admettre auparavant un Etre nécessaire auteur de leur existence ; que sans celà, elles ne seroient rien, & que le rien ou le néant ne peut produire rien. Ainsi passons à la démonstration de votre seconde proposition : c'est là où je vous attends, & où je porte toutes mes attentions.

PREMIERE DEMONSTRATION DE LA MINEURE.

Le Théol. Vous ne m'attendrez pas long-temps : j'ai mes démonstrations toutes prêtes : je les commence. *Un Etre qui renferme toutes les perfections possibles, est nécessairement Dieu : or l'Etre nécessaire renferme toutes les perfections possibles : donc il est nécessairement Dieu.*

La prémière proposition de ce syllogisme est un principe si lumineux, qu'il n'a pas besoin d'être démontré. Je démontre la feconde.

Si l'être néceſſaire ne renfermoit point toutes les perfections poſſibles, elles feroient toutes poſſibles, & en même temps elles ne le feroient pas, ce qui implique contradiction. Elles feroient poſſibles, comme on le fuppofe, & elles ne le feroient pas, parce qu'elles ne feroient ni néceſſaires ni contingentes; ce qui implique encore. Je dis qu'elles ne feroient point néceſſaires dans cette fuppofition : car fi elles l'étoient, elles éxigeroient néceſſairement un fujet, puifque n'étant que de fimples qualités, elles ne peuvent exilter que dans une fubftance, & il eſt évident que cette fubftance néceſſairement exigée eſt un être néceſſaire, ou un être dont l'exiftence feroit d'abfolue néceſſité; autrement il ne feroit point néceſſairement exigé par des perfections néceſſaires ; ajoutez que fi elles étoient néceſſaires, leur aſſemblage feroit poſſible dans l'Etre néceſſaire ; on ne fauroit trouver qu'elles ayent aucune repugnance entre-elles. Or la poſſibilité d'une chofe néceſſaire & fon exiftence font la même chofe ; donc elles exifteroient toutes dans l'Etre néceſſaire.

Je dis en fecond lieu qu'elles ne feroient pas non plus contingentes dans notre hypothéfe : prefque comme je l'ai démontré plus haut; l'eſſence de l'être contingent, eſt de ne pouvoir rien avoir que par participation ou communication de la fubftance néceſſaire. Or c'eſt un principe évident & généralement reçu, qu'un être ne peut communiquer ce qu'il n'a pas :

donc la subſtance néceſſaire ne pourroit dans le cas ſuppoſé communiquer ces perfections à une autre ſubſtance , & par conſéquent elles ne ſeroient point contingentes : d'où je conclus qu'elles ſeroient poſſibles & ne le ſeroient pas, & parce que ce ſeroit le comble de l'extravagance d'admettre qu'elles ſoient poſſibles , & en même temps impoſſibles : il eſt donc démontré que l'Etre néceſſaire renferme toutes les perfections poſſibles , & que par une ſuite néceſſaire il eſt Dieu. Il exiſte donc un Dieu. Je voudrois pouvoir vous rendre cette démonſtration plus ſenſible.

Le Gent. On ne le peut dans une matière ſi élevée au - deſſus des ſens ; je vous comprens aſſez.

Le Théol. Au moins puis-je donner le défi à qui que ce ſoit des Athées qui ſe donnera la peine de l'approfondir, de pouvoir l'entamer.

Le Gent. Ils vous répondront que l'Etre néceſſaire eſt la matière première.

Le Théol. Je ſçais qu'ils le répondront. Mais je ſçais encore mieux que cette réponſe eſt la plus pitoyable des défaites ; que c'eſt ce qu'on appelle dans l'Ecole une puérile pétition de principe. Que diriez-vous ſi après avoir démontré à quelqu'un que le mouvement perpétuel , tel qu'on l'entend communément, n'exiſte pas : il alloit vous répondre gravement, il exiſte, puiſqu'il exiſte ?

Le Gent. Je rirois de ſa réponſe comme d'une extravagance,

Le Théol. Voilà juſtement le tau ou vous devez mettre la réponſe des Athées. Je viens de démontrer que l'Etre néceſſaire renferme néceſſairement toutes les perfections poſſibles : que par conféquent il n'eſt pas la matière première, qui eſt le plus imparfait de tous les êtres ; mais la divinité même. Ils laiſſent ma démonſtration en entier ſans y toucher, & cependant ils ont le courage de répondre que cet Etre néceſſaire eſt la matière première ; c'eſt-à-dire, de ſoutenir à la fois, & le pour & le contre, d'avouer qu'il n'eſt point la matière première, puiſqu'il renferme toutes les perfections poſſibles, & d'aſſurer en même temps qu'il eſt la matière première. N'admirez-vous pas cette juſteſſe de raiſonnement ? Après cela ont-il droit de ſe qualifier d'eſprits forts ? D'ailleurs quelle abſurdité d'attribuer à une matière brute & ſans action, à laquelle l'inertie eſt eſſentielle, les admirables productions de la nature ?

Le Gent. Mais ne pourroit-on pas dire que cet Etre néceſſaire eſt limité par ſa propre nature, que par conféquent il ne poſſéde & ne peut poſſéder toutes les perfections poſſibles ?

Le Théol. Non, on ne le peut ſans contradiction : car en démontrant que l'Etre néceſſaire renferme eſſentiellement toutes les perfections poſſibles, j'ai démontré en même temps qu'il n'eſt pas limité par ſa nature. Ainſi ou vous admettez ma démonſtration, ou vous ne l'admettez pas : ſi vous l'admettez, vous avouez que l'Etre néceſſaire ne peut avoir aucune limitation, ni par une cauſe extrinſéque, ni par ſa propre nature. Si vous ne l'admettez pas, c'eſt à vous de l'impugner.

Le Gent. Je vous avoue que je l'ai tournée dans toutes ſes faces & de tous les biais : mais je ſuis obligé de convenir que c'eſt un de ces boulevards qui ſont inattaquables, par quelqu'endroit qu'on s'y prenne.

Le Théol. Cet aveu eſt ingénu, il fait autant d'honneur à votre bonne foi, qu'à la ſolidité de votre jugement. J'aurois droit de m'en tenir là : mais pour ne vous rien laiſſer à déſirer ſur ce point, j'avance une ſeconde démonſtration, qui ſervira de ſeconde réponſe à votre objection.

Deuxieme Demonstration de la Mineure.

Un Etre néceſſaire, à le conſidérer préciſément par la ſeule néceſſité de ſon exiſtence, doit exiſter autant qu'il eſt poſſible qu'il exiſte. Or il eſt poſſible qu'il exiſte avec toutes les perfeċtions imaginables, & tous leurs degrés même à l'infini. Donc il doit exiſter avec toutes les perfeċtions imaginables & tous leurs degrés à l'infini, ou ce qui revient au même, il doit avoir la plénitude de l'Etre.

Je démontre la prémière de mes prémiſſes. L'Etre néceſſaire dit le même rapport à l'exiſtence, que l'agent néceſſaire dit à l'aċtion. Or l'agent néceſſaire doit agir ſelon toute la poſſibilité de ſon aċtion ; c'eſt un principe avoué de tout le monde, que la néceſſité n'a d'autres

loix, ni d'autres limites que l'impossible. Donc
l'Etre nécessaire doit exister, selon toute la possibilité de son existence.

Je démontre la seconde. Toutes les perfections possibles ne disent aucune opposition entre-elles, ni avec la substance nécessaire : car
comme la Toute-puissante peut être nécessaire,
ainsi la sagesse, ainsi les autres : il est de même
de leurs degrès. Donc il est possible que la substance nécessaire existe avec toutes les perfections imaginables & leurs degrés même à l'infini.

Le Gent. Permettez-moi ici de vous arrêter,
& de vous dire que votre démonstration me paroit un pur paralogisme, où vous supposez le
point controversé, savoir que l'Etre nécessaire
n'est point limité par sa propre nature : car s'il
l'est, il n'est pas possible qu'il ait toutes les perfections imaginables.

Le Théol. Vous me permettrez de vous dire
à mon tour, que vous ne faites point attention
à ces paroles remarquables insérées à dessein
dans ma démonstration; *à le considérer précisément par la seule nécessité de son existence.* C'est sur
elles qu'appuye mon raisonnement. En effet,
si l'Etre nécessaire considéré précisement sous
le seul rapport de son existence doit nécessairement exister avec toutes les perfections imaginables, il est évident qu'il exclut tout attribut qui le limiteroit, & qu'un tel attribut dé-
truisant la nécessité de son existence, nécessité
que vous avez cependant admise, en feroit une
chimére. Ainsi pour lever votre scrupule, il me
reste

reſte à vous demander 1° ſi vous admettez, ou non, la prémière propoſition de ma démonſtration, ſavoir que l'Etre néceſſaire à ne l'enviſager préciſément que par la ſeule néceſſité de ſon exiſtence, doit exiſter autant qu'il eſt poſſible qu'il exiſte ſous cette conſidération.

Le Gent. Je ne le puis nier, puiſque la néceſſité n'a d'autres bornes que l'impoſſible. La choſe eſt évidente par rapport à toute eſpéce de néceſſité.

Le Théol. Vous ne nierez pas non plus qu'il ſoit poſſible qu'il exiſte avec toutes les perfectións imaginables, à ne le conſidérer préciſément que ſelon la néceſſité de ſon exiſtence ?

Le Gent. Il ſeroit ridicule de le nier pourvû que l'enſemble de ces perfections ſoit compatible, ſur quoi j'aurai bien-tôt un doute à vous propoſer.

Le Théol. Vous convenez donc que ſi je vous fais voir la compatibilité de ces perfections dans la ſubſtance néceſſaire, elle doit les avoir toutes, & que par conſéquent elle a la plénitude de l'Etre.

Le Gent. J'en conviens: excuſez ma mépriſe, ce n'eſt qu'une fauſſe allarme, elles ſont fréquentes dans la guerre ; ce ſeroit merveille ſi celle que nous nous faiſons en étoit exempte.

Le Théol. Il n'eſt point ſurprénant que dans des préciſions métaphyſiques, où engage néceſſairement cette diſpute, on perde quelquefois ſon objet de vûe; quand on porte les yeux fort haut, on eſt ſouvent dans le cas de les ciller: mais venons à votre doute.

B

Le Gent. Je ne comprends pas, par exemple, comment une miséricorde infinie est compatible avec la justice infinie. Ces deux perfections me paroissent avoir de l'opposition dans leur tendance. La miséricorde infinie incline infiniment la volonté à pardonner, la justice infinie l'incline infiniment à punir le crime.

Le Théol. Ces deux tendances ne peuvent avoir aucune opposition, si elles ont toutes les deux leur objet différent auquel elles se terminent. C'est un principe très-commun de Logique, que le rapport à différens objets ôte toute contradiction. Or la miséricorde a son rapport vers les péchés, entant qu'ils vont être effacés par la grace & la coopération de la créature : la justice au contraire les regarde sous un autre aspect ; sçavoir, entant qu'ils ne doivent point être effacés, faute de coopération de la part de la créature. Ces deux aspects sont fort différents, & la moindre différence dans l'objet suffit pour ôter toute contradiction. C'est ainsi que je vois, sans aucune contradiction, un fruit entant que modifié par la lumière, & que je ne le vois pas entant que modifié par la saveur. Donc il n'y a aucune incompatibilité, aucune opposition entre la miséricorde de Dieu & sa justice : il en est de même de ses autres perfections aux quelles je pourrois étendre l'induction, si je ne craignois d'être long. Ajoutons, pour plus grand éclaircissement, que s'il y avoit quelque contrariété dans ces perfections, ce ne pourroit être que dans leurs effets, puisque du côté du principe qui agit, elles font une même chose parfaitement fimple, & qu'il eft impoffible de trouver dans une même chofe parfaitement fimple quelqu'oppofition que ce foit. Mais l'exercice des perfections divines, auffi bien que leurs effets, étant effentiellement fubordonnés à la fageffe infinie, qui régle tout, qui accorde tout avec poids & mefure : il eft manifefte qu'elle éloigne toute oppofition quelconque de leurs opérations ; autrement il faudroit dire que la fageffe infinie ne régleroit pas tout fagement dans la divinité, que par conféquent elle feroit fageffe infinie, & ne le feroit point. Je crois qu'il n'eft perfonne qui ne convienne de cette vérité.

Le Gent. Je ne fouffre plus aucune difficulté fur votre démonftration.

Le Théol. Cependant, pour répandre un jour parfait fur les deux démonftrations précédentes, & forcer l'Athéifme jufques dans fon dernier retranchement fur le point de l'Etre néceffaire, je veux bien fuppofer pour un moment que l'Etre néceffaire puiffe être limité par fa propre nature, quoique vous veniez d'admettre le contraire, comme démontré à tous égards. Dans cette fuppofition, quoi qu'impoffible, je ne laiffe pas de former cette autre démonftration, dont je ne crains pas que vous puiffiez nier aucune partie.

TROISIEME DEMONSTRATION DE LA MINEURE.

Suppofé gratuitement qu'un Etre néceffaire puiffe

être limité par sa propre nature, au moins vous ne pouvez nier la possibilité d'un certain Etre nécessaire, qui renferme toutes les perfections possibles. Or la possibilité & l'existence sont la même chose dans l'Etre nécessaire. Donc vous ne pouvez nier l'existence d'un Etre nécessaire, qui renferme toutes les perfections possibles : & puisqu'un tel Etre est Dieu ; donc vous ne pouvez nier l'existence d'un Dieu.

Rien n'est plus clair que la seconde proposition de ce syllogisme, puisque la possibilité d'un Etre nécessaire est la nécessité même d'exister, en quoi consiste son essence ; & que la nécessité d'exister ne peut être conçue sans l'existence actuelle : autrement elle seroit nécessité d'exister, & ne le seroit point.

La première proposition a déjà été en partie démontrée : mais pour la mettre dans l'évidence la plus compléte, j'ajoûte que l'assemblage de toutes les perfections possibles ne peut avoir aucune contrariété avec une substance nécessaire. Il n'est point de Philosophe qui n'admette comme un principe évident, que rien ne peut être contraire à une substance, sur-tout nécessaire : *Substantiæ nihil contrariatur.* Les perfections qu'il contient ne peuvent pas davantage avoir de l'opposition entre-elles. Cette vérité a été ci-dessus démontrée ; & pour la démontrer derechef, je n'ai besoin que de vous faire faire réfléxion qu'il n'y a que le défaut, ou le vice, qui puisse être contraire à une perfection. Or les perfections que nous attribuons à l'Etre nécessaire, sont des perfections simplement dites,

pour parler en style théologique, des perfections pures, qui excluent jusqu'à l'ombre de
tout défaut ; donc cet assemblage ne peut avoir
aucune opposition avec l'Etre nécessaire : donc
l'Athée ne peut nier ni la possibilité, ni par
conséquent l'existence d'un Etre nécessaire qui
renferme toutes les perfections possibles. Donc
il ne peut nier l'existence d'un Dieu.

Le Gent. Je ne crois pas qu'il ose attaquer de
front cette démonstration : mais j'apperçois une
issue par où il peut encore vous échapper. Il vous
dira qu'il reconnoît un Etre nécessaire, qui ait
toutes les perfections possibles, mais à la façon
de Spinosa, qui ne reconnoît d'autre Divinité
que ce monde visible : & ne le voilà-t-il pas à
l'abri de nos démonstrations ?

Le Théol. Voilà une issue fort étrange. Je ne
saurois croire qu'ayant autant d'esprit que je
vous en connois, vous puissiez sérieusement son-
ger à vous retrancher dans les monstrueuses
rêveries de ce Juif Athée. En effet, c'est bien
proprement au Spinosisme qu'on peut appliquer ce que Virgile disoit de Polyphème, que
c'étoit un monstre vaste, informe, horrible &
aveugle.

*Monstrum horrendum informe, ingens, cui lumen
ademptum.*

La Divinité que forge Spinosa, est le ren-
versement du bon sens, le chef-d'œuvre de
l'extravagance, le délire même divinisé. Mais

demandons à ce rêveur les preuves, je ne dis
pas de ses principes, mais des songes creux qu'il
se contente d'avancer, sans rien prouver. Dès-
lors vous verrez ce système imposant avec son
Idole bizarre, emporté par les vents, parce qu'il
n'avoit d'autres bases que les vapeurs inquiétes
d'une tête échauffée. Je veux bien cependant
ne lui point demander des preuves que nous
savons bien, vous & moi, qu'il lui seroit impossible de donner. Faisons-lui grace. Envisageons de près la production fantastique qu'a enfanté avec tant de bruit son imagination égarée.
Plus je l'examine, & plus je me convaincs que
c'est le ridicule enfantement, non de la montagne, mais de la chimére. Je n'y découvre
par-tout qu'un burlesque assortiment de contradictions les plus risibles.

Qu'est-ce que la divinité chimérique de Spinosa? C'est 1° une seule & unique substance, qui
est ce monde visible. Mais il est manifeste que
ce monde est un assemblage d'une multiplicité
innombrable de substances diverses, tant d'espéce que de nombre: il sera donc tout-à-la-fois
une seule & unique substance, & une multitude innombrable de substances différentes en
nombre, & en nature? Car nier que chaque
animal, chaque plante, soit une substance, &
que toutes ces substances différent entre-elles,
les unes en nature, les autres en nombre dans
leur espéce, c'est détruire leur essence & leur
existence. Je pourrai donc dire avec beaucoup
plus de raison, qu'une armée de cent mille

hommes n'eſt qu'un ſeul & unique ſoldat ; toutes les forêts de la terre, un ſeul arbre ; tous les aſtres du firmament, un ſeul aſtre ; tous les oiſeaux, tous les poiſſons, un ſeul oiſeau, un ſeul poiſſon ? *Riſum teneatis amici.*

C'eſt 2º une ſubſtance parfaitement ſimple. Mais il eſt évident que toutes les choſes de ce monde, en ſont autant de parties, même très-ſéparables entre-elles ; comme l'expérience journalière le prouve, & par conſéquent très-réellement diſtinctes. Donc le monde aura une quantité preſqu'infinie de parties, & cependant ſera très-ſimple, c'eſt-à-dire qu'il n'en aura aucune ; qu'il ſera un compoſé, & ne le ſera pas. Ne paſſerois-je point pour fou dans votre eſprit, ſi j'allois vous ſoutenir ſérieuſement qu'une Ville eſt une choſe très-ſimple, parce qu'elle n'eſt pas compoſée de pluſieurs Villes ; que le Royaume de France l'eſt auſſi, parce qu'il n'eſt point compoſé de pluſieurs Royaumes ? Et vous croirez du bon ſens à Spinoſa, lorſqu'il oſe vous aſſurer d'un ton magiſtral, que le monde eſt une choſe très-ſimple ?

Le Gent. Les Spinoſiſtes vous répondront que ce que vous appellez partie, n'eſt que modification : cette ſubſtance unique & ſimple a, ſelon eux, deux modifications, l'extenſion & la penſée.

Le Théol. Ils le répondront ; mais pour leur répondre à mon tour, qu'auroient-ils à répliquer, ſi, inſiſtant ſur la comparaiſon que je viens de faire, j'allois leur dire, qu'auſſi, ſelon

moi , toutes les Villes & les Provinces de France
font des modifications , & non point des parties
de ce Royaume ? Ne pourrois-je point leur dire
avec le même droit, que l'extension des corps
de tout ce qui est en France, & que la pensée,
c'est-à-dire la faculté de penser qui est dans tous
les François, ne font que de simples modifications du Royaume ; que par conséquent il est
très-simple ? Qu'auroient-ils à opposer à ma rétorsion , & vous-même qu'elle différence y trou-
veriez-vous , sinon, peut-être , que ma supposi-
tion ne s'étendant qu'à une petite partie du
monde , est moins absurde , & que celle du Spinosisme , s'étendant à l'univers , l'est beaucoup
davantage ? Que répondroient-ils encore , si je
leur disois que leur grotesque Divinité modifiée
en ours , en loup, en tigre , se dévore elle-même
modifiée en agneau, en brebis, en homme ?
Que modifiée peu après en bourreau , elle s'é-
trangle , se roue, se brûle elle-même modifiée
en criminel ? Tout cela n'est que rétorsion ;
venons au fait. Ces grands Philosophes qui
voient Dieu face à face par les yeux du corps,
ne voient cependant pas que leurs modifications absurdes me fournissent une démonstration contre-eux, à laquelle ils ne sauroient parer.

Il est évident qu'il y a un nombre innombrable d'extensions diverses dans l'univers. Or il
implique que toutes ces extensions soient dans
une substance très-simple sans pénétration. Car
une substance très-simple n'ayant point de parties, elle n'est point capable d'étendue; il est

donc de toute néceſſité que les extenſions s'y pénétrent , c'eſt-à-dire qu'elles y ſoient ſans étendue , & dans un ſeul point indiviſible. Il implique, d'un autre côté, qu'une quantité immenſe d'extenſions ſoit ſans étendue : l'extenſion ſans aucune étendue eſt la chimére la mieux marquée. Donc il eſt évident que ſi le monde ou la divinité Spinoſiſte eſt une ſubſtance très-ſimple, elle ne peut-être modifiée par les extenſions diverſes que nous y voyons. En attendant une réponſe ſolide à cette démontra-tion, réponſe que je ſuis certain devoir toujours ſe faire attendre ſans jamais venir : je reprends le fil des principes du Spinoſiſme, que cette légère excurſion m'a fait perdre un moment de vue.

C'eſt 3º une ſubſtance néceſſaire. Mais une ſubſtance néceſſaire eſt immuable , tant en elle même , que dans ſes modifications, puiſqu'elles ne ſont pas moins néceſſaires que la ſubſtance même : autrement ſi elles étoient contingentes, il faudroit néceſſairement qu'elles euſſent une cauſe de leur Etre, & dès lors le ſyſtème de Spinoſa, qui n'admet aucune cauſe, ni même rien de contingent, s'écroule abſolument. Or ce monde eſt ſujet au changement. Il ne faut qu'ouvrir les yeux pour y découvrir chaque jour, même à chaque heure, à chaque inſtant mille viciſſitudes ; les générations paſſent, d'autres leur ſuccédent ; nous-mêmes nous ne pouvons nous cacher les changements que nous éprouvons en nous. Donc le monde n'eſt point nécessaire : donc le système de Spinosa se contredit encore ici.

C'est 4° une substance infiniment parfaite, infiniment bonne. Mais encore une fois, il est évident qu'un affreux déluge de crimes s'est répandu sur la terre. Or, selon Spinosa, toutes les pensées criminelles, & les actions qu'elles produisent, sont autant de modifications de la substance universelle qui est Dieu : Donc le Dieu de Spinosa est tout couvert de crimes & d'abominations. Donc il est infiniment parfait, infiniment bon, &, en même-temps, il ne l'est pas. Donc c'est un Dieu chimérique.

C'est 5°.............

Le Gent. Non, Monsieur, de grace : c'est assez faire rougir l'humanité ; épargnez-lui la honte de voir plus long-tems les écarts dont est capable l'esprit humain, j'ai encore une difficulté à vous proposer sur l'article où nous sommes. Je ne vois point clairement comment en reconnoissant un Dieu, je ne puisse en reconnoître plusieurs. Or vous avoüez que la pluralité dans la nature divine est impossible. Donc je puis également dire que la nature même, d'où, selon moi, s'ensuivroit cette pluralité, est impossible.

Le Théol. Vous avez déjà avoué, Monsieur, l'unité dans la nature de Dieu.

Le Gent. Je vous assure que je ne m'en souviens pas.

Le Théol. N'avez-vous point admis la possibilité, & par conséquent l'existence d'un Être nécessaire, qui eût en soi toutes les perfections possibles?

Le Gent. Je m'en souviens & je l'admets encore : mais vous ne m'avez rien dit d'un Dieu unique.

Le Théol. En admettant l'existence d'un Etre nécessaire, qui eût toutes les perfections possibles, vous admettiez réellement l'unité de Dieu. Je le démontre.

Premiere Demonstration de l'unite' de Dieu.

Premièrement. Il existe, de votre aveu, un Etre nécessaire qui posséde toutes les perfections possibles, tant quant à leur espèce que quant à leur nombre & leurs degrés. Or s'il y avoit deux Dieux, le second renfermeroit les mêmes perfections que le premier ; & par une suite nécessaire, celui - ci posséderoit toutes les perfections possibles, tant pour l'espèce, que pour le nombre & les degrés ; & cependant il ne les posséderoit pas, puisqu'il ne posséderoit pas celles du second, qui seroient aussi possibles. C'est-là une contradiction palpable, qu'on ne peut admettre. Donc l'Etre nécessaire possédant toutes les perfections possibles, est l'unique Dieu, & il ne peut y en avoir d'autre. La multiplication de la divinité est l'anéantissement de la divinité ; *multitudo numinum nullitas numinum*, disoit autrefois un grand genie & un grand Saint. †

† S. Athan. *Contra Idola*

Le Gent. Il s'ensuivroit de votre raisonnement, qu'il ne pût y avoir aucune perfection hors de Dieu, & que par conséquent il n'existât aucun être contingent.

Le Théol. Je vous demande bien pardon, cela ne s'ensuit nullement : il ne s'agit dans ma démonstration que des perfections nécessaires & incréées, telles que les auroit un second Dieu, s'il étoit possible : & votre objection ne pose que sur les perfections créés & contingentes ; objet différent du tout au tout.

C'est pourquoi, pour y répondre, je n'ai précisément qu'a vous faire faire attention que les perfections contingentes n'étant qu'une imitation imparfaite, un léger crayon des perfections infinies du Créateur ; puisque dans ce nombre de perfections infinies éclate la Toute-puissance. On ne peut, sans contradiction, refuser à la Nature divine, le pouvoir de communiquer à son gré, les perfection contingentes aux créatures ; ainsi je passe à une seconde démonstration.

DEUXIEME DEMONSTRATION DE L'UNITE' DE DIEU.

Entre les perfections de l'Etre incréé, celle de n'avoir point d'égal, mais d'être l'Etre suprême, l'Etre souverain, de qui tout dépend, est sans doute une des principales : donc il est nécessaire de la reconnaître en lui, autrement il n'auroit pas toutes les perfections possibles. Or s'il y avoit plus d'un Dieu, il y auroit de

l'égalité

l'égalité entre-eux, ni l'un, ni l'autre, ne feroit l'Etre suprême, l'Etre souverain de qui tout dépend : donc ni l'un ni l'autre ne posséderoit toutes les perfections possibles, ce qui est évidemment contradictoire à la proposition que j'ai établie dans mes démonstrations, & que vous-même avez admise comme certaine & évidente. Donc il ne peut y avoir plus d'un Dieu. J'ai encore plusieurs autres démonstrations à vous faire sur la même vérité : mais j'espère que celles-ci vous suffiront.

Le Gent. Je les trouve en effet très-suffisantes.

Le Théol. Ainsi je conclus par une dernière démonstration, qui sera comme le précis des autres.

QUATRIEME DEMONSTRATION DE LA MINEURE.

L'Etre par essence, ou l'Etre nécessaire, ne peut avoir aucun principe de limitation : il n'en peut avoir d'extrinséque, parce qu'il ne peut avoir de cause : il n'en peut avoir d'intrinséque, parce qu'il exige de sa nature toutes les perfections possibles, c'est-à-dire, la plénitude de l'être, ainsi que je l'ai démontré & que vous en êtes convenu. Or un être qui ne peut avoir aucun principe de limitation, est évidemment illimité; s'il est illimité, il est Dieu. Donc il existe évidemment un Dieu. Ce que j'avois entrepris de vous démontrer.

Le Gent. Je le reconnois maintenant sans obscurité cet Etre incréé & tout-puissant, auteur de tout ce qui existe. L'aveu que j'en fais est un hommage que ma raison doit à ce Maître suprême & souverain. Mais comme je crains les fâcheux retours d'une imagination accoutumée à se borner à ce qui tombe sous les sens d'une imagination trop féconde en nuages qui obscurcissent l'esprit, & lui font perdre de vûe la vraie lumière ; ne me refusez pas, je vous prie, les autres démonstrations que vous m'avez promises. Des yeux qui viennent à peine de s'ouvrir, se recouvrent aisément, si l'on n'en extirpe jusqu'aux moindres fibres de la catáracte.

Le Théol. Je suis homme de parole ; je vais tâcher de vous satisfaire dans les deux articles suivants.

ARTICLE SECOND.

DEMONSTRATIONS DE L'EXISTENCE DE DIEU,

Tirées de la merveilleuse structure de cet univers, & de la sagesse qui y brille par-tout.

DEMONSTRATION GENERALE.

CE monde, qui offre à des yeux attentifs un si merveilleux spectacle, où plus l'on admire, plus on trouve à admirer : ce monde, dis-je, n'a pû exister de lui-même, ni être l'effet du hazard. Donc cet admirable ouvrage est sorti des mains d'un être créateur, également sage & puissant. Or cet être créateur est nécessairement Dieu : donc on doit nécessairement reconnoître un Dieu.

DEMONSTRATION DE LA PREMIERE PARTIE DE LA MAJEURE.

Ce monde n'a pû exister de lui-même. J'ai déja démontré que les parties dont il résulte , sont contingentes : or le tout dépend essentiellement des parties dont il résulte ; c'est une vérité qui se fait sentir aux yeux les moins perçans. Donc ce monde dépend essentiellement des Etres contingents dont il est composé ; & puisque son existence est essentiellement calquée sur la leur, essentiellement liée & adhérante à la leur : étant possible que celle-ci n'ait jamais eû lieu, autrement elle ne seroit point contingente ; il est donc aussi possible que le monde n'ait jamais existé : donc il n'est point un Etre nécessaire : donc il n'a pû exister de lui-même.

DEUXIEME DEMONSTRATION DE LA MEME PARTIE.

De plus, si ce monde avoit pû exister de lui-même, c'est-à-dire par la nécessité de son Etre, il n'auroit aucun principe de limitation ; par conséquent il seroit infiniment parfait. Je l'ai démontré dans l'article précédent : mais voici dequoi porter l'évidence au plus haut point. Un Etre nécessaire a le même rapport, la même liaison, la même convenance, & dans la même proportion avec toutes les perfections possibles : comme la toute-puissance peut exister nécessairement, ainsi la sagesse, l'immensité, ainsi les autres perfections. Donc ou il les exige toutes, ou il n'en exige aucune. Or il est impossible qu'il n'en exige aucune, parce qu'il est impossible de concevoir une essence, qui n'exige quelques propriétés : donc il les exige toutes, & par conséquent il les a toutes, il n'a aucun principe de limitation. C'est encore ici une démonstration de la divinité de l'Etre nécessaire.

Je reprends maintenant : or il est évident que ce monde est limité, tant par rapport à ses perfections, que pour son étendue, le nombre & la qualité de ses parties. Donc il est évident qu'il n'a pû exister de lui-même.

Le Gent. Cette prémière partie de votre proposition composée, me paroît sans replique ; voyons la seconde.

DEMONSTRATION DE LA DEUXIEME PARTIE.

Le Théol. Ce monde ne peut être l'effet du hazard. Le hazard ou n'est rien, ou il est quelque chose : vous pouvez opter. S'il n'est rien, il n'a pû rien former, selon ce principe si connu : *nihili nulla est operatio* : il n'a pû donner au monde l'existence qu'il n'avoit pas lui-même ; l'action présuppose nécessairement l'existence. Si c'est quelque chose, ou c'est une chose incréée, ou c'est une chose créée : si c'est une chose incréée, ce n'est pas le hazard, c'est Dieu lui-même, comme il conste par mes démonstrations. Si c'est une chose créée, elle est donc dans l'ordre des êtres contingents : or il est essentiel à tout être contingent de ne fubfifter que par partici-pation de l'Etre néceffaire, d'emporter dans fon idée une dépendance abfolue de l'opération de cet Etre fouverain & fuprême dominateur, dont il a tout reçu : donc le monde eft uniquement l'ouvrage d'une main toute-puiffante & créa-trice : donc il n'a pû être l'effet du hazard.

Allons plus loin ; & quoique cette preuve foit de nature à porter la conviction dans les efprits les plus obftinés, cependant puifqu'il y en a, qui, jugeant plutôt de tout par le cœur que par l'efprit, ne font convaincus que des chofes qui ont de l'analogie avec l'homme ani-mal; efforçons-nous de rendre cette preuve en quelque manière fenfible.

CONFIRMATION.

Le hazard, à le prendre au jufte, & d'après la plûpart des anciens Philofophes, eft le con-cours fortuit de quelques caufes qui agiffent à l'aveugle. C'eft ainfi que le concours fortuit des goutes d'eau, qui viennent peu à peu à féparer des pierres, en faifant que les terres d'entre - deux s'éboulent, pratique à la lon-gue, au panchant d'un rocher, une caverne qu'on dit formée par le hazard. Le hazard n'eft que cela ; fi c'eft autre chofe, il s'appelle rien. Cette notion, qu'on n'oferoit me nier, une fois établie comme inconteftable ; j'en tire deux dé-monftrations qui font à la portée des efprits, même les plus enfoncés dans la matière.

C'eſt un principe évident pour quiconque fait penſer, qu'une cauſe ne peut communiquer à ſon effet une nature ſupérieure à la ſienne. Elle lui communiqueroit plus de perfection qu'elle n'en auroit, & par conſéquent elle le lui communiqueroit, & ne le lui communiqueroit pas. D'ailleurs la vertu efficiente étant radicalement inhérente à la cauſe, elle ne peut être plus parfaite qu'elle, puiſque toute ſon efficacité émane de ſon fond. Donc puiſque le hazard agit à l'aveugle & ſans raiſon, il ne peut produire rien de raiſonnable. Or le genre humain, qui eſt la principale partie du monde, eſt eſſentiellement raiſonnable: donc il eſt faux que tout le monde ſoit un effet du hazard, puiſque la plus conſidérable partie du monde n'a pû en être produite. Donc il faut de toute néceſſité recourir à un Etre exiſtant par ſon eſſence, qui ait créé le genre humain; & puiſque cet Etre Créateur, ainſi qu'il a été démontré, renferme néceſſairement toutes les perfections poſſibles; je démontre donc par le monde l'exiſtence d'un Dieu.

Le Gent. A la bonne heure, que l'homme ne ſoit pas l'effet du hazard: il ne s'enſuit pas, qu'il n'ait pû produire les autres êtres. Donc la plus grande partie du monde ſera au moins l'effet du hazard.

Le Théol. Quand je vous paſſerois ce point, j'aurois néanmoins démontré ce que j'ai prétendu, ſavoir l'exiſtence d'un Dieu. Or de cette démonſtration il s'enſuit évidemment, que Dieu renfermant essentiellement toutes les perfec-tions possibles, il renferme aussi le souverain, le suprême, le plus parfait domaine sur tous les autres êtres, tant pour leur existence que pour le reste. Donc le monde qui est l'assemblage de tous les êtres contingens, est uniquement l'effet de cette main toute-puissante, autrement le suprême domaine de Dieu ne s'étendroit pas sur tous les êtres contingents.

Le Gent. Il faut en convenir, cette raison est péremptoire.

Le Théol. J'y joins une autre preuve qui a encore quelque chose de plus sensible. Un effet où éclatent par-tout les proportions les plus justes & les plus sagement ménagées, pour des fins très-importantes; où regne l'ordre le plus beau, le plus admirable, le plus constant, ne peut avoir pour auteur une cause qui agit sans dessein, sans vûe, & par conséquent sans ordre : l'effet ne peut être plus parfait que sa cause. Or le monde est un tel effet, & le hazard est une cause qui agit sans dessein, sans vûe, & par conséquent sans ordre : donc le monde ne peut avoir pour auteur le hazard.

Il ne faut qu'ouvrir les yeux, pour se convaincre de l'évidence de ma seconde proposition; mais puisque quantité d'Athées se sont mis un bandeau funeste sur les yeux, formé non-seulement par l'obstination, mais par des passions qui les ont presque abrutis : il est nécessaire de leur faire, pour ainsi dire, toucher au doigt la vérité. Ainsi ce seroit en vain que

je leur dirois: levez les yeux vers le Ciel. Regardez tant de globes lumineux qui brillent
dans cette voute charmante avec l'ordre le plus
parfait & le plus conftant. Admirez, avec tous
les Aftronomes, ces régles fi belles de proportion qui y font conftamment gardées, tant pour
leur diftance, que pour leur mouvement. S'ils
étoient moins éloignés les uns des autres, ils
fe confondroient & s'entredétruiroient. S'ils venoient à fe rencontrer au même point, dans
leur courfe rapide, ils feroient de cet univers
un affreux cahos, où tout feroit fans deffus-
deffous, où une confufion épouvantable fuccé-
deroit au bel ordre que nous y voyons regner.
Le hazard eft aveugle : s'il avoit pû obferver
& former les rapports mutuels de cette fym-
métrie fublime, il auroit beaucoup plus de lumières & de perfection que la raifon humaine.
Le hazard eft momentané ; s'il étoit conftant,
ce ne feroit plus le concours fortuit de plufieurs
caufes. Ce n'eft donc pas le hazard qui conferve fi conftamment cet ordre inimitable & permanent qui regne dans les régions céleftes. Il
repugne à la nature du hazard d'agir avec vûe,
avec deffein : nous voyons cependant évidemment la fin, le deffein le plus parfait dans ces
proportions fi exactes & fi régulières, qui feront
toujours un chef-d'œuvre infiniment fupérieur
à tout ce que l'art pourra jamais tenter. Eft-ce
le hazard qui a pû faire que ces corps brillans
gardent un équilibre fi jufte dans un efpace
le plus fluïde. Eft-ce le hazard qui empêche

les feux si vifs de se dissiper dans un torrent de matière la plus subtile ? Est-ce le hazard qui vient constamment leur fournir l'aliment nécessaire pour les entretenir & empêcher qu'ils ne s'éteignent ? Quoi, la raison la plus éclairée admire ces mystères de la nature, sans pouvoir bien les pénétrer ; & vous oseriez les attribuer à un hazard aveugle & essentiellement dépourvû de raison ?

Est-ce encore le hazard qui a placé le soleil dans cette juste distance de la terre, sans laquelle il la consumeroit par son ardeur, il tariroit les fontaines & les fleuves, il feroit languir & périr les plantes & les animaux ? Est-ce le hazard qui fait paroître chaque jour sur votre hémisphére, cet astres pour vous éclairer à votre réveil, pour vous ranimer à un travail nécessaire, & vous y aider par le secours de sa lumière, pour répandre sur tous les végétaux de salutaires influences, sans lesquelles ils ne produiroient point chaque année les fruits dont vous avez besoin pour votre subsistance ? Est-ce lui qui fait que cet astre, terminant ensuite par rapport à votre horison sa carrière, vous ramène la nuit, dont les vapeurs & l'humidité vous provoquent un sommeil doux & opportun, pour réparer les forces du corps, que le travail du jour a dissipées, tandis qu'elle rend encore aux plantes, par des rosées formées à propos, une partie de ce que la chaleur leur avoit enlevée pendant la journée ? Est-ce lui qui a ménagé cette différence des saisons, afin que la terre, pendant

l'hyver, fe reposât & ramafsât dans fón fein
le fuc végétatif pour fes diverfes productions,
le promût au printems ce même fuc différen-
cié en mille manières, felon la différence des
plantes, partageant à chacune ce qui eft analogue à fa nature ; qui change les fleurs en
fruits dans l'efté, donnant aux uns, dans ce
temps, leur maturité, aux autres feulement en
automne, ou au commencement de l'hyver,
afin d'en étendre l'ufage & la commodité à
toutes les faifons ? Eft-ce enfin le hazard qui
au dernier période du foleil fur notre hémif-
phére, tient tout prêt cet aftre nocturne que
vous voyez prendre fa place, & tempérer l'horreur des ténèbres, en réfléchiffant jufques à
nous une partie de fa lumière ? Eft-ce lui qui
nous découvre alors ce lambris magnifique où
brillent les étoiles, comme autant de flambeaux
pour nous éclairer & nous dédommager du
riant fpectacle que nous ôte l'abfence de l'aftre
du jour; qui fait fufpendre dans les airs ces ré-
fervoirs d'eau, élément beaucoup plus pefant
que l'air, afin de les faire réfoudre en pluyes,
pour empêcher la terre & les plantes de fe def-
fecher ? Un fage Payen *a* qui étoit également &
l'honneur du Lycée & la gloire du Barreau dans
Rome, ne craint point d'affurer, que quiconque attribue au hazard tant & beaucoup d'au-

____

a Marc. Tull. Cicero. L. 2 de natura Deorum : *quis*
hunc hominem dixerit, qui cum certos Cœli motus,
tam ratos aftrorum ordines, omnia inter fe connexa &
apta viderit, neque in his ullam rationem, eaque casu
fieri dicat, quæ quanto confilio geruntur, nullo confilio
affequi poffumus?

tres effets de la nature, dont l'ineffable artifice passe toutes nos conceptions, n'est point un homme, mais un animal destitué de raison. Ce seroit, dis-je, en vain que je leur tiendrois un tel discours. Tout courbés, comme ils le font, vers la terre, s'ils portent de temps en temps un regard vers le Ciel, c'est superficiellement & sans réfléxion, semblables à de stupides animaux, qui le regardent aussi quelque-fois, mais sans y rien concevoir. Non, ce n'est point ainsi qu'il leur faut parler. Puisque vous n'avez des yeux que pour le corps, fixez, dois-je leur dire, fixez, j'y consens, uniquement là vos regards, comme vous y fixez vos pensées & vos désirs. Mais pourriez-vous me nier qu'il y ait les proportions les plus belles entre les membres de votre corps, tant pour l'ensemble, que pour chaque partie particulière, qui ont toutes une fin immédiate distinguée, à laquelle elles font proportionnées ? Proportions pour l'ensemble ; supposez que tout le corps humain ne soit que chair, il n'aura ni solidité, ni résistance ; ce sera une masse informe, incapable d'action & de mouvement. Supposez que cette chair soit soutenue par des os, mais qu'ils ne soient point exactement emboëtés l'un dans l'autre, unis par des ligamens, divisés par des jointures qui les rendent fléxibles, aidés pour l'extension & la contraction par des nerfs & des muscles moteurs & antagonistes ; vous ferez semblable à une statue sur un piédestal. Supposez encore que les parties inférieures soient placées, où sont actuellement les supérieures, celles-ci, où sont les inférieures : vous vous plaindriez, & avec raison, que les proportions ne sont point gardées dans le corps humain : mais cette plainte seroit un aveu tacite que vous arracheroit la nature, que dans l'emplacement qu'èlles ont réellement, toutes les proportions requises sont observées.

Proportions pour chaque partie particulière. La tête, comme le chef de tous les membres, le sanctuaire du raisonnement, où l'ame rend ses arrèts, & forme ses jugemens, devoit tenir la place supérieure dans le corps humain. L'auteur de la nature n'a point manqué à cette régle de proportion. Par la même raison elle devoit être la plus embellie. Aussi ce sage ouvrier y a-t-il placé la beauté, l'air qui manifeste les sentimens, les ris & les graces. C'est-là où les objets doivent se sister devant le tribunal de l'ame, afin qu'elle juge de leur convenance ou disconvenance de leurs bonnes ou mauvaises qualités : il faloit donc que les sens par où ils s'elèvent jusqu'à cette cour souveraine, si je puis ainsi m'exprimer, eussent encore leur place dans cette partie du corps. Aussi le Créateur n'a-t-il pas manqué de les y placer, excepté le tact, qui ayant un objet qui s'étend à toutes les parties pour leur conservation, a aussi été répandu dans chacune d'elles.

Les yeux, organes de la vûe, sens principal, étant comme les miroirs de l'ame, étant comme les sentinelles qui devoient veiller sur tout,

pour

pour le bien de tout le compofé : les yeux devoient tenir le premier fiége entre les fens. C'eft
pourquoi ils font placés immédiatement fous le
front. Mais qui n'admirera le méchanifme fubtil
& furprenant avec lequel ils font formés ? L'objet s'y repréfente fur une tunique délicate, faite
en forme de rets, qu'on appelle pour cela la
rétine. Mais les faifceaux de la lumière qui par-
tent de chaque point de l'objet, devroient bien-
tôt par leur vivacité endommager une partie fi
déliée. Qu'a fait la main excellente qui a formé
ce bel ouvrage, pour le rendre folide & durable,
malgré fa délicateffe ? Elle a eû foin de placer
fur le devant de l'œil, certaines tuniques tranf-
parantes & certaines liqueurs dans lefquelles les
rayons fe rompant par diverfes réfractions,
viennent enfin, comme un doux & léger pinceau,
peindre fur la rétine l'image de l'objet, pour la
tranfmettre à l'ame.

Le fens de l'ouie, dont les oreilles font les
organes, n'eft guéres moins néceffaire à l'ame,
formée pour la fociété humaine, que ne le
font les yeux : il eft placé à leurs côtés fur
le derrière de la tête, prefqu'à leur niveau. Son
organifation feule feroît l'éloge le plus complet
de la fageffe de fon auteur ; fi tous les fens
n'étoient autant de chef-d'œuvres qui l'anon-
cent avec éclat. On y admire les proportions les
mieux concertées pour modifier les fons, & les
faire paffer jufqu'au lieu où l'ame forme fes
connoiffances. Mais comme les objets extérieurs,
qui fe gliffent dans ces organes toujours ou

verts, pourroient en embarraſſer le tympan, une eſpéce de gluë appellée le cerumen, eſt placée à propos à l'entrée de l'oreille pour les arrêter. L'odorat comme moins important eſt placé au - deſſous des yeux, mais comme il contient deux conduits qui forment les narînes, pratiqués exprés pour décharger le trop d'humidité dont le cerveau abonde, ſon organe commence immédiatement au-deſſous du front. Le quatriême ſens eſt le gout : comme le plus matériel il eſt placé deſſous les autres. Son organe principal eſt le palais, qui eſt un tiſſu de quantité de glandes & de papilles ou mamelons de nerfs, qui au travers d'une peau toute ſillonée, reçoivent l'impreſſion des différents alimens, & vont pour ainſi dire en rendre compte à l'ame, afin qu'elle diſcerne s'ils conviennent ou non pour le bien être de l'animal. Il faloit pour ſa conſervation des aliments. Mais il faloit, pour les introduire, une ouverture. Pour les digérer, il faloit les inciſer, les moudre ; il faloit une liqueur digeſtive qui les détrempât : la bouche fournit tout cela. D'abord, à ſon ouverture, ſe préſente une double paliſſade de dents, les unes inciſives, les autres molaires ; une infinité de petites glandes dont elle eſt parſemée, fourniſſent par la preſſion même des aliments la ſalive qui les détrempe.

Il faloit delà les tranſmettre à l'eſtomach, pour une ſeconde digeſtion. Un canal nommé l'œſophage, ſe préſente à la racine de la langue, pour les conduire juſques là. Cependant il y a grand rifque qu'ils ne tombent dans le canal de la refpiration, & n'étouffent l'homme en paffant jufqu'à l'œfophage. La nature a paré à cet inconvénient par une efpéce de pont-levis, qu'on nomme l'épiglotte, & qui couvre tellement ce canal, qu'il s'abaiffe par le poids des aliments pour les laiffer tomber dans l'œfophage. Il faloit encore pour la nutrition deux ouvertures a l'eftomach, l'une pour recevoir les aliments, l'autre pour les égérer par une longue fiftule d'inteftins, dans lefquels ils fe mêlent avec différentes liqueurs, qui fervent à féparer ce qui eft bon, c'eft-à-dire le chyle, d'avec ce qui pourroit nuire ; il faloit de plus un ferment dans l'eftomach, pour digérer & rendre fluïde ce que l'œfophage y avoit tranfmis. La méchanique de cette partie eft parfaitement fournie de tout cela. C'eft peu encore. Il faloit pour nourrir le corps, que le chyle fe changeât en fang, & que ce fang fe réparât, qu'il fût pour cela dans un perpétuel mouvement, fans quoi il fe feroit figé, & auroit détruit l'homme au lieu de le nourrir; l'ouvrier puiffant & éclairé qui l'a formé, a fait paffer le chyle des inteftins par différents canaux, où il fe perfectionne, à la veine fouclavière, & delà dans le cœur. C'eft à cette partie que je borne mes attentions, pour ne point faire un Traité d'Anatomie au lieu d'une Differtation. Que de traits éclatans j'y découvre de cette fageffe qui amène tout à fes fins ? C'eft un abrégé de fes merveilles.

J'y vois d'abord trois valvules à l'oreillette

droite du cœur , pour laiſſer entrer dans ſon ventricule droit le chyle & le ſang qu'amène la veine ſouclaviére. Mais je les vois diſpoſées avec tant d'induſtrie, qu'elles donnent un paſſage au ſang, en lui fermant le retour à l'endroit d'où il vient. J'y vois deux mouvements contraires ménagés à deſſein, par le moyen des fibres, l'un de dilatation, pour recevoir le ſang, l'autre de contraction, pour l'envoyer à ſa deſtination. J'y vois enſuite trois autres valvules qui s'ouvrent en dehors du ventricule dans ſa contraction, pour faire paſſer le ſang dans l'artère pulmonaire, & qui ſe referment auſſi-tôt, pour l'empêcher de rétrograder & pour le conduire au poumon, où il reçoit ſa dernière perfection & ſa couleur. Delà je l'apperçois refluer par la veine pulmonaire, & entrer dans l'oreillette gauche, au moyen de trois valvules ou ſoupapes, qui s'ouvrent en dehors de la veine, & qui ſe referment encore en dedans : de l'oreillette il eſt pouſſé dans le ventricule gauche. Je remarque dans l'une & l'autre les deux mouvements contraires que j'avois obſervés dans le côté droit. Mais par la contraction du dernier ventricule, j'y vois cette ſource de la vie entrer avec impétuoſité dans l'aorte, ou la grande artère, ſe communiquer par elle aux artères ſubalternes, qui vont en vivifier toutes les parties organiſées ; puis, s'anaſtomaſant, transfuſent ce beaume vital dans les veines, qui le rapportent au cœur pour y être réparé & recommencer ſans ceſſe le même circuit. En ſuivant ainſi la route du ſang, je cherche la cauſe de ſa circulation continuelle ; je la trouve dans ſon entrée impétueuſe & non interrompue dans les artères, qui en étant enflées, ſe remettent d'abord à leur prémier état, par le reſſort des fibres qui y ſont placées à deſſein, & dans leur contraction, en verſent une partie dans les veines. Je cherche encore pourquoi les veines rapportent, plûtôt que les artères, cette liqueur vivifiante dans le cœur, & j'obſerve que les valvules des artères ne s'ouvrent qu'en dedans de ces vaiſſeaux ; pour y recevoir le ſang que le cœur y envoye, ſe reſſerrant par leur reſſort dans leur contraction ; au lieu que les valvules des veines ſont placées de telle ſorte, qu'elles ne s'ouvrent que par dehors, pour verſer le ſang dans le cœur. Je m'arrête ici, & demande aux Athées s'il eſt poſſible qu'ils ne voient point dans cette méchanique ſi ſpirituelle, ſi induſtrieuſe, tant du cœur que des autres parties , les proportions les plus ſagement ménagées, les plus conſtamment gardées pour des fins très-importantes ? S'ils ne les voient pas ; ils ne voient donc pas ce que n'ont pû s'empêcher de voir tous les Anatomiſtes, juſques-là que Gallien, quoique plongé dans les ténèbres de l'Idolatrié, ayant fait ſon ouvrage ſur l'Anatomie, ſe trouva forcé par l'évidence, d'avoüer qu'il avoit plûtôt compoſé un Cantique à la gloire du Créateur, qu'un Traité d'Anatomie ; ils ne verroient pas même la lumière en plein midi. Et moi en revanche, je ne vois pas qu'ils ſoient hommes.

D 3

Ainsi je les laisse à part, comme des espéces d'avortons de l'humanité. S'ils les voient, ce n'est donc pas à l'aveugle, ce n'est pas sans dessein que tout cela a été fait : le monde n'est donc pas l'effet du hazard : c'est donc la production d'un Créateur également sage & puissant. Or le Créateur est Dieu. Il est, dis-je, Dieu, parce qu'il existe par la nécessité de son être, & que l'Etre nécessaire renferme essentiellement toutes les perfections possibles : je l'ai démontré à diverses reprises. Il est Dieu, parceque la création présuppose nécessairement la toute-puissance; puisqu'on ne sauroit concevoir un pouvoir plus grand que celui qui fait soumettre le néant même à ses loix; qui par un simple acte de volonté l'oblige de passer du non être à l'existence. Cependant on peut toujours concevoir une puissance plus grande & plus parfaite, que toute puissance finie & limitée. Mais la toute-puissance est une propriété de la seule divinité, d'autant mieux que son idée renferme une communicabilité inépuisable de toutes les perfections, par rapport à une infinité de créatures possibles, qui enchérissent toujours les unes sur les autres en perfections jusqu'à l'infini, & que par conséquent il renferme lui-même toutes les perfections possibles dans un degré infini. Donc, pour revenir au point dont nous sommes partis, ce monde démonstre l'existence de Dieu. Et c'est ainsi que la Divinité vient s'offrir de toute part aux yeux des Athées, pour peu qu'ils veuillent les ouvrir. Pardonnez-moi cette longue diduction, c'en est peut-être encore peu pour ceux que j'avois en vue.

Le Gent. Ce qui est nécessaire, n'est jamais trop long pour moi, loin que le détail de vos preuves tant Astronomiques qu'Anatomiques m'ait annuié, je vous assure que je l'ai entendu avec plaisir, & qu'il m'a convaincu. Mais je connois de ces Messieurs qui n'hésiteroient point à vous répondre, que l'on peut trouver des proportions dans les ouvrages du hazard : je me souviens de leur avoir ouï citer en preuve l'exemple du givre, qu'on voit tout-à-coup naître sur les vitres dans une nuit froide, & où l'on remarque quelquefois les proportions d'un parterre, quoiqu'il doive cette figure au hazard.

Le Théol. Il faut être extrémement à l'étroit, pour avoir recours à de pareilles absurdités. Garder les proportions, c'est agir avec vûe, même avec raison : or il est contraire à la nature du hazard d'agir avec vûe, avec raison ; sa définition seule, que tout homme qui raisonne se voit forcé d'admettre, & que j'ai placée au commencement de cet article, en est une preuve convaincante : donc c'est une absurdité pitoyable que la réponse de ces Messieurs.

Pour venir à leur riche comparaison prise du givre : je réponds que leur replique est aussi frêle que le givre même. Où ont-ils vû toutes les proportions d'un parterre, même en petit, gardées sur le givre ? Pour moi, je n'y ai jamais pû observer que quelques traits imparfaits, c'est-à-dire quelques commencemens de propor-

tion accompagnés de beaucoup de traits confus,
qui me montroient à découvert une cause qui
avoit agi sans vue & sans dessein. Je leur donne
hardiment le défi de jamais me montrer autre
chose. Mais quelle comparaison avec les proportions les plus parfaites, les plus sagement
ménagées, les plus constamment gardées, que
nous observons dans le monde & ses parties ?
Dès que le hazard peut produire quelque chose,
il faut bien qu'il s'y rencontre quelque proportion imparfaite, puisque tout être a quelque
rapport plus ou moins grand avec les autres êtres.

Je n'ai jamais prétendu que cela fut au-dessus
de la sphére du hazard. C'est ainsi, dit-on, qu'un
peintre de l'antiquité outré de ce qu'il ne réus-
sissoit point à imiter l'écume d'un cheval, dont
il venoit de tracer le portrait, y jetta par un
heureux dépit son pinceau imbibé de la couleur,
& fit par ce moyen ce que son art n'avoit pû
faire. Je ne disputerai point de la vérité du fait,
parce qu'un tel effet ne me paroit point passer
la sphére du hazard, d'autant que l'écume est
quelque chose de confus, & qu'elle n'a guéres
d'autre proportion que la confusion même, c'est-
à-dire que le défaut de proportion. Mais qu'un
Sauvage venu du fond de l'Amérique, aborde
dans quelque port de France : le voyant regarder
avec admiration les desseins du port & des fortifi-
cations, l'alignement des rues, le compartiment
des palais & des maisons, allez-lui dire que tout
cela est un effet du hazard. N'en doutez pas. Il
vous répondra sans façon avec sa franchise bar-

barefque, tu mens : fi le hazard pouvoit faire cela, il l'auroit auffi fait dans mon pays. Je ne fçais fur quel pied vous prenez cette réponfe ; mais moi, abftraction faite de ce qu'elle a de brufque, j'y trouve un gand fens, & j'en tire la démonftration fuivante.

Le hazard eft une caufe néceffaire, car n'ayant point de raifon, il ne peut avoir de liberté, puifqu'elle eft néceffairement fondée fur la raifon. Donc, puifqu'une caufe néceffaire opére tout ce dont elle eft capable, fi le hazard pouvoit former une ville, il l'auroit déja fait, & il le feroit par-tout où fe trouvent les difpofitions propres pour cet effet, par conféquent dans les cantons les plus déferts de l'Amérique. Or le hazard n'a jamais produit, je ne dis pas une ville, un palais, une fimple maifon ; mais pas mêmes une fenêtre, pas même une brique, une tuille : donc le hazard n'a point la vertu de produire de tels effets : donc il a beaucoup moins eû la vertu de former l'univers entier.

Le Gent. Cela eft très-preffant : mais ils répondent en dernier lieu, qu'on n'a pû encore démontrer métaphyfiquement la fauffeté du fyftême que Lucréce foutient d'après Epicure, fçavoir, que les concours fortuit des atomes crochus, oblongs, cubiques & autres, les a engagés enfemble, & par cet affemblage a forméle monde. Je voudrois fçavoir ce qu'il faut leur répondre.

Le Théol. Ce que j'ai dit des proportions admirables qui brillent par-tout dans l'univers, joint à la nature du hazard, eft plufque fuffifant pour celà. Mais puiſqu'il faut tout-à-fait pulvériſer ce ſyſtême inſenſé, pour diſſiper l'eſpéce d'enchantement qui faſcine les yeux des Athées, j'ajoute ces deux courtes démonſtrations.

Premièrement. Ces atomes ou ſont des êtres néceſſaires & exiſtants par leur propre eſſence, ou ils ſont des êtres contingents. S'ils ſont néceſſaires, ce ne ſont point des atomes, mais des êtres ſpirituels infiniment parfaits, comme il a été ci-deſſus démontré. Donc ils n'ont pû être les parties qui entrent dans la compoſition du monde : c'eſt une contradiction ajoutée à celle de l'exiſtence de pluſieurs Dieux, qui auroit lieu dans ce cas; s'ils ſont contingents; ils doivent leur exiſtence à un Etre néceſſaire & créateur, & puiſqu'il eſt eſſentiel à tout ce qui eſt contingent, de dépendre parfaitement en tout de l'Etre néceſſaire ; donc ils n'ont pû former ce monde que par ſon opération & ſous ſa direction. Donc la production du monde, démontre évidemment l'exiſtence d'un Créateur qui ſoit Dieu.

Et ne m'allez pas dire que c'eſt le cahos qui a donné l'exiſtence aux atomes. Ce cahos ténébreux n'eſt propre qu'à ſervir d'envéloppe à l'ignorance de ces prétendus Philoſophes. Je leur demande ce qu'ils entendent par le cahos? S'ils entendent le néant, il eſt évident que le néant n'a pû rien produire, *nihili nulla eſt opératio.* S'ils entendent un Etre néceſſaire, ce n'eſt pas le cahos, c'eſt Dieu lui-même, comme il conſte par mes démonſtrations précédentes. S'ils entendent un être contingent, l'argument que je viens de toucher retombe encore ici à plomb fur cette vaine Philofophie.

Secondement. Le concours, le mouvement de ces atomes, ou eft lui-même néceffaire ; & alors il eft immuable, puifque l'effence des chofes ne peut changer : donc, dans cetre hypothefe, les atomes n'ont pû s'accrocher, mais ils font toujours dans le même mouvement ; ils n'ont pû fe modifier, s'engrainer de façon à former par leur combinaifon cet univers. Si leur mouvement eft contingent, il démontre encore un Dieu créateur, dont le monde eft uniquement l'ouvrage : c'eft-ce que je viens de démontrer. Ce font là des démonftrations métaphyfiques, contre le fyftème de Lucréce, fur lefquelles je ne m'étends pas : car il faut mettre fin a cet article, à moins que vous n'ayez encore quelque difficulté à objecter.

Le Gent. Rien ne me fait plus ombrage fur cette matière ; ainfi nous pouvons paffer à la troifième claffe de vos démonftrations.

ARTICLE TROISIÉME.

DEMONSTRATIONS DE L'EXISTENCE DE DIEU,
Prifes du cri général de la nature raifonnable.

Le Théol. J'E débute d'abord par deux démonftrations, qui quoiqu'en matière morale, ne laiffent point de former une évidence méthaphyfique.

Premiere De'monstration.

Il y a tant de différents génies parmi les hommes, tant de manières différentes de penser, tant de diverſité dans leurs jugements, qu'il n'y a que l'évidence qui puiſſe les obliger à ſe réunir, & à s'accorder tous unanimement ſur le même point. C'eſt-ce qui a fait dire à ce célébre orateur, qui ſçut par ſon éloqence & ſa ſublime philoſophie, égaler Rome à Athénes, que le conſentement unanime des hommes étoit la voix même de la nature. Or le ſentiment de Dieu eſt unanime, d'une unanimité qui s'étend à tous les âges & à tous les hommes : écoutez encore le grand génie que je viens de citer. *a* Il n'y a point de nation ſi barbare, dit-il, point d'homme ſi féroce qui ne croie l'exiſtence de quelque divinité. Ecoutez le philoſophe Séné-que, après lui, *b* il n'y a point de peuple ſi corrompu dans les mœurs, ſi ennemi de toute loi, qui ne reconnoiſſe quelque Dieu. Donc il eſt évident qu'il exiſte un Dieu.

Deuxieme Demonstration.

Le ſentiment intime de la conſcience m'en fournit une ſeconde. Tout homme, fut-il même

a .Marc. Tull. Cic. l. 1. de Nat. Deorum. *Nulla gens tam fera, nemo hominum tam immanis, cujus mentem non imbuerit Deorum opinio.*
b *Nulla eſt gens adeò extra mores legeſquè projecta, ut non aliquos Deos credat.*

exempt de la jurifdiction de tout tribunal humain, fur le point de commettre un crime , éprouve des frayeurs, des allarmes, comme venant d'un Juge fupérieur qui le menace, qui l'effraye. Si l'habitude peut émouffer ce fentiment, elle ne peut tout-à-fait l'étouffer : je ne refufe point de m'en rapporter au témoignage des peuples mê- me, qui vivent fans police , fans loix & fans juges. Or ces frayeurs, ces troubles, ces mena- ces, ne viennent point de la matière , elle eft pour le moins indifférente pour le crime, elle incli- ne même puiffamment à certains crimes. Elles ne viennent point non plus de l'ame, puifqu'elle les éprouve malgré elle , & que d'ailleurs elle ne peut être fon fupérieur, ni fon juge. Elles vien- nent donc d'une détermination néceffaire, qui lui a été imprimée par le créateur qui l'a formée. Or le créateur eft Dieu : j'ennuierois fi je vou- lois rappeller les démonftrations que j'ai données de cette vérité. Donc le cri général de la nature raifonnable, fondé fur le fentiment intime de la confcience , démontre l'exiftence d'un Dieu.

Le Gent. Il s'en faut bien que je regarde comme évidente la feconde propofition de votre premier fyllogifme ; je la crois même pofitive- ment fauffe, en voici les preuves.

En premier lieu. Beaucoup de Philofophes dans l'antiquité, tel qu'Anaxagore , Socrates, Epicure & toute fa Secte, toute l'Ecole des Stoïciens , nièrent l'exiftence de la Divinité.

En fecond lieu. Quand bien même vous me contefteriez ce que j'avance de ceux-là , vous ne pourriez au moins me nier que les Académiciens qui étoient Sceptiques, & par conséquent doutoient de tout, ne doutassent aussi de l'existence de Dieu.

En troisième lieu. Vous me nierez encore moins que les Acataleptiques ou les Pyrrhoniens sortis de l'Ecole académicienne, fussent dans le même doute que leurs maîtres.

En quatrieme lieu. Diverses relations de ceux qui ont voyagé dans le nouveau monde, attestent qu'ils y ont vû des nations entières, qui ne reconnoissent aucune Divinité.

En cinquième lieu. Quantité de gens d'esprit sont à présent Athées; car c'est ainsi que j'appelle les Pyrrhoniens d'aujourd'hui. Voilà un vuide bien grand, dans cette généralité que vous voulez établir.

Le Théol. Nonobstant vos raisons, je persévéro à la donner comme évidente : ainsi je commence à renverser toutes vos objections par une réponse générale.

Il conste par les écrivains sacrés, à qui vous ne pouvez du moins raisonnablement refuser une foi historique, que tout le genre humain, depuis le premier homme jusqu'à Ninus, qui vécut environ deux mille ans après la création du monde, s'accorda d'un commun consentement à reconnoître une seule Divinité. Les écrivains prophanes des Assyriens marquent de même Ninus, comme le premier qui érigea une Idole, pour faire reconnoître Bélus son pere, pour un Dieu. Il conste pareillement par les hiſtoires, tant de ce peuple, que des Egyptiens, des Grecs, des Romains, des Chinois, des Indiens, que juſques au temps d'Epicure, on reconnoiſſoit par-tout, au moins quelque Divinité. Ce point hiſtorique, ſur lequel vous ne pouvez vous inſcrire en faux, une fois établi; voici mon raiſonnement.

La nature humaine fut toujours la même dans tous les temps. Donc puiſque la condition naturelle de l'eſprit humain eſt telle, que les hommes ne conviennent jamais unanimement d'un article, ſans y être forcés par une évidence réelle & véritable; tout le genre humain depuis le commencement du monde juſqu'aux temps d'Epicure, n'a pû d'un conſentement unanime admettre l'exiſtence de quelque Divinité, ſans y être forcé & entraîné par une évidence réelle & véritable. Or ce qui eſt une fois évident, d'une évidence réelle & véritable, l'eſt pour tous les temps : donc il eſt encore maintenant évident, d'une évidence réelle & véritable qu'il exiſte un Dieu. Donc vos objections ne ſignifient rien autre choſe, ſinon que certains eſprits qui ſe refuſent obſtinément aux pures lumières de l'évidence que leur offre le flambeau de la raiſon, ne voient point l'exiſtence d'un Dieu.

Cela n'eſt point ſurprenant, puiſqu'ils ne veullent pas voir ce que leur montre la raiſon : mais je parle à des hommes, c'eſt-à-dire à ceux qui conſultent leur raiſon, & j'aſſure qu'ils ſont toujours convenus, & qu'ils conviennent encore, de l'exiſtence de la Divinité. Je viens maintenant à une réfutation plus détaillée.

Il est faux que des Philosophes de l'antiquité, dont l'autorité puisse imposer, ayent donné dans l'Athéïsme. Il ne tiendra qu'à vous de voir dans le savant Pere Petau, leurs témoignages cités, non-seulement pour l'existence d'un Dieu, mais même pour l'existence d'un seul Dieu. Vous verrez la même chose dans le savant Evêque d'Avranches Mr. Huet.

Il est faux que Socrates, Anaxagore & les Stoïciens ayent nié l'existence de la Divinité. Il est bien vrai que Socrates fut condamné à la mort, comme Athée, par l'Aréopage. Mais saint Cyrille dans son sixième livre contre Julien l'Apostat, prouve que son prétendu Athéïsme consistoit dans la générosité qu'il avoit eû de vouloir désabuser le peuple sur la pluralité des Dieux, assurant hautement qu'il n'y en avoit qu'un seul. Lactance qui fleurissoit dans le troisième siècle de l'Eglise, & le grand Augustin dans le cinquième, l'un & l'autre obligés de lire les Philosophes anciens pour les réfuter, assurent qu'Anaxagore se déclare positivement pour l'existence d'un seul Dieu ; que toute l'Ecole des Stoïciens pensa très-bien sur la Divinité & la Providence. Lactance ajoûte qu'Epicure, & son Ecole, ne paroît point avoir nié la Divinité, mais seulement la Providence. Chose qui ne doit point surprendre dans ces faux Philosophes, qu'on dépeignoit dès-lors, par mépris, honteusement terrassés sous les pieds de la volupté.

Il est encore faux que les Académiciens doutassent de l'existence d'un Dieu. Le divin Platon, qui étoit le chef de cette Ecole, étoit bien éloigné d'avoir un tel sentiment, lui qu'on appelloit le Moïse Attique, parce qu'il tachoit de puiser ses sentimens dans les Livres de ce conducteur du Peuple Hébreux. Aristote, qui avoit été disciple de Platon, & que les Athées ne se font point encore avisés de compter au nombre des leurs ; Aristote érigeant une Ecole à part, n'auroit pas manqué, par un certain esprit de rivalité, qui se fait sur-tout sentir quand on veut accréditer sa secte, de leur reprocher cette erreur diamétralement opposée à ce que toute la Gréce avoit cru jusqu'a lors, & l'Aréopage qui venoit peu auparavant de condamner Socrates, parce qu'il ne reconnoissoit qu'un seul Dieu, auroit-il manqué de condamner une secte de Philosophes qui n'en reconnoissoient aucun ? D'où je conclus que le scepticisme où donnèrent plusieurs d'entre-eux, ne regardoit que les causes secondes & leurs effets, qu'il ne s'étendoit point même généralement sur toutes. Qu'il n'est, par exemple, aucunement vraisemblable qu'ils fussent assez ridicules, pour douter qu'ils doutassent, & par conséquent qu'ils existassent. Ce qui rend mon sentiment certain, c'est que St. Paul, que je ne cite ici que comme témoin de ce que pensoient les Grecs de son temps des Philosophes anciens, ne reproche point à ceux-ci de n'avoir pas connu Dieu, mais au contraire, de ce que l'ayant connu, ils ne lui rendirent pas les hommages qui étoient dûs à cette suprême Majesté. Cicéron qui avoit étudié toutes les su-

perftitions de la Gréce , & les différents fentimens de ces faux fages , ne laiffe point d'affurer , comme nous venons de le voir , qu'il n'eft
aucun homme qui ait méconnu la Divinité.

Pour ce qui eft des Pyrrhoniens , j'abandon-
nerai facilement aux Athées , des efprits fi mal
timbrés. Jugez de leur extravagance par celle
de leur Patriarche , qu'on n'auroit pas tardé
d'enfermer au fiècle où nous vivons.

Pyrrhon , au rapport du Philofophe Cariftius
Antigonus, fut fi furieux par principes , qu'il
alloit fottement s'offrir de front à toutes les
voitures & les précipices qui fe rencontroient
fur fon chemin : de forte que quelques-uns de
fes proches , par compaffion , l'accompagnoient
par-tout, de peur que ce malheureux ne devint
la victime de fon extravagante Philofophie.
Puifque Meffieurs les Athées fe font gloire de
defcendre de tels gens , & qu'ils les comptent
parmi leurs ancêtres , nous n'avons garde de
leur difputer ce titre de nobleffe.

Vous m'objectez , enfin , que quantité de
gens d'efprit font à préfent Athées. S'il s'agit
d'un Athéïfme imparfait , qui vient de ce que
les paffions & les préjugés font fermer les yeux
pour ne point voir les lumières de la raifon ,
qui nous découvrent un Dieu ; je l'avoüe , &
je n'en faurois affez gémir : mais quand j'examine les mœurs de la plûpart d'entre-eux , je
vois avec douleur que la volupté a opéré en eux
cette honteufe métamorphofe que la Fable donne
à Circé le pouvoir d'opérer. Faut-il être furpris

que des hommes si indignement métamorphosés, ne voient plus que la matière & les choses matérielles ? Ne faudroit-il point être surpris du contraire ? Pour ceux qu'une providence particulière a jusqu'ici préservés de cette dépravation de mœurs ; les uns tenant opiniâtrément à des systêmes destructeurs de la liberté , débitant que l'homme est nécessité au péché , & que Dieu ne laisse pas de condamner aux flammes éternelles, pour avoir fait ce qu'il ne lui étoit pas libre de ne point faire, ils se croient en droit d'inférer que Dieu est donc un tyran cruel , & que s'il est tel , il n'est pas Dieu. On ne peut nier que la conséquence ne soit légitime , supposé la vérité du principe. Mais parce qu'il est évident d'ailleurs qu'il existe un Dieu , c'est-à-dire un Etre nécessaire , qui renferme toutes les perfections possibles , sans le moindre mélange d'imperfection : il est donc pareillement évident que ce principe étant nécessairement lié avec la contradictoire de cette vérité lumineuse , est un principe faux , erroné, abominable. Les autres, à qui ce raisonnement ne vient point dans l'esprit, en suivant la liberté orgueilleuse que leur donne le Protestantisme de n'en croire qu'à leur propre sens, de préférer leurs foibles lumières aux lumières infaillibles de toute l'Eglise, ils se font peu à peu aveuglés par leur orgueil; & Dieu qui résiste aux superbes, a permis qu'ils trouvassent de faux Docteurs de leur secte, tels qu'un Bayle, & qu'ils donnassent avec eux, tête baissée, dans un affreux Pyrrhonifme, pouffant l'aveuglement jufqu'à y faire confifter leur fageffe; & c'eft ainfi que fe donnant pour de grands Philofophes, pour des gens bien au-deffus du vulgaire, ils montrent qu'ils font dans la réalité les plus foux de tous les hommes, comme le dit St. Paul *a*. Que conclure de tout cela ? Que ma feconde propofition n'eft pas évidente ? Il faudroit autant conclure qu'il n'eft point évident qu'il y ait un foleil, parce que ce grand nombre d'aveugles qu'il y a dans le monde ne l'apperçoit pas.

Le Gent. Ne peut-on pas dire au moins que ce confentement unanime fur l'exiftence d'un Dieu, eft un des préjugés de l'éducation ?

Le Théol. Je ne puis empêcher que ces efprits fuperficiels ne le difent ; mais je défie quiconque fait approfondir les chofes, de pouvoir le croire. En effet, les fources de nos préjugés ou font extérieures, ou font intérieures. Les extérieures font, par exemple, l'éducation, la coûtume &c. Or il eft manifefte que ce ne peut être là la fource du fentiment unanime des hommes fur la Divinité : l'éducation & la coûtume varient felon la différence des temps, des efprits & des peuples : l'unanimité dont je parle, eft de tous les temps, de tous les caractères, de tous les peuples. Il n'y en a point, difoit encore le modèle des Orateurs, que j'ai déjà cité, il n'y en a point, ni de fi fauvage, ni de fi féroce, qui ne reconnoiffe un Dieu,

---

a *Dicentes enim fe effe fapientes, ftulti facti funt.* Ad Rom. c. 1.

quoiqu'il ignore souvent quel eſt ce Dieu. *a* Les ſources intérieures ſont les ſens, l'imagination, les paſſions. Mais la perſuaſion de l'exiſtence de la Divinité, étant beaucoup au-deſſus des ſens & de l'imagination, étant tout-à-fait contraire à l'empire des paſſions, il eſt évident qu'elle ne peut naître de ſemblables ſources. Donc il eſt évident qu'elle n'eſt pas un préjugé, mais une conviction de la raiſon la plus pure.

Le Gent. Sur ce pié, l'on pourra auſſi dire que le conſentement unanime des peuples, pour le Polythéïſme, étoit une conviction de la pure raiſon. Je n'y vois point de différence.

Le Théol. Ce n'eſt point de ma faute que vous ne la voyez pas : elle eſt énorme. Avant tout, ne confondons point le Polythéïſme avec l'Idolatrie. Le Polythéïſme eſt la profeſſion d'adorer pluſieurs êtres, qui ſoient unanimement Dieux, c'eſt-à-dire pluſieurs ſouverains & prémiers principes de toutes choſes, égaux en puiſſance & en perfections. Quelques Savans ſemblent reſtreindre cette erreur monſtrueuſe à fort peu de peuples. Pour moi, je trouve la contradiction ſi palpable, que j'ai beaucoup de peine à croire qu'il y en ait eu même un ſeul qui ait donné dans un paradoxe ſi groſſier. Je n'en trouve aucun veſtige dans la Théologie payenne. Homère, Virgile, Héſiode, & les autres Auteurs de la Mythologie, nous repréſen-

____

a Marc. Tul, Cic. l. 1. de Legibus. *Nulla gens, neque tam immanſueta, neque tam fera, quæ non, etſi ignoret qualem habere Deum deceat, tamen habendum ſciat.*

tent par-tout Jupiter comme le maître des Dieux, comme le feul Souverain du Ciel & de la Terre, comme le feul Tout-puiffant ; d'où il s'enfuit qu'ils ne regardoient Apollon , Neptune , & toute cette nombreufe cohue des Dieux de la Fable, que comme des Divinités fubalternes : & puifque le fuprême domaine fur tous les autres êtres eft effentiel à la Divinité, ils ne les regardoient donc point comme des Dieux, quoiqu'ils leur en prodiguaffent le nom & le culte extérienr.

Pour l'Idolatrie , qui confifte dans ce culte extérieur rendu aûx Idoles , qui n'étoient que de vains fimulacres , & le repaire infame de quelques démons, qu'on adoroit fous le nom de Mars , de Vénus, &c. J'avoue qu'elle ne fut que trop univerfelle : mais la différence faute aux yeux. 1°. Elle ne fut point de tous les temps : les Auteurs, même anciens, s'accordent à en fixer l'époque aux temps de Ninus. 2°. Elle ne fut point des Sages du Paganifme ; ils s'en rioient comme de la ridicule Marotte d'une populace fuperftitieufe. Je vous ai indiqué les fources où vous pouvez voir leurs témoignages. 3°. Cette fuperftition n'eût fa fource que dans la corruption de leur cœur , dont ils faifoient l'apothéofe , en adorant ces infames Divinités. Ils confacroient par-là leurs crimes les plus honteux, dit Tertullien, qui en étoit témoin, afin de s'y livrer avec moins de retenue : ils prodiguoient leur encens à des Dieux adultères, à une Vénus la plus impudente des proftituées, à un Mercure, chef des voleurs, à un Bacchus, le pere de la débauche & des yvrognes. Quel contraste ! Le sentiment de l'exiſtence d'un Dieu, s'étend à tous les temps, à tous les hommes, aux ſages & aux ignorants : loin que les paſſions y ayent pû en rien contribuer, elles n'ont point d'ennemi plus capital : donc il eſt fondé ſur la ſeule raiſon & la vérité.

Le Gent. Cependant, un des Poëtes les plus diſtingués entre les Latins, attribue ce sentiment à la crainte que la foudre inſpire aux peuples. Voici comme il s'exprime :

Primus in orbe Deos fecit timor, ardua Cœlo
Fulmina cum caderent.

C'eſt la crainte qui fit le prémier des Autels,
Quand la foudre tombant fit palir les mortels.

Le Théol. La crainte préſuppoſe néceſſairement la connoiſſance de l'objet que l'on craint, ſur-tout ſi c'eſt une perſonne qu'on veut fléchir, pour écarter le mal que cauſe la crainte : car la volonté ne peut ni aimer ni fuir un objet, ſans une connoiſſance préexiſtente. Ainſi ce Poëte, qui ne pouvoit ignorer ce principe, n'a rien voulu dire autre choſe, ſinon que la crainte a porté les hommes à s'ériger des Idoles qui leur repréſentaſſent leurs Dieux, & à qui ils donnèrent le nom de Divinités, pour leur offrir leur culte & ſe les rendre propices.

Le Gent. Je n'ai rien à oppoſer à votre ſeconde démonſtration ; mais puiſque nous ſommes en matière morale , il faut que je vous faſſe part d'une difficulté, qui a plus contribué que toute autre à me ranger du parti des Athées. La voici.

Dieu , ſelon l'idée que vous en donnez vous-même , eſt infiniment bon & infiniment juſte. Or il repugne à un être infiniment bon , de produire des créatures qu'il prévoit devoir condamner à des flammes éternelles, pour l'abus de leur liberté ; ç'auroit été une plus grande bonté de ne les pas créer dans ce cas. Il répugne également à un Etre infiniment juſte, de ne les y pas condamner, ſi elles perſevèrent dans l'abus de leur liberté : donc il répugne qu'il y ait un Dieu.

Le Théol. Cette objection eſt à mon avis la plus ſpécieuſe & la plus impoſante que puiſſent faire les Athées : ainſi je ne ſuis point autrement ſurpris qu'elle vous ait fait illuſion ; mais l'illuſion ceſſera, ſi vous voulez convenir avec les Théologiens, qu'il faut, d'après l'Ecriture Sainte , admettre en Dieu , deux ſortes de ſçiences, par rapport aux actions de la créature, l'une antécédente, l'autre conſéquente, quoique toutes les deux ſoient éternelles & réellement identifiées en Dieu , comme ſes autres perfections. Elles ne laiſſent pas d'être diſtinguées virtuellement comme elles, à cauſe de leurs différentes tendances , & de leurs différents effets. La ſçience , ou préſçience antécédente, ſe borne à contempler les moyens de ſalut, & les ſecours que Dieu deſtine à la créature

ture raisonnable pour la rendre éternellement heureuse si elle le veut ; rien en cela qui ne respire l'amour & les soins paternels d'une providence aimable. C'est uniquement à cette science que correspond la bonté divine, c'est par elle seule qu'elle se règle & se dirige. La science ou préscience conséquente se borne au bon usage ou à l'abus des secours que la providence fournit à la créature, pour récompenser l'un, & punir l'autre. C'est uniquement à cette seconde science que correspond la justice ; c'est conformément à cette lumière qu'elle dicte ses arrêts. Vous voyez que ces deux sciences ont chacune leur objet différent : donc puisque la bonté a le même objet que la première, la justice le même objet que la seconde, la différence d'objets & de rapports qui se trouve entre les deux sciences, se trouve aussi entre les deux perfections qui se règlent uniquement selon leurs vuës & leurs rapports différents. Donc conformément aux règles de la bonne Logique, il ne peut y avoir de repugnance entre ces deux perfections. Donnons encore plus de jour à cette vérité par une comparaison.

Un Roi plein de bonté pour un de ses sujets, le comble de faveurs dans le dessein de l'élever à la fortune la plus brillante, s'il y correspond. Ensuite s'appercevant que l'ingrat se sert de ses propres bienfaits pour se révolter contre son Souverain, il le condamne à la mort. Croyez-vous que cet acte de justice répugne à la bonté du Prince ?

F

Le Gent. L'horreur que m'inspire la perfidie du favori, fait que j'admire la bonté du Monarque, & que je loue sa juste sévérité.

Le Théol. N'ayez donc pas un poids & un poids; car c'est ainsi que la chose se passe entre Dieu & la créature. Sa bonté souveraine ne s'étend qu'aux faveurs & aux moyens de salut que sa main propice prépare, & donne à la créature raisonnable dans le dessein de lui faire part du suprême bonheur, si elle veut en bien user: c'est ce que les Théologiens Catholiques appellent la science & la volonté antécédente; ensuite dans un instant de raison postérieur, il la voit, ou qui use de ces moyens de salut, pour glorifier son bienfaiteur, ou qui en abuse pour se révolter contre lui, par la plus noire ingratitude; suivant cette connoissance, la justice prononce ou l'arrêt de son bonheur, ou celui de son malheur éternel. C'est cette science & cette volonté qui est appellée conséquente dans l'Ecole; on peut encore l'appeller volonté de justice. Et ne m'allez pas dire que la connoissance qu'a le Prince mortel, se porte sur ce qu'il voit actuellement arriver, au lieu que la préscience de Dieu a pour objet les choses futures, qu'ainsi la comparaison est nulle. Car toutes les choses, même les futures, sont présentes aux yeux de Dieu, comme le prouve encore invinciblement toute l'Ecole; & c'est pourquoi elle appelle cette science conséquente, dont je viens de parler, la science de vision; parce qu'elle est semblable, aux imperfections près, à la connoissance qu'a l'homme lorsqu'il voit les chofes actuellement exiftantes.

Le Gent. Pardonnez-moi fi je vous fais obferver qu'il eft fort inutile de citer vos écritures aux Athées.

Le Théol. Je le fçais, & fi je vous les ai citées en paffant, c'eft parce que vous avez été élévé dans une Secte qui en admet la divinité. Au refte je ne refufe point de m'en tenir à la feule raifon : voyez fi vous y gagnez beaucoup. Je vous ai démontré que Dieu renferme toutes les perfections poffibles, & vous avez été obligé d'en convenir. Or felon l'explication que je viens de donner, & dans laquelle vous ne fçauriez trouver rien qui répugne, l'accord de la bonté & de la juftice infinie eft poffible en Dieu, même dans le cas des créatures qu'il produit, prévoiant qu'il devra les condamner. Donc même dans ce cas, il eft infiniment bon & infiniment jufte.

Le Gent. Pour infifter fur votre comparaifon : je fuppofe que ce Roi prévoie que s'il engendre un fils, il fera obligé de le condamner à la mort, pour fes crimes. Dans cette fuppofition, la bonté exige de lui qu'il s'abftienne de la génération, s'il le peut. Donc puifque Dieu a prévû de toute éternité que s'il donnoit l'exiftence à certaines créatures, qui font fes enfans, il devroit les condamner aux fupplices éternels, fa bonté exigeoit qu'il ne leur donnât point l'exiftence. D'où il s'enfuit ultérieurement que puifqu'il la léur a donnée, & qu'il les a condamnées dans votre fentiment , il n'eft point infiniment bon , il n'a pas même de bonté. Je crois ma comparaifon très-folide & très-jufte.

Le Théol. Et moi je prétends qu'elle n'a qu'une vaine apparence de juftefte & de folidité ; en un mot qu'elle n'eft propre qu'à jetter de la pouffière aux yeux. Pour commencer à vous en convaincre , je vous prie de vous rappeller que je vous ai démontré ; l'exiftence d'un Etre néceffaire , qui renferme toutes les perfections poffibles. Sur quoi voici mon raifonnement.

L'accord de la bonté & de la juftice eft poffible dans le même homme ; la chofe eft de la dernière évidence , il s'y rencontre tous les jours. Donc il eft pour le moins auffi poffible dans l'Etre néceffaire. Or la poffibilité & l'exiftence actuelle font une même chofe dans l'Etre néceffaire : donc l'accord de la bonté avec la juftice exifte actuellement en lui. Cela devroit nous fuffire , fans vouloir pénétrer avec un efprit fort limité , les refforts ineffables qu'une fageffe infinie peut mettre en ufage. Mais ayant à faire à des gens très-difficiles à contenter, je viens à une réponfe plus directe, & je vous demande : 1°. Si l'exercice même de la bonté eft contraire à cette perfection ; fi, par exemple, Dieu fait quelque chofe de contraire à fa bonté, en créant une créature pour la rendre éternellement heureufe, & en lui fournif-fant tous les moyens néceffaires pour parvenir à cette fin.

Je vous demande : 2°. Si exercer la juſtice, quand il eſt néceſſaire de le faire, ce ſoit une choſe contraire à la bonté ?

Le Gent. Il eſt évident que non, pour l'un & l'autre cas.

Le Théol. Or Dieu donnant l'être par pure bonté à une créature, il eſt néceſſaire que toutes ſes perfections, & par conſéquent ſa juſtice, ſoient glorifiées, par rapport à elle, de la manière dont ſa ſageſſe infinie l'a réglé, d'autant que toutes ſes perfections ont chacune un droit égal, un droit inaliénable de ſe manifeſter à la créature, & d'en être glorifiées ; d'autant encore que Dieu n'eſt pas libre de ne point ſuivre les lumières de ſa ſageſſe, autrement il pourroit ne point agir ſagement ; ce qui implique contradiction dans un Etre infiniment ſage. Donc puiſque ſa ſageſſe ſuprême lui dicte de produire une créature avec tous les ſecours néceſſaires pour la rendre éternellement heureuſe, lors même qu'il prévoit devoir la condamner, pour l'abus qu'elle fera de ſes dons perſévéramment juſqu'à la fin, il ne fait rien en cela contre ſa bonté, d'autant mieux que cette ſageſſe incompréhenſible, loin de lui rien dicter qui ſoit contraire à une de ſes perfections, fait au contraire établir dans leurs exercices différents, l'harmonie la plus parfaite.

Le Gent. Il paroît s'enſuivre de votre réponſe, que Dieu ne ſoit point libre pour les choſes du dehors, puiſqu'il eſt aſtreint à ſuivre les lumières de ſa ſageſſe.

Le Théol. Cela ne s'enfuit nullement. Sa fageffe, au contraire, lui dicte, qu'il doit faire éclater fa liberté, foit en produifant ou ne produifant point des créatures, foit dans la diftribution inégale de fes dons, fuivant fa divine volonté; qu'étant infiniment heureux de lui-même, il n'a aucun befoin des chofes extérieures; mais que s'il exerce fa liberté en donnant l'être à des créatures raifonnables, pour les rendre heureufes, & en leur départiffant fes dons pour cette fin, toutes fes autres perfections ont droit d'en être glorifiées; qu'ainfi, comme provifeur univerfel, il doit, pour le bien de l'univers, permettre que certaines créatures, par leur obftination perfévérante à abufer de fes bienfaits, tombent dans les mains de fa juftice vindicative, afin que ces exemples de févérité empêchent les autres d'imiter leur révolte; que cette prétendue néceffité n'eft que conféquente, & fondée fur l'exercice même de fa liberté; que loin de nuir à fa bonté, elle en vange & corrige l'abus qu'en font d'ingrates & de perfides créatures.

Mais comment, foible mortel, ofé-je fonder ces profondeurs infcrutables des confeils d'un Dieu? Au moins ce que j'y puis lire, me fuffit pour concevoir qu'il n'y a rien contre fa bonté, ni contre fa liberté, dans ce qui paroit vous révolter, à moins que vous ne vouliez étendre fa liberté, jufqu'à pouvoir agir contre les autres perfections, & nommément contre fa fageffe. J'avoue qu'une liberté auffi défectueufe, & auffi indigne d'un Dieu, ne lui peut convenir.

Le Gent. Quoique vos réponses me paroissent solides, je n'apperçois point encore bien claire-ment pourquoi le Monarque, dans le cas pro-posé, agiroit contre les loix de sa bonté, tandis que Dieu ne les blesse en rien.

Le Théol. Supposez dans le Prince mortel les raisons que je vous ai montrées du côté de Dieu, & d'autres encore beaucoup plus fortes que nos foibles yeux ne peuvent découvrir, & je vous dirai sans balancer, qu'il ne feroit rien en cela contre les règles les plus exactes de la bonté. Mais parce qu'au lieu de les supposer, vous ne lui en supposez pas même de fort importantes, je vous dis qu'en ce cas, il agiroit d'une ma-nière contraire à la bonté; & voilà la différence. Mais si pour l'appercevoir clairement, vous me demandiez que je dévélopasse à vos yeux les secrets impénétrables du sanctuaire de la sagesse divine, votre demande seroit pleine d'injustice & d'extravagance, ce seroit me demander que je vous fisse comprendre l'incompréhensible, que je sondasse un abyme sans fond, que je rendisse ou votre esprit infini, pour concevoir les desseins, & les vues d'une sagesse infinie, ou cette sagesse là même finie, pour se renfermer dans les bornes étroites de votre esprit. Il doit vous suffire de savoir qu'elle ne seroit point une sagesse infinie, si elle ne sçavoit pas accorder entre-elles toutes les différentes perfections qu'exige l'Etre qui renferme essentiellement toute la plénitude des perfections possibles.

Le Gent. Souffrez que je vous propose encore une autre difficulté, dont j'ai beaucoup de peine à trouver la solution. Ou Dieu peut empêcher tous les crimes des créatures, & il ne le veut pas; & dans ce cas, il n'est pas infiniment bon; ou il le veut, mais ne le peut pas; & dans ce cas il n'est pas tout-puissant. Peu m'importe pour lequel de ces deux partis vous vous déclariez., il s'ensuivra également qu'il n'y a point de Dieu.

Le Théol. Vous croyez apparemment que votre dilemme est bien dans les règles, & qu'on ne peut éviter de s'enferrer dans l'une ou l'autre des pointes qu'il présente. Et moi j'y trouve un milieu assez large, pour passer à mon aise sans en être même effleuré. Ce milieu, c'est que vous supposez faussement qu'il n'y a que le défaut de bonté, qui puisse empêcher Dieu d'user du pouvoir absolu qu'il a d'écarter tous les crimes. Outre cette cause qui ne peut certainement avoir lieu dans un Etre infiniment parfait, j'en trouve deux autres qui l'empêchent de vouloir ce qu'il peut absolument à cet égard. La prémière, c'est sa sagesse suprême dont vous ne pouvez, sans l'insolence la plus extravagante, vouloir mesurer les vues par les vôtres, auxquelles elles sont infiniment supérieures. La seconde, c'est sa providence qui pour le bien général des créatures raisonnables, demande qu'il permette à sa justice de donner des exemples de sévérité, à l'occasion de celles qui persévéreront obstinément dans l'abus de ses bienfaits, afin d'exciter puiſſamment par là les autres à une crainte ſalutaire, qui les empêche de ſe perdre.

Le Gent. Pour cette fois, rien ne me fait plus ombrage. Mais que de graces j'ai à vous rendre, pour avoir diſſipé les nuages qui m'empêchoient d'appercevoir bien cet Etre ſuprême, auteur de tous les êtres, dont la lumière vient de ſe faire jour au travers des ténébres, qui me la déroboient.

Le Théol. Vous vous méprenez, Monſieur, ce n'eſt point à moi, c'eſt uniquement à cette bonté ſecourable, que vous avez tâché d'obſcurcir, que vous devez vos actions de graces. Pour moi, je ne ſuis que le foible inſtrument dont elle a daigné ſe ſervir pour vous communiquer cette divine lumière, dont vous vous étiez volontairement privé, en ſuivant des ſentiers ténébreux, où vous avoient engagé des guides infidèles.

Le Gent. Hélas ! que de trouble ſe répand tout-à-coup dans mon cœur ! Comment puis-je lui adreſſer mes actions de graces ? Avez-vous oublié que je tiens pour le matérialiſme de l'ame, & qu'en outre je ne reconnois point de loi naturelle.

Le Théol. Je ne l'ai point oublié : mais j'eſpérois que venant à découvrir un objet ſi aimable, ſi bienfaiſant ; un mouvement de reconnoiſſance envers lui ſe réveilleroit dans votre ame, & vous feroit ſentir malgré vous qu'elle n'eſt pas matérielle, & qu'une loi née avec elle la porte, par un inftinct fecret, à rendre fes hommages au fouverain auteur dont elle tient fon être. Puifque je me fuis trompé, je tâcherai de renverfer demain votre matérialifme ; je vous démontrerai enfuite l'exiftence de la loi naturelle.

SECONDE DISSERTATION,

CONTRE LES MATERIALISTES.

ARTICLE PREMIER.

De la fpiritualité de notre ame.

Le Gent. VOus ferez furpris, Monfieur, de me voir chez vous de fi bonne heure : l'empreffement que j'ai pour cette differtation en eft la caufe.

Le Théol Votre ardeur feroit fort rallentie, fi vous connoiffiez bien la nature du terrein où nous allons entrer. C'eft une région de pure Métaphyfique, qui n'offre aux yeux que des hauteurs arides & efcarpées, où il faut grévir parmi les épines, & en quelque forte fe guinder contre les efforts de l'imagination qui porte continuellement en arrière.

Le Gent. Je le fais, & je vous avoue franchement que c'eft de cette connoiffance que naît mon ardeur. J'ai un fecret preffentiment que vous demeurerez engagé dans ces ronces & ces épines ; & c'est ce qui me flâte agréablement de l'espoir du triomphe.

Le Théol. Je ne puis me répondre du succès. Mais j'espére à mon tour que le triomphe dont l'espoir flatteur vous anime, ne sera qu'imaginaire.

Le Gent. Ce n'est point là ce que me promet Locke, sur qui je compte beaucoup, & dont Monsieur de Voltaire dit : *Jamais il ne fut peut-être un esprit plus sage, plus methodique, un Logicien plus exact que Locke.* Or Locke m'assure que nous ne serons peut-être jamais capables de connoître si un être matériel pense, ou non. N'ai-je pas sujet de triompher ?

Le Théol. Je ne disputerai point à Locke, les éloges que lui donne si libéralement Monsieur de Voltaire. Ce n'est point aux Philosophes que j'en veux, c'est à leurs erreurs. Mais il faut que vous admettiez de deux choses l'une, ou que Locke n'a avancé cette proposition qu'avant d'avoir bien considéré la nature de la matière & de la pensée, ou qu'il s'est grossièrement contredit ; que par conséquent il n'est point un Logicien aussi exact que le prétend Mr. de Voltaire. Lisez Locke, liv. 4. c. 10 § 10, il y dit en termes exprès, que la matière n'est capable que de recevoir & communiquer le mouvement, & qu'il est aussi impossible au mouvement de produire la pensée, qu'il est impossible au néant de produire la matière. Aristote, cité par Cicéron au livre prémier de ſes Tuſculanes, avoit dit la même choſe, avec un peu plus de détail : voici ſes propres paroles. *La penſée, la perception, l'intelligence, le raiſonnement, le ſentiment, ne peuvent venir d'aucun des principes deſquels ſont formés toutes les choſes corporelles & ſenſibles. Il faut admettre une ſubſtance...... qui ait en elle-même, & par elle-même, ſa force, ſon activité, & qui puiſſe produire ces actes dont les principes matériels ſont incapables.* Platon, dans ſon Phœdon, N₀. 2°, eſt du même ſentiment.

Le Gent. Je ſçavois bien que l'authorité étoit contraire ; mais j'en appelle à la raiſon.

Le Théol. Je reçois votre appel : je m'attendois bien qu'il faudroit me ſiſter à ce tribunal. Mais avant tout, il faut que nous convenions l'un & l'autre de l'idée qu'on doit attacher à la matière : ſans cela nous ſerions dans le cas de nous arrêter ſouvent en chemin. Selon le ſentiment unanime des anciens Philoſophes, la matière *eſt une ſubſtance à qui l'inertie eſt eſſentielle & qui eſt le ſujet de tous les compoſés naturels.* Adoptez vous cette idée ?

Le Gent. Je m'en donnerai bien de garde. Vous ne manqueriez point de m'accabler par cette démonſtration : il eſt impoſſible qu'une ſubſtance à qui l'inertie convient eſſentiellement, agiſſe : or penſer, c'eſt agir, puiſque la penſée eſt un acte vital : donc il eſt impoſſible que la matière penſe. Il ne me ſeroit point poſſible de parer à ce coup, & votre victoire dès-lors ſeroit certaine. Non je m'en tiens à l'idée qu'en donnent nos Philoſophes modernes , à celle de Descartes ou de Gassendi, dont l'un place l'essence de la matière dans l'étendue , l'autre dans l'étendue solide ou l'impénétrabilité.

Le Théol. Vous avez saisi au juste ma pensée, & la démonstration qui alloit s'ensuivre de votre aveu. Mais faites-vous attention que ces deux Philosophes & généralement tous les Philosophes modernes , admettent d'un suffrage réuni & commun, au moins comme propriété de la matière, l'indifférence pour le mouvement ou le repos ? Vous ne sauriez m'en citer un seul, qui pense autrement.

Le Gent. Et que deviendront alors les tourbillons de Descartes ? Otez-en le mouvement, vous en ôtez l'ame , vous les détruisez.

Le Théol. Ce Physicien a soin de mettre pour base de son hypothèse, que la matière sortie des mains du Créateur , fut d'abord sans mouvement, qu'un instant après il lui imprima lui-même le mouvement, qui la divisa en différentes parties ; cubiques, subtiles, sphériques, cannelées. Donc selon Descartes , le mouvement n'est point une propriété , mais un accident de la matière, une impression extrinséque venue d'une main étrangère , de la main du Créateur. Et pour vous en convaincre davantage , il suppose que ce mouvement se perd dans les parties de la matière , à mesure qu'elles les communiquent à d'autres parties : or ce qui se perd & se communique, n'est pas propriété. Donc selon Descartes, & les autres Philosophes mo-

G

dernes, une des propriétés de la matière est l'indifférence pour le mouvement & le repos.

Le Gent. Hé bien, soit, je le veux : les Philosophes modernes & anciens pensent ainsi : que s'ensuit-il ?

Le Théol. Vous le verrez bientôt. Je l'ai déjà dit, & la chose est évidente. Il y a tant de différens génies parmi les hommes, leurs manières de penser sont si variées, si versatiles, qu'ils ne peuvent s'accorder d'un consentement général & uniforme sur la même chose, à moins que d'y être forcés par l'évidence : il seroit aussi absurde pour le moins d'admettre le contraire, qu'il le seroit de dire que tous les différens vents ont la même direction, & soufflent tous de concert. Or de votre aveu, tous les Philosophes tant anciens que modernes, c'est-à-dire, tous ceux dont le sentiment peut être de quelque poids en cette matiere, s'accordent, par un concert général, à reconnoître l'indifférence pour le mouvement & le repos, comme une propriété de la matière. Donc il est évident que cette indifférence est une de ses propriétés. Ce syllogisme est en bonne forme, & je ne crois pas que vous puissiez nier aucune des proportions dont il est composé.

Le Gent. Je n'en nie aucune : mais je ne vois point de nœud, de lien nécessaire, entre cette indifférence de la matière, pour le mouvement ou le repos, & l'incapacité de penser.

Le Théol. Encore un pas en avant, & vous l'appercevrez. Vous admettez, je crois, que tout ce qui vit, d'une vie proprement dite, est, ou subftance fpirituelle, ou animal, ou au moins forme d'animal ?

Le Gent. J'en conviens. Car la végétation n'eft point à mon avis, une vie proprement dite, ce n'eft qu'une certaine modification des fucs nutritifs.

Le Théol. Vous m'accorderez encore que tout ce qui vit proprement, n'eft point indifférent pour le mouvement ou le repos. La fubftance fpiri-tuelle ne l'eft pas, puifque l'agilité eft une de fes propriétés, & qu'étant libre, elle exige de pouvoir, felon les mouvements de fa volonté, fe porter, où il en eft befoin. L'animal ne l'eft pas non plus ; on ne fçauroit en citer aucun exemple : d'ailleurs il exige auffi divers mouve-ments pour fa confervation ; & Dieu agit felon l'exigence des chofes. Sa forme l'eft encore moins, puifque c'eft par elle qu'il eft exempt de cette indifférence.

Le Gent. Toutes ces vérités font trop claires pour pouvoir être niées. Mais encore une fois, où tout cela aboutit-il ?

Le Théol. De ce double aveu je tire l'éclair-ciffement que vous cherchez : il va fervir d'ap-pui & de fondement à la démonftration fuivante. Penfer, c'eft vivre d'une vie proprement dite, puifque la penfée eft un mouvement intellec-tuel, procédant d'un principe actif, & reçu dans ce même principe ; que par conféquent la défi-nition de l'acte vital lui convient. Nier cette vérité, c'eft nier qu'on ait le fens commun. Or de votre aveu, ce qui vit proprement, n'eft point indifférent pour le mouvement ou le repos. Et cependant la matière l'eft : donc la matière ne peut vivre proprement, & par conféquent elle ne peut penfer. Appercevez-vous maintenant ce nœud néceffaire entre l'indifférence de la matière, & l'incapacité de penfer ?

Le Gent. Je l'apperçois : mais je fuis d'opinion que les Philofophes attribuant à la matière l'indifférence pour le mouvement & le repos, n'ont prétendu parler que de cette matière groffière, qui tombe fous nos fens ; & qu'ils n'ont point voulu nier la poffibilité d'une matière d'efpéce différente, qui penfât.

Le Théol. L'échapatoire eft ingénieufe ; mais le nœud vous ferre trop étroitement pour pouvoir vous en dégager par ce faux-fuyant. Premièrement tous les Philofophes fe font exprimés en termes généraux, & fans diftinction fur cet article. Ainfi, vous affurez ou qu'ils ont tous été fans efprit, ou qu'ils ont tous été fort mauvais Logiciens. Ils ont tous été fans efprit, s'ils n'ont point apperçu ce que vous appercevez fi facilement, la poffibilité d'une efpéce de matière qui penfât. Ils ont été de fort mauvais Logiciens, fi l'ayant apperçu, ils ont néanmoins généralement, & fans diftinction quelconque, affigné comme propriété de la matière, l'indifférence pour le mouvement & le repos : c'eft comme fi vous donniez généralement à l'animal pour propriété la faculté admirative, fachant bien qu'il y a une efpéce d'animal, favoir la brute, qui n'en eft pas capable. Secondement, voici quelque chofe de plus tranchant & tout-à-fait décifif. Vous venez d'avoüer que tout ce qui vit d'une vie proprement dite , eft ou fubftance fpirituelle, ou animal, ou forme d'animal; & au furplus, que penfer, c'eft vivre d'une vie proprement dite. Sur ce fond, voici mon raifonnement : cette autre efpéce de matière, que vous imaginez poffible, ne feroit ni fubftance fpirituelle, ni animal, ni forme d'animal. Je vous crois affez judicieux pour m'accorder les deux prémières parties de ma propofition, elles font évidentes. La troifième ne l'eft pas moins: car puifqu'il y a une oppofition effentielle du moins corrélative entre la forme & la matière ; donc ce qui eft matière ne peut être forme, & ce qui eft forme ne peut être matière. Cette conclufion eft également évidente. D'ailleurs fi vous imaginiez une forme qui fut matière, je dirois qu'elle ne vit point proprement, mais qu'elle eft indifférente pour le mouvement ou pour le repos. Je réponds : or penfer , c'eft vivre d'une vie proprement dite : donc cette autre efpéce de matière que vous imaginez , ne pourroit penfer.

Le Gent. Mais pourquoi une matière fubtilifée & modifiée de certaine façon, ne pourroit-elle pas parvenir jufqu'à penfer ?

Le Théol. Je vous l'ai déja dit virtuellement Ou cette matière changeroit de nature (ce qui eft impoffible) ou elle n'en changeroit pas. Si elle changeoit de nature, ce ne feroit plus la matière, mais l'efprit, ou l'animal, ou la forme

G 3

qui penferoit. Si elle n'en changeoit pas ; donc elle feroit fubftance fpirituelle, ou animal, où forme d'animal ; car elle vivroit d'une vie proprement dite, & en même temps, elle ne feroit que matière : donc elle feroit une pure chimére.

Le Gent. Vos réponfes prouvent clairement que la penfée ne fauroit être une propriété de la matière ; mais il nous fuffit qu'elle en foit un accident.

Le Théol. Je fuis furpris que vous ne fentiez pas combien cette reffource eft vaine, & remplie de futilité. 1°. Je viens de vous conftater que l'incapacité de penfer eft une propriété de la matière ; cette incapacité coule donc de fa nature : fa nature dit donc de la répugnance avec la penfée : car être incapable de penfer, & cependant avoir la faculté de penfer, quelle plus grande répugnance ? Or une fubftance ne peut recevoir, même par accident, ce qui lui répugne. Autrement je pourrois dire que l'animal, privé de raifon par fon effence, peut cependant raifonner par accident. Donc la matière ne peut penfer, même par accident. 2°. Cet accident feroit certainement une modification : car vous n'admettez pas d'autres accidents. Cependant une modification eft quelque chofe de paffif, & par conféquent incapable d'agir. Mais penfer c'eft agir, c'eft même vivre : donc la matière ne peut penfer même par accident.

Le Gent. Si je vous dis que Malebranche dénie même à l'ame fpirituelle la faculté d'agir. Que deviendront tous vos brillants raifonnements ?

Le Théol. Je fais que Malebranche, en dépit du bon fens avance ce paradoxe. Mais je fais aufli que ce Philofophe eft fur ce point, tout-à-fait inconciliable avec lui-même, & en contradiction évidente avec fes propres principes. Donnez-vous la peine de les examiner. En premier lieu, il admet avec tous les Philofophes, que le fentiment intime de l'ame forme une conviction métaphyfique : or le fentiment intime convainc tous les hommes, que quand nous voulons juger, nous comparons une idée avec l'autre, nous étudions, nous examinons, nous cherchons des raifons & des motifs pour appuyer notre décifion : Quoi d'ailleurs de plus évident que faire tout cela, ce foit agir ? Donc Malebranche contredit en cela fon propre principe. En fecond lieu, il admet la liberté de la volonté, (il étoit Catholique) il foufcrit à l'anathème que lance le Concile de Trente, contre quiconque diroit avec Luther & Calvin, que la volonté ne peut réfifter à la grace, ou y confentir à fon gré ; qu'elle n'agit pas fous l'impulfion divine, mais qu'elle la fuit à la manière des chofes inanimées qu'on pouffe où l'on veut. Or felon l'idée que non feulement tous les Philofophes, mais tous les hommes, attachent à la liberté, une puiffance libre eft tout au moins une puiffance active ; Luther même & Calvin, que dis-je ? les Manichéens mêmes en convenoient : réfifter ou confentir à une motion, felon fon gré, c'eft agir, ce n'eft point être comme un être inanimé, qui n'a aucune force de se mouvoir : donc Malebranche fronde encore ici directement ses propres principes, dit en même-tems le oui & le non. En troisième lieu, de peur de paroître souverainement absurde, il admet la définition de l'acte vital adoptée unanimement par les Philosophes; d'autre part il reconnoît des créatures qui vivent: donc il admet ce qu'il nie. Peut-il être moins d'accord avec lui-même? Ce sont sans doute de telles absurdités qui ont porté un des plus zélés partisans de la nouvelle Philosophie, c'est-à-dire de vos erreurs, d'user de ce sarcasme contre cet Auteur :

Lui qui voit tout en Dieu, n'y voit point qu'il est fou.

C'est vouloir lui ressembler, que de vouloir s'appuier ici de son authorité.

Le Gent. Je vous abandonne la matière : car après avoir soutenu ce terrain de proche en proches, je vois bien qu'il n'est plus tenable. Mais ne croiez point pour cela, que je me rende : nous avons un retranchement où l'on ne peut nous forcer ; c'est de soutenir que notre ame, si elle n'est pas matière, est au moins matérielle. C'est toujours la même chose pour nous. Il ne s'ensuivra pas moins qu'elle périt avec le corps. En voici la preuve,

Il passe maintenant pour démontré que les bêtes ne sont point de pures machines : on pourroit également démontrer que leur ame n'est point spirituelle ; reste donc qu'elle soit une substance matérielle, en ce sens qu'elle dépend en tout de la matière. Or on y découvre des opérations qui ne font guéres moins parfaites, ni moins admirables que celles de l'homme : donc on peut auffi dire que l'ame de l'homme eft une fubftance matérielle, à laquelle le Créateur a ajouté quelques degrés de perfections. C'eft en grande partie à Mr. de Voltaire, que je dois faire honneur de cette découverte.

Le Théol. Votre prétendu retranchement n'a pour toute défenfe que des ténébres fort épaiffes fous lefquelles vous vous cachez, mais qui ne foutiendront pas l'éclat de la vérité. Il faut que vous conveniez d'abord avec moi de deux principes. Le premier, c'eft que toute forme matérielle dépend effentiellement en tout de la matière, foit pour fa production, foit pour fes opérations, foit pour fa confervation. Cette vérité eft comme l'alphabet de la Phyfique. Le fecond, c'eft que cette forme eft étendue, au moins d'une extenfion non folide. Comme vous pourriez peut-être me difputer ce point, je le prouve. Vous avouez que toutes les parties de la matière font étendues ; vous n'en admettez même aucune qui né foit divifible à l'infini. Vous avouez encore que la forme matérielle coëxifteroit, ou à tout le corps, ce qui eft plus analogue à fa deftination naturelle, puifqu'elle eft la forme de tout le corps, ou au moins à uné partie étendue ultérieurement divifible fans fin, en parties proportionelles : car elle dépendroit de toute ces parties pour fa confervation, comme elle en dépend pour fa production. Or elle ne peut leur coëxifter, à moins quelle ne foit étendue : car exister définitivement dans un espace étendu, c'est-à-dire, de telle forte que la chose existe toute entière dans le tout, & toute entière dans chaque partie du tout, est une propriété si sublime de l'esprit, qu'on conçoit à peine qu'elle convienne à un esprit limité ; bien moins concevra-t-on qu'elle puisse convenir à une substance matérielle quelconque. D'ailleurs si elle est toute entière dans chaque partie, toutes ces parties étant de même nature, elle ne dépendra donc pas plus de l'une que de l'autre, elle pourra donc exister sans elles, ce qui répugne à sa nature ; donc il répugne à sa nature qu'elle ne soit point étendue.

Le Gent. Avant que d'aller plus loin, je vous avertis que je n'admets pas votre prétendu alphabet de la Physique. Non, je n'admets pas que l'ame matérielle dépende de la matière pour son existence.

Le Théol Si j'avois ici à combattre quelques Péripatéticiens modernes, qui nient l'éduction de l'ame matérielle, & qui ne la font dépendre essentiellement de la matière, que pour ses seules opérations, qui font purement organiques selon eux : je crois pouvoir leur opposer des raisons d'une solidité de beaucoup supérieure, fans qu'elles parvinssent peut-être à la certitude démonstrative. Mais c'est à vous & à vos semblables que j'ai à faire ici. A vous, dis-je, qui soutenez que cette ame matérielle indépendante de la matière dans sa production & sa conservation, est capable de penser, de juger, de rai-

fonner. Je ne vous prendrai point à l'improvifte,
je vous avertis que je vais vous faire tomber
dans une contradiction groffière. Je commence
par vous demander , fi vous trouvez de l'impoffibilité en ce que Dieu produife une ame
fpirituelle, qui anime un corps humain ?

Le Gent. Perfonne n'y a jamais rien trouvé
qui implique, & je ne fuis point plus éclairé
qu'eux ; je crois la chofe poffible.

Le Théol. Sur ce fondement, voici mon raifonnement. La nature de l'ame matérielle ne
différeroit en rien dans votre fentiment, de celle
de l'ame fpirituelle : comme elle, elle feroit
effentiellement indépendante de la matière, dans
fa production & fa confervation ; elle auroit auffi
bien qu'elle la faculté de penfer, de juger, de
raifonner. Donc elle auroit une même nature ;
donc elle feroit en même-temps & matérielle
& fpirituelle. Or c'eft-là une contradiction des
plus groffières : donc vous ne pouvez nier que
cette forme matérielle ne dépende effentiellement de la matière, fans tomber dans une contradiction groffière.

Le Gent. Je ne m'étois point attendu à une
fortie fi brufque. J'apperçois cependant un retranchement ; c'eft de dire que cette forme matérielle feroit effentiellement étendue , & non
la fpirituelle. Voilà la différence.

Le Théol. Cette retraite me vaut une victoire.
Souvenez-vous bien de l'aveu où je viens de vous
forcer ; il ne vous mettra point à l'abri de la
contradiction, à moins que vous n'avoüiez la

ſpiritualité de notre ame. Il va ſervir de point d'appui à pluſieurs démonſtrations qui vous en convaincront.

Première démonſtration. L'ame matérielle ne peut réfléchir, elle ne peut réfléchir ſur ſoi-même; il faudroit pour cela qu'elle pût ſe replier entièrement ſur ſoi-même : c'eſt-ce qu'importe néceſſairement la réflexion d'un être étendu. Or il eſt impoſſible qu'un être étendu ſe replie entièrement ſur ſoi-même; il ſeroit replié entièrement & ne le ſeroit pas, puiſque le replis doit être différent de la choſe en quoi il ſe fait. Imaginez une choſe quelconque étendue, ſi vous la repliez, vous ne parviendrez jamais qu'à replier une de ſes parties ſur l'autre; mais jamais l'enſemble ſur l'enſemble. Donc il eſt démontré que l'ame matérielle ne peut réfléchir ſur ſoi-même. Elle ne peut pas même réfléchir ſur ſes penſées; ſuppoſé qu'elle ſoit capable de penſer. Cette ame ſeroit modifiée toute entière par la penſée, puiſqu'elle vivroit totalement & non en partie, par cet acte vital. Je ne crois point qu'il ſoit beſoin de prouver cette vérité. Donc elle ne pourroit réfléchir ſur ſes penſées, ſans ſe replier encore totalement ſur elle-même: replis que nous venons de démontrer impoſſible. Reprenons. Or nous ſommes convaincus par notre ſentiment intime, que notre ame réfléchit tant ſur ſoi-même que ſur ſes penſées : quel eſt l'homme qui en doute ? Donc puiſque le ſentiment intime, qu'on appelle conſcience, répand une certitude métaphyſique ſur ſon objet,

jet : il est certain métaphysiquement que notre ame n'est point matérielle.

Seconde démonstration. L'Ame matérielle ne peut juger. Or il est plus clair que le jour que nous jugeons de bien des choses. Donc il est plus clair que le jour, que notre ame n'est pas matérielle.

Prouvons la première proposition ; si je la prouve, tout est prouvé. Le jugement renferme deux choses ; l'une qui est une condition préliminaire essentiellement requise : c'est l'examen de comparaison entre les idées, pour prononcer sur le rapport qu'elles ont entre-elles : l'autre qui est l'acte de l'intellect, par lequel il prononce sur la convenance, ou la disconvenance des idées : c'est ce qu'on appelle jugement strictement dit. L'ame matérielle est également incapable de l'une & de l'autre opération ; d'où il s'ensuit qu'elle est incapable de juger. Elle est incapable de l'examen de comparaison entre les idées : il me suffiroit, pour le prouver, de vous rappeller la démonstration que je viens de faire sur l'impossibilité de sa réflexion sur ses idées ; car leur examen emporte nécessairement la réflexion : mais je n'aime point de me répéter sans nécessité ; j'ai autre chose à vous dire.

Ou ces idées de l'ame matérielle seroient contraires entre-elles, ou elles seroient disparates, ou elles auroient quelque rapport de convenance. Si elles sont contraires, ou disparates, elles ne peuvent exister ensemble, dans le même sujet total : cependant, comme je l'ai prouvé, la

première idée affecteroit totalement l'ame matérielle, & toutes ses parties. Donc les autres contraires, ou disparates, ne pourroient exister avec
elle dans l'ame. Donc l'ame ne pourroit les
examiner. Si elles ont un rapport de convenance,
elles ne laissent point d'avoir quelque diversité
dans chaque partie de l'ame matérielle, qui en
est en toute modifiée : autrement il faudroit dire
que toutes les propositions, dont les idées auroient ce rapport, seroient identiques. Ce qui
seroit de la dernière absurdité. Or un être quelconque matériel, ne peut être tout-à-la-fois,
modifié dans toutes ses parties, de manières
différentes ; parce que toute modification totale
d'une chose étendue, dit que toutes ses parties
ont une certaine situation, & non point une autre ; cependant si elle avoit différentes modifications totales & simultanées, elle auroit une
certaine situation, une certaine combinaison de
toutes ses parties, & non point une autre ; &
en même temps, elle en auroit encore une autre. Donc elle en auroit une autre & ne l'auroit
pas ; ce qui implique manifestement.

L'ame matérielle n'est pas moins incapable
de l'acte judiciaire, proprement dit. Cet acte
devroit être divisible, puisqu'il seroit une modification totale d'une ame divisible & étendue,
dont toutes les parties en seroient affectées. Or
il implique, que le jugement soit divisible, c'est
le *oui*, c'est le *non*, que prononce l'entendement, & il est impossible de trouver la moitié
d'un *oui*, ou d'un jugement affirmatif ; il est

pareillement impoſſible de trouver la moitié d'un *non* ; c'eſt-à-dire d'un jugement négatif. Le premier porte eſſentiellement ſur l'identité ; ainſi pour pouvoir diviſer en deux parties le jugement affirmatif, il faudroit pouvoir diviſer l'identité, de ſorte qu'une de ſes moitiés correſpondît à la moitié du *oui* intérieur, autrement ce ne ſeroit plus la moitié d'un jugement affirmatif, qui dit un rapport eſſentiel à l'identité ; ce ſeroit un acte d'une autre nature. Or je vous demande ſi l'identité peut être diviſée ?

Le Gent. Non ſans doute. Si l'on pouvoit partager l'identité en deux parties, les deux parties ſeroient préciſément unies, mais elles ne ſeroient pas identifiées : la même choſe ne peut être ſéparée d'elle-même.

Le Théol. Diſons la même choſe du Jugement négatif ; il porte eſſentiellement ſur la non-identité des idées, il y dit une correſpondance eſſentielle ; ainſi, afin de me donner la moitié d'un jugement négatif, du *non* intérieur, il faut pouvoir me donner la moitié de la non-identité, c'eſt-à-dire d'une négation de l'être qui correſpond à la moitié de ce jugement. Mais, de grace, ſauriez-vous bien me donner la moitié d'un rien ?

Le Gent. Votre queſtion me force de rire malgré moi.

Le Théol. Hé qui pourroit en effet s'empêcher de rire, en voyant vos graves Philoſophes nous vanter ſérieuſement ces ridicules rêveries comme des Oracles émanés de la pure raiſon, de la vraie

fageſſe, qu'ils croient concentrée en eux ſeuls?
Mais reprenons. N'avoüez-vous pas que le ſentiment intime vous convainc que votre ame
réfléchit & ſur elle-même & ſur ſes propres penſées; qu'elle examine le rapport de convenance
ou de diſconvenance qu'il y a entre ſes idées;
qu'elle porte là-deſſus ſon jugement?

Le Gent. Il faudroit être bien étranger chez
ſoi, pour n'en être point convaincu.

Le Théol. N'avoüez-vous point encore que le
ſentiment intime de l'ame répand une certitude
métaphyſique ſur ſon objet?

Le Gent. C'eſt un principe reçu unanimement
par tous les Philoſophes : il n'eſt pas plus certain que deux & deux faſſent quatre.

Le Théol. Donc il eſt certain métaphyſique-
ment , que votre ame n'eſt point matérielle.
C'eſt la concluſion qui ſuit néceſſairement de
mes prémiſſes. Pour vous en convaincre de plus
en plus , j'ajoûte deux autres démonſtrations,
qui confirmeront les premières.

Troiſième démonſtration. On ne peut appercevoir par un milieu étendu , ce qui ne peut
avoir de l'étendue : la raiſon immédiate, c'eſt
qu'il faudroit, pour l'appercevoir, une correſpondance des parties de l'objet avec celles du
milieu, & que l'objet ſans étendue n'a point de
parties. Prenez une lunette, un miroir, quelqu'autre milieu ſemblable , il eſt impoſſible
qu'il vous repréſente d'objet, qui n'ait de l'extenſion. Donc l'ame matérielle ne peut appercevoir par le moyen de l'intellect , qui ſeroit

néceſſairement étendu auſſi-bien qu'elle, des objets exempts de toute extenſion. Or notre ame ſe repréſente par le moyen de l'entendement de tels objets, elle s'occupe de la Divinité, contemple ſes perfections, cherche & trouve les raiſons qui prouvent ſon exiſtence, apperçoit le nœud, la connexion d'un principe avec ſa conſéquence; rien de tout cela n'eſt capable d'extenſion.

J'en appelle même ici au témoignage des incrédules; en combattant l'exiſtence de Dieu, en cherchant des contradictions entre ſes perfections, des preuves contre les myſtères révélés, ils s'occupent, ſans y penſer, de choſes non étendues. Ces opérations de l'ame ne peuvent être ignorées d'aucun homme qui raiſonne, non plus que leur objet. Donc il eſt de la plus parfaite certitude que notre ame n'eſt point matérielle.

Le Gent Il eſt vrai que notre ame s'occupe de Dieu, mais elle ne ſe le repréſente que ſous une forme humaine, par conſéquent votre argument porte à faux, puiſqu'une forme matérielle eſt étendue.

Le Théol. Diſtinguez, s'il vous plaît, le mélange de l'imagination dans l'opération de l'eſprit. Je conviens que l'imagination, accoûtumée à ne repréſenter que ce qui lui eſt communiqué par les ſens, joint un aſſortiment ſenſible à l'idée que nous nous formons de Dieu. Mais une puiſſance ſupérieure, que nous ſentons en nous-mêmes, & qui n'eſt autre que notre raiſon, corrige d'abord cette image étrangère, la déſavoue,

la rejette comme fictice. Donc notre intellect
conçoit Dieu fans extenfion, puifqu'il la fépare
de fa nature, comme contraire à fes attributs.
Donc le faux eft uniquement du côté de votre
objection. La démonftration fuivante donnera
encore plus de jour à celle-ci.

Quatriéme démonftration. L'ame matérielle
ne peut agir que dépendamment du corps, par
conféquent, puifque le corps n'a point d'autres
canaux que les fens pour tranfmettre les objets
à l'ame, il eft d'une néceffité abfolue que l'a-
me matérielle ne puiffe atteindre d'autres objets
que ceux qui tombent fous les fens. Or notre
ame atteint, felon que je l'ai tout-à-l'heure démontré, des objets qui ne tombent point fous
les fens; tels font ceux qui n'ont point d'étendue, comme Dieu, fes perfections, le rapport
de proportion entre les moyens & la fin, une
infinité d'autres. Donc il eft d'une néceffité abfolue que notre ame ne foit point matérielle.
Je pourrois, en fuivant la même marche, accumuler d'autres démonftrations, tirées des opérations de notre volonté & de notre mémoire :
mais je dois me borner; & je me borne à vous
faire obferver, que les démonftrations qui prouvent que notre ame n'eft point matérielle, prouvent à plus forte raifon, qu'elle n'eft point matière. Donc la fpiritualité de notre ame eft pleinement démontrée.

Le Gent. Il me refte cependant encore un
nuage à diffiper. Je ne conçois pas comment
notre ame étant fpirituelle, dépend tellement

dans toutes ſes opérations, des organes corpo-
rels, que ſelon leur plus ou moins de diſpoſition, ſon raiſonnement même ſoit empêché ou
en tout, ou en partie? C'eſt-ce qu'on apperçoit
dans l'enfance, dans la démence, dans le ſommeil.

Le Théol. Tout cela arrive en vertu des loix
de ſon union avec le corps. Le Créateur, pour la
variété de l'univers, & pour d'autres fins qu'il
ne nous appartient pas de pénétrer, a voulu,
après avoir créé de pures intelligences dégagées
de tout lien avec la matière, en créer d'autres
d'un ordre inférieur, qui animaſſent des corps,
& par le moyen d'une union ſubſtantielle entre l'une & l'autre partie, formaſſent ce merveilleux compoſé qu'on appelle l'homme. Mais,
l'union ſubſtantielle exigeoit que les deux parties du compoſé, ne fiſſent plus enſemble qu'un
ſeul principe total des opérations. Il falloit donc
une mutuelle dépendance de la forme, qui eſt
l'ame, & de la matière organiſée, par rapport
aux actions. Vous me demanderez comment
il ſe peut faire, qu'une ſubſtance ſpirituelle ne puiſſe agir que dépendamment de la
matière? Voici le ſage tempérament qu'a trouvé
le Créateur. Comme la ſphére naturelle d'une
ame ſpirituelle s'étend à des objets immatériels,
qui ne peuvent tomber ſous les ſens, le corps
ne pouvoit proprement concourir, même comme principe paſſif, à de telles opérations : cepen-
dans comme elles devoient être humaines, c'eſt-
à-dire faites avec une mutuelle dépendance de

principe spirituel & des organes ; l'Etre Créateur a établi cet ordre unique de dépendance par rapport à ce genre d'actions. Savoir que les organes, leurs dispositions, leurs modifications, n'y contribueroient que comme de simples conditions préexistantes, sans quoi il a décerné dans les conseils de sa sagesse, de n'y point concourir.

Le Gent. Je crois saisir votre pensée : c'est-à-dire que la différence essentielle entre l'ame matérielle & l'ame spirituelle, c'est que celle-là dépend en toutes ses opérations, de la matière, comme d'un principe passif proprement dit, & que l'ame spirituelle, en certaine actions, n'en dépend que comme d'un principe improprement dit, ou d'une condition préexigée au concours de la cause prémière. Cette explication me satisfait.

Le Théol. Je voudrois que vous y ajoutassiez quelque peu de chose : c'est que cette dépendance, telle que vous l'avez conçue est essentielle à l'ame matérielle, au lieu que la dépendance de l'ame spirituelle est en elle, seulement par accident & à raison de l'union, dont elle peut aisément se passer.

Le Gent. Je vous comprends. Mais une autre difficulté s'offre à mon esprit, & m'intrigue encore davantage. Comment est-il possible que des objets matériels agissent sur une ame spirituelle, & causent en elle tantôt des sentiments de douleur, de tristesse & de crainte, tantôt des sentiments de plaisir ?

Le Théol. Vous vous méprenez : les objets matériels n'affectent point immédiatement l'ame fpirituelle , mais l'auteur tout-puiffant du compofé humain a dû, en vertu de l'union , imprimer à cette ame une forte inclination, un puiffant panchant de fympathie pour fon corps, au moins autant que durera l'union ; fans quoi l'ame fpirituelle ne feroit pas dans un état d'union ; elle feroit dans un état de violence continuelle. Or au moyen de cette inclination, de cette fympathie , elle doit éprouver ces fentimens divers , fans que les objets toute-fois agiffent fur elle immédiatement : différentes affections purement organiques fuffifent pour cela, d'autant que le maître fouverain de la nature l'a déterminée à aimer certains objets néceffaires ou profitables à la confervation de l'individu humain, ou de fon efpèce ; à en haïr, à en craindre d'autres dont les impreffions peuvent altérer ou détruire l'harmonie du corps.

Le Gent. Mais fi ces objets ne font point par eux-mêmes ces impreffions fur l'ame ; qui les fait donc ? Ce n'eft point l'ame elle-même , puifque fouvent elle les fouffre malgré elle ; ce ce n'eft point Dieu non plus, puifque fouvent ces fentimens de plaifir répugnent à la pudeur, & par conféquent répugnent à un Etre infiniment parfait.

Le Théol. Je vous demanderois volontiers à mon tour, qui imprime en vous le fentiment de douleur & de trifteffe que vous reffentez malgré vous à la mort d'un ami avec qui vous fympathifiez parfaitement d'humeur, de naturel, de fentimens?

Le Gent. Je n'ai jamais douté que ce ne fût mon ame elle-même, qui se laissât aller à la douleur, à la tristesse.

Le Théol. Fort bien. Mais appliquez cette réponse à la question que vous me faites : car si une union beaucoup moins sympathique que n'est l'union substantielle de l'ame avec le corps, suffit pour la porter à ce sentiment de tristesse où elle se livre d'elle-même ; à combien plus forte raison l'union substantielle suffira-t-elle, pour faire qu'elle se livre aux divers sentimens dont vous parlez, suivant les différentes impressions qui se font dans son corps, avec qui elle ne fait qu'un seul & même individu ? Il est bien vrai que ces impressions organiques arrivent souvent malgré elle. Mais il est très-faux que ce soit malgré elle qu'elle les haïsse, qu'elle les abhorre, ou qu'elle s'y plaise ; elle suit en cela l'inclination que le Créateur lui a empreinte. Je m'attends bien que vous me demanderez, si c'est librement qu'elle forme ces sensations en elle-même ? & je vous réponds qu'entant qu'elles préviennent la raison, elles sont nécessaires, & n'ont rien de mauvais, entant qu'elles viennent du Créateur : mais aussi-tôt que la raison s'apperçoit qu'elles tendent quelque-fois à secoüer son joug, & outre-passer ses régles ; il lui est libre de les faire rentrer sous son empire, & de les contenir dans les bornes prescrites. Mais à propos de votre objection ; savez-vous qu'elle me fournit une nouvelle démonstration ?

Le Gent. Je ne l'avois pû pressentir ; mais je l'entendrai volontiers.

Le Théol. La voici : c'est par où je finis. Une substance qui domine sur ses sensations, qui réprime ses passions, qui les empêche de s'écarter des régles du devoir : une substance qui s'élève au-dessus de la plus sensible douleur, qui triomphe des supplices les plus cruels, par amour de la vertu , supposons même par amour de la gloire, pour éloigner toute chicane : une telle substance est , sans contredit, spirituelle ; car une substauce matérielle suit nécessairement, & sans choix les impressions de la matière. Or notre ame domine souvent ses sensations , réprime ses passions, les contient dans les régles du devoir ; j'en appelle à la conscience de quiconque n'est pas Épicurien & Cynique ; combien de fois l'a-t-il éprouvé? Notre ame fait s'élever au-dessus des plus vives douleurs, triompher des supplices les plus affreux : les Histoires les plus certaines & les plus authentiques, surtout de tant de Héros Chrétiens, nous ont transmis les monuments les plus illustres & les plus constatés de cette vérité : tant d'autres, par un héroïsme prophane, se font exposés, & s'exposent encore tous les jours, aux dangers les plus effrayants, à mille blessures, mille douleurs très-aigres, à la mort la plus certaine , au milieu des combats. Donc notre ame est, sans contredit, spirituelle.

Le Gent. Cette démonstration me paroît tout-à-fait victorieuse : elle m'auroit suffi toute seule. Nous voilà enfin dégagés des sentiers épineux du matérialisme de l'ame, & je vous en fais bon gré : mais tout n'est pas fait : l'immortalité de l'ame, même spirituelle, offre aussi ses ronces & ses épines.

Le Théol. Le plus fort est fait, moyennant l'aide de cet esprit lumineux & bienfaisant, qui nous a applani la première route ; j'entre avec confiance dans la seconde.

Le Gent. Vous m'obligerez beaucoup.

ARTICLE SECOND.

De l'Immortalité de l'Ame spirituelle.

Le Théol. JE ne vous crois point de ces esprits bizarres, pour qui une preuve quelque solide qu'elle soit, dès qu'elle est commune, porte dès-lors avec soi un titre suffisant de rebut. Rien ne plaît à ces génies fantasques, que ce qui a l'attrait de la nouveauté, & peu s'en faut qu'il ne renonce au sens commun, parce qu'il est commun. Pour vous, vous savez que l'unanimité des anciens pour adopter une raison, loin de l'affoiblir, lui donne même un grand surcroit de force. Ainsi n'attendez de moi que les preuves usitées dans l'Ecole ; je ne ferai que les développer, & en faire sentir toute la force. Je prends la prémière, de la nature même de l'ame spirituelle, la seconde, du côté de Dieu.

DEMONSTRATION

DEMONSTRATION

Prise de la nature même de l'Ame spirituelle.

Dieu dans la production de tout être, ayant en vue son existence, cet Etre exige de la conserver toujours, s'il n'a aucun principe de corruption, ni intrinsèque, ni extrinsèque, qui exige sa destruction. La raison en est, que l'Etre Créateur n'agit que selon l'exigence des choses créées : exigence qui renferme de la part de la créature, les qualités naturelles que Dieu lui a communiquées en la formant ; de la part de Dieu même, les décrets qu'il a fait d'agir conformément à ces qualités ou propriétés, pour conserver l'ordre qu'il lui a plû d'établir dans l'univers. C'est ce qu'on appelle communément les loix de la nature, loix que le Créateur même ne peut fausser, sans contredire ses décrets qui les ont établies, selon cette maxime d'un Philosophe ancien, adoptée généralement par tous les autres ; *Semel jussit, semper paret.*

Il a porté ses ordres une fois ;
Toujours après, il suit ses propres loix.

J'en excepte le seul cas des miracles, qui sont des exceptions faites dès le commencement, aux loix générales de la nature. Mais Dieu ne les opère que pour de grandes raisons, & tant s'en faut qu'il y en ait ici aucune de cette nature, qu'au contraire, comme je le montrerai

I

dans la fuite, il y en a de très-grandes, pour la confervation perpétuelle de l'ame fpirituelle. Je crois avoir mis ma première propofition hors de toute atteinte ; je paffe à la feconde. Or l'ame fpirituelle eft exempte de tout principe de corruption, foit intrinféque foit extrinféque, qui en exige la deftruction. Donc l'ame fpirituelle exige de conferver toujours l'exiftence que Dieu lui a communiquée : donc elle la conferve toujours, ou ce qui eft la même chofe, elle eft immortelle.

J'ai avancé que l'ame fpirituelle eft exempte de tout principe tant intrinféque qu'extrinféque de corruption. En effet, quels feroient ces principes intrinféques? Seroit-ce peut-être des contraires, qu'elle auroit en elle-même? Mais les contraires font des qualités qui répugnent directement fous le même genre immédiat, comme le blanc & le noir répugnent fous le nom générique de couleur. Or 1º l'ame n'eft point une qualité: 2º elle ne fe trouve point fous un même genre avec les qualités; elle eft fous celui de la fubftance. Des qualités peuvent bien être contraires entre-elles, mais elles ne fauroient l'être à la fubftance.

2 Seroit-ce la dépendance effentielle qu'elle auroit de la matière ? L'efprit eft effentiellement indépendant d'elle, autrement ce feroit une forme matérielle, & non point un efprit. D'ailleurs, j'ai démontré que notre ame forme un grand nombre d'opérations, qui font néceffairement indépendantes du corps : donc j'ai démon-

tré tout d'un temps, qu'elle est elle-même né-cessairement indépendante, puisque les opéra-tions de la substance ne peuvent avoir aucun degré de perfection, que n'ait la substance elle-même : il n'est rien de plus évident.

Seroit-ce enfin la divisibilité de ses parties, dont la désunion causeroit sa dissolution? Mais une substance spirituelle est essentiellement sim-ple & sans partie quelconque. Elle ne peut être composée de parties essentielles, c'est-à-dire, de forme & de matière, puisque la matière ré-pugne essentiellement à son être. Elle ne peut non plus avoir des parties intégrantes : car ou chacune de ces parties seroit capable de penser, ou ne le seroit pas ? Si elles étoient capables chacune de penser, ce seroient autant d'ames différentes, puisqu'elles pourroient exercer leurs opérations indépendamment l'une de l'autre, & par conséquent subsister indépendamment l'une de l'autre : les opérations ne peuvent être plus parfaites que leur cause : elles ne diroient donc, en ce cas, aucun rapport d'union. Si elles étoient chacune en particulier incapables de penser : donc elles ne formeroient point toutes ensemble une substance capable de penser : car le continu ne peut être d'une autre nature que ses parties, il en différe seulement selon la quantité & l'ex-tension : ainsi les atômes du fer réuni dans un tout, ne peuvent former de l'or ou de l'argent : les atômes de ces deux métaux, ne peuvent non plus chacun composer un continu, qui soit du fer. A plus forte raison des parties incapables de vivre ſpirituellement, ne peuvent former un continu capable d'une vie ſpirituelle. Ajoutez à cela, l'impoſſibilité de l'étendue, & de la diviſibilité de la penſée, du jugement; impoſſibilité démontrée dans le premier article, qui cependant ſe réaliſeroit encore ici.

Il ne vous reſte plus que les principes extrinſéques de corruption à oppoſer. Mais quels ſont-ils? Donnez libre carriére à votre imagination. Seroit-ce la défectibilité de la cauſe dont elle a beſoin pour ſe conſerver? Mais cette cauſe, c'eſt Dieu lui-même, c'eſt l'Eternel, l'Etre indéfectible par eſſence, l'Etre néceſſaire. Seroit-ce la diſcontinuation de la fin pour laquelle elle eſt créée; fin qui venant à ceſſer, exigeroit qu'elle ceſſât elle-même d'être, comme devenant inutile? Sa fin, c'eſt encore Dieu lui-même; c'eſt pour le connoître, l'aimer, le glorifier, qu'elle eſt formée, & comme Dieu ſera toujours, elle doit toujours le glorifier. Il n'eſt pas poſſible d'imaginer d'autres principes extrinſéques de corruption. J'ai donc droit de conclure que l'ame ſpirituelle exige d'être toujours; en un mot, qu'elle eſt immortelle par ſa nature.

Le Gent. Je le conclurois peut-être avec vous, ſi j'avois bien pénétré chaque membre de votre démonſtration. Quant au premier membre; nos corps ſont des ſubſtances, & parce qu'ils renferment des qualités contraires entre-elles, nous les voyons périr tous les jours. Pourquoi la ſubſtance de notre ame ſeroit-elle plus privilégiée?

Le Théol. Il est nécessaire de bien distinguer la substance prise en elle-même, entant qu'indépendante essentiellement de toute disposition pour exister, & la substance entant qu'elle dépend essentiellement, par rapport à son existence, de certaines dispositions. Ce qu'on appelle la matiere premiere, & l'ame spirituelle, sont de la premiere espéce ; elles ne dépendent d'aucune disposition proprement dite. Les formes organiques de nos corps sont de la seconde espéce : elles dépendent comme matérielles, essentiellement de certaines dispositions. Et comme ces dispositions sont des qualités accidentelles, qui ont leurs contraires ; quand ceux-ci prévalent & les détruisent, il est nécessaire que ces formes organiques, dont l'existence en dépend essentiellement, périssent en même temps. Et c'est ainsi que nous voyons le corps humain se corrompre. D'où il s'ensuit que les formes substantielles matérielles, quoiqu'elles ne puissent avoir de contraires directement, en ont cependant indirectement & médiatement : mais la substance spirituelle n'en peut avoir ni directement, ni indirectement.

Le Gent. Ne pourroit-on point dire de même que la substance spirituelle dépend aussi de quelques dispositions ?

Le Théol. Non, on ne le peut dire sans tomber en contradiction. En effet : ou ces dispositions feroient matérielles, ou elles feroient spirituelles. Si elles étoient matérielles ; donc l'ame spirituelle ne pourroit rien appercevoir, sinon par leur moyen ; autrement les opérations feroient plus parfaites que leur principe ; elles fe produi- roient indépendamment des difpofitions matéri- elles, quoique le principe en dépendît : c'eft ce qui eft impoffible. Donc l'ame fpirituelle ne pourroit appercevoir que ce qui affecte les or- ganes ; fauffeté démontrée un peu auparavant. Si elles étoient fpirituelles, elles auroient be- foin pour fubfifter de l'ame fpirituelle, qui en feroit le fujet néceffaire : donc l'exiftence de l'ame feroit antérieure à la leur ; & cependant elles feroient des difpofitions, pour qu'elle exif- tât : donc elles feroient tout-à-la-fois & anté- rieures & poftérieures à fon exiftence : par con- féquent elles font chimériques.

Le Gent. Du moins les difpofitions organi- ques font une condition néceffairement requife pour la production de cette ame. Donc on ne pourroit également dire qu'elles font auffi une condition néceffairement requife pour fa con- fervation ; & puifque ces difpofitions périffent avec le corps, l'ame fpirituelle doit auffi périr avec lui.

Le Théol. Je l'ai déjà dit : Dieu felon les loix naturelles, qu'il a établies dans l'univers, n'a- git que felon l'exigence des chofes créées, le cas des miracles à part. Donc puifqu'il n'y a rien qui exige la production de notre ame, avant une organifation fuffifante du corps, pour y exercer quelques opérations, fans lefquelles elle y feroit inutile ; cette organifation eft une condition néceffairement requife pour fa pro- duction.

Il n'en est pas ainsi de l'ame spirituelle après sa production : n'ayant aucun principe de corruption, elle exige de conserver toujours son existence, & par conséquent elle la conserve toujours.

Le Gent. Je crois le premier membre de votre démonstration suffisamment éclairci : mais j'ai encore quelque obscurité dans l'esprit au sujet du troisième. Les actes que produit notre ame, quoiqu'ils soient spirituels, sont plus ou moins intenses. C'est ainsi qu'on dit tous les jours, qu'un amour est intense : cependant l'intension suppose des parties. Donc notre ame, quoique spirituelle, peut avoir également des parties.

Le Théol. Cette intension n'est qu'improprement dite ; c'est une intension virtuelle, qui se prend par rapport à l'effet plus ou moins intense que cet amour produit : ou, si vous l'aimez mieux, cette intension n'est rien autre que la force de cet amour, par laquelle il équivaut à plusieurs autres amours de moindre force, à peu près comme on dit que l'amour dont Dieu s'aime, est infiniment intense : quoiqu'il soit clair qu'il ne peut y avoir en Dieu, ni parties, ni degrés.

Le Gent. Il ne reste plus qu'à éclaircir le cinquième membre. L'ame étant créée pour animer le corps, quand le corps périt, la fin de l'ame cesse : donc elle doit périr avec lui.

Le Théol. Vous renversez étrangement l'ordre des idées sur ce point. Ce n'est point le corps qui est la fin de l'ame spirituelle, c'est l'ame spirituelle au contraire qui est la fin du corps. Je m'explique. Dieu aime essentiellement l'ordre ; il en est l'auteur : il ne peut s'en écarter, sans s'écarter des régles de sa sagesse. Or il seroit tout-à-fait contraire à l'ordre, que les êtres supérieurs fussent subordonnés aux inférieurs ; qu'une Reine, qui doit gouverner, fut subordonnée à son esclave : cependant ce qui est pour une fin, est toujours subordonné à cette fin. Donc il n'est pas possible que l'ame spirituelle, qui est d'un ordre bien supérieur au corps, qui est destinée pour le gouverner comme la Reine & la Maîtresse, soit cependant subordonnée comme à sa fin, à celui qui doit être son esclave.

Il est vrai que Dieu crée cette ame pour animer le corps, & pour faire un tout avec lui : mais la fin qu'il se propose en la créant, c'est la gloire qu'elle doit lui procurer jusqu'à la dissolution du corps, par l'amour qu'elle lui marquera, par les victoires remportées sur ses passions, jusqu'à ce que délivrée des liens qui l'attachent à cette partie matérielle, elle le glorifie d'une toute autre manière, en aimant d'un amour infiniment plus parfait, & en louant à jamais dans le Ciel son magnifique rémunérateur. Une comparaison mettra tout ceci dans le plus grand jour. Un Souverain destine un Capitaine à monter un vaisseau qu'on construit pour aller combattre ses ennemis sur mer, & procurer par-là, la gloire de son regne. Quoique le Capitaine n'y soit envoyé que quand ce navire est suffisamment préparé, direz-vous qu'il est la fin de l'envoi de cet Officier.

Le Gént. Je serois souverainement ridicule, même de le penser.

Le Théol. Faites maintenant l'application de la comparaison, en exceptant la circonstance du composé, qui assurément ne fait rien ici, par rapport à la fin. Mettez l'ame spirituelle au lieu de l'Officier : le vaisseau c'est le corps, qu'elle doit gouverner dans la mer orageuse du monde ; la création c'est l'envoi ; les ennemis sont les passions, ou mauvais penchants, & les objets qui causent leur révolte. Ainsi comme il est incontestable, dans le premier cas, que la gloire du Prince & la récompense destinée au Capitaine, sont la fin pourquoi on construit le vaisseau, & on le lui donne à commander ; il est de même incontestable que la gloire de Dieu, & la récompense destinée à quiconque la procurera dans ce corps mortel, est la fin pourquoi l'ame spirituelle est créée, pour l'animer.

Le Gent. J'acquiesce sur ce point : vos démonstrations du côté de Dieu acheveront la conviction.

DEMONSTRATIONS

De l'Immortalité de l'Ame spirituelle, prise du côté de Dieu.

Le Théol. Quoique je ne juge pas moi-même ces démonstrations nécessaires ; cependant puisque vous les souhaitez, je vais tâcher de vous satisfaire.

En premier lieu. Dieu eſt eſſentiellement juſte & infiniment ſage. Or il ne ſeroit ni l'un ni l'autre, ſi l'ame ſpirituelle n'étoit point immortelle. Donc elle eſt immortelle.

Je prouve la première partie de ma propoſition particulière. Il n'eſt que trop ordinaire de voir dans cette vie l'innocence opprimée, la vertu en but aux calomnies les plus noires, aux perſécutions les plus outrées ; tandis que le crime heureux, eſt élevé au faîte des honneurs, foule aux pieds les gens de bien, & inſulte à leur miſère, ſe voit prodiguer l'encens & les richeſſes, nage dans les plaiſirs. Donc ſi tout finit avec cette vie, la vertu loin d'être récompenſée, ſera malheureuſe, le crime loin d'être puni, ſera d'autant plus récompenſé, qu'il aura été plus artificieuſement atroce & inſolent. Or rien n'eſt plus diamétralement oppoſé à la juſtice qu'un tel gouvernement : donc Dieu qui comme maître ſuprême gouverne cet univers, loin d'être ſouverainement juſte, ſera ſouverainement injuſte dans l'hypothéſe de la mortalité de l'ame.

Je prouve la deuxième partie. Suppoſé un Royaume dont le Monarque ne décerne aucune récompenſe à la vertu, aucune peine aux forfaits ; qui pourroit lui trouver de la ſageſſe ? Qui ne le regarderoit point au contraire comme une Pagode ſans yeux & ſans ſentiment ? Or ce ſeroit ainſi que Dieu régiroit le monde, qui eſt ſon Royaume, ſi notre ame n'étoit point immortelle ; c'eſt ce que je viens de prouver : donc loin d'être infiniment ſage, il ſeroit tout au plus, une Idole aveugle, indigne du nom de Dieu ; & puifque cela renferme la plus odieufe contradiction, il n'y en a pas moins à nier que notre ame foit immortelle : les deux propofitions font néceffairement liées enfemble.

Le Gent. Je me fouviens qu'un de vos Docteurs, que vous regardez même comme le foleil entre les Docteurs, dit que le crime eft fon fupplice à lui-même ; je pourrois également dire que la vertu eft fa récompenfe à elle-même.

Le Théol. C'eft du grand Evêque d'Hippone, que vous voulez parler : mais il croyoit comme un article de foi, l'immortalité de nos ames, & dans ce fentiment, il eft vrai que le crime trouve en foi-même le commencement de fon fupplice, par les remords cuifants qui le fuivent, comme la vertu trouve auffi en foi le commencement de fa récompenfe, par la douce & folide efpérance des biens futurs, qu'elle nous fait envifager au centre même de l'affliction, & de la mifère. Mais tout cela s'évanouit dans votre hypothéfe. En effet, le remord eft principalement fondé fur l'attente d'un jufte juge, vengeur inflexible de l'iniquité. Mais fi tout périt avec le corps, qu'aura à craindre la fcélératefle même la plus noire, pourvû qu'elle puiffe fe mafquer aux yeux des hommes, & qu'elle foit heureufe ? Un habile fcélérat ignore-t-il les moyens de la mafquer ? Une pluie d'or qu'il faura répandre à propos, lui ménagera bientôt les plus puiffantes protections, qui le mettront à couvert, de toute pourfuite. Cependant la trifte vertu, atrocement dénigrée par la calomnie, & les traits les plus malins de l'envie, accablée dans la plus profonde douleur, deftituée de tout fecours humain, gémira en fecret de l'injuftice des hommes. Du moins fi l'efpoir flatteur, que le jufte rémunérateur, qui eft témoin de ce qu'elle endure pour lui, faura bien après la mort la dédommager, venoit la foutenir? Non, tout périt avec le corps : ainfi il ne lui refte en partage qu'un affreux défefpoir.

Le Gent. Comptez-vous pour rien la confolation qui fe trouve dans la foumiffion à la raifon, & le trouble qu'éprouve quiconque s'en écarte?

Le Théol. Vous voulez apparamment vous égayer, en m'oppofant de pareilles futilités. Le plaifant perfonnage, fans doute, que feroit la raifon dans votre fyftême ! D'un côté elle me découvriroit fouvent les maux les plus infoutenables à la nature, fi je lui demeure foumis : de l'autre l'infructueufe & ftérile récompenfe de favoir en fecret que cela lui plaît. Croyez-vous que ce foit là un contrepoids fuffifant pour faire pencher la balance du côté de cette maîtreffe impuiffante ; fur-tout fachant que fon témoignage étant purement intellectuel, fait bien peu d'impreffion fur la nature? C'eft tout au plus un doux zéphyr contre un torrent impétueux. Vous-même, je vous mets ici en caufe, & je ne crains pas de m'en rapporter à votre témoignage. Je vous fuppofe au fervice d'un Prince, pour qui il faille fouvent facrifier tout repos, fortune, fanté ; & qui pour toute récom-

penfe,

pense, se contente de faire dire par un Ministre, à ceux qui se font ainsi sacrifiés, qu'il est content de leurs services, tandis qu'il verseroit ses faveurs à pleines mains sur des sujets tout-à fait indignes & rebelles à ses ordres. Qu'en jugeriez-vous?

Le Gent. Certes, je le regarderois comme un maître ingrat, aveugle, imbécille, indigne d'être servi.

Le Théol. C'est-là une fidèle image de ce que fait Dieu dans votre système : c'est-là l'honorable idée que vos sublimes Philosophes attachent à la Divinité : c'est-là le bien que font dans le monde ces nouveaux Apôtres, qui osent après cela se préférer à ce qu'il y a eu de plus éclairé dans l'antiquité, & appellent le siècle, où ils vivent, le siècle de lumière.......... Je m'arrête, car je retiens à peine mon indignation.

Le Gent. En effet, ce portrait est infiniment révoltant pour quiconque croit l'existence de la Divinité.

Le Théol. Quant au trouble, que vous supposez suivre le crime dans votre belle hypothèse ; je vous réponds 1° que plus on est scélérat, moins on le sent : qu'il y en a même de tellement endurcis dans le crime, qu'ils sont parvenus à ne plus sentir presqu'aucun trouble. Ainsi plus on sera scélérat, plus on sera heureux. Quelle justice, quelle providence en Dieu ! Je vous réponds 2° si ce que je viens de dire n'étoit point absolument vrai, comme il l'est en effet ; néanmoins, dans vos principes, ce trouble de la conscience ne consistant que dans une impres-

K

fion purement intellectuelle, féparée de toute crainte de l'avenir, il ne feroit plus un remords, & par conféquent n'affectant que peu ou point la nature, il ne feroit rien au prix du plaifir piquant de la volupté. Ce que diroit alors la raifon, ne feroit qu'une fimple repréhenfion. Hé bien, on méprifcroit cette impuiffante grondeufe, & l'on feroit ce qu'un domeftique fans gages fait envers une Dame, qui veut faire la criailleufe ; il s'en mocque. Bien plus ; (je vous prie de ne pas perdre cette réfléxion) la raifon dans vos principes, ne feroit plus raifon ; elle feroit déraifon & extravagance. Quoi en effet de plus déraifonnable que d'exiger, par exemple, qu'un citoyen, pour le falut de fa patrie, facrifie fa vie & tout ce qu'il a de plus cher fur la terre, fans autre efpoir, que le foible & momentané témoignage que lui rendra fa confcience, qu'il fait fon devoir; fur-tout, fi loin d'en retirer de la gloire, on devoit encore, outre cela, le noircir comme un traitre, qui par hazard, plutôt que par bravoure, eût délivré l'Etat ? La raifon feroit-elle raifon, fi elle exigeoit ce facrifice en de telles circonftances ?

Le Gent Je croirois manquer moi-même de raifon, fi je le difois.

Le Théol. Cette démonftration me conduit naturellement à une feconde.

Rien n'eft plus évident que tout le genre humain, par un fentiment unanime qui ne peut venir que de fa nature, s'eft accordé généralement à regarder certaines actions comme

vertus, d'autres comme vices : il est d'ailleurs
encore évident que les hommes ne peuvent généralement s'être accordés fur ce point, fi ou
l'évidence, ou un inſtinct ſecret, imprimé par
leur auteur, ne les avoit forcés à donner communément les mains pour admettre ce ſentiment ; auquel cas l'erreur rejailliroit fur le
Créateur. c'eſt-à-dire, que le Créateur, l'Etre
infiniment parfait, manqueroit de véracité :
perfection ſans laquelle on ne peut même être
honnête homme ; choſe tout-à-fait impoſſible.
Or dans le ſyſtême de la mortalité de nos ames,
ce que les hommes ont toujours regardé généralement comme vertu, ne feroit plus vertu,
mais vice ; & ce qu'ils ont toujours regardé
comme vice, feroit vertu. Donc il eſt évident
que ce ſyſtême eſt faux. Quelle propoſition at-
taquez-vous dans ma démonſtration ?

Le Gent. C'eſt ſans doute la ſeconde ; car la
première eſt hors d'atteinte.

Le Théol. Je vais tâcher de les mettre toutes
deux au même niveau. Toute vertu quelconque
tend à nous faire trouver notre vraie béatitude :
comme au contraire, tout vice en éloigne. Il
n'eſt perſonne qui doute de cette vérité. Or
dans le ſyſtême de la mortalité de l'ame, la
vraie béatitude de l'homme confiſteroit préciſément dans la jouïſſance des biens & des plaiſirs de cette vie ; & d'ailleurs, ce que le genre
humain a toujours regardé comme vertu, nous
éloigne de ces fortes d'objets, ou nous empêche
de nous y attacher ; ce qu'il regarde comme

vice, est toujours un attachement à ces faux biens ; attachement pour lors raisonnable & né-cessaire, puisque nous n'aurions point d'autre béatitude à attendre. Donc tout ce que le genre humain a toujours appellé vertu, seroit vice ; & ce qu'il a crû vice jusqu'ici, seroit en effet vertu : chose évidemment impossible, comme je l'ai dit. Ce seroit alors une nécessité générale à tous les hommes, de prendre pour maxime & premier mobile de toutes leurs actions, cette honteuse épitaphe du voluptueux Sardanapale,

Ede, bibe, lude, post mortem nulla voluptas.

Livrez-vous à tous vos desirs ;
La mort est l'écueil des plaisirs.

Encore lui risposta-t-on par ces mots gravés sur la même pierre :

Quid aliud in sepulchro suo, bos juberet inscribi?

Le bœuf le plus grossier, la plus lourde jument,
N'auroit point d'autre sentiment.

Le Gent. Je ne puis nier que la chose ne fût ainsi : les plus sincères Philosophes me démen-tiroient, eux qui ne feignent point de dire que notre fin dernière est notre bien-être ; par où ils entendent le bien-être du corps.

Le Théol. Maxime affreuse & digne de toute la sévérité des loix. A quoi ne se portera pas, en s'y conformant, l'insatiable cupidité ? Il est permis de se procurer sa fin dernière ; on le doit même : ainsi, suivant cette morale abominable, si l'on ne peut autrement se procurer le bien-être de son corps, que par des injustices, des vols, des sacrilèges, des parricides ; tout cela ne sera pas seulement permis, mais deviendra un devoir. Qui ne frémiroit à la vue d'un principe si affreux ; se peut-il rien de plus pernicieux à l'état & à la société humaine ? Mais tirons le rideau sur ces horreurs monstrueuses, qu'enfante notre malheureux siècle. Pour faire diversion, j'ajoûte une troisième démonstration.

Troisième démonstration. Il est de toute certitude & de l'évidence la plus parfaite, que le cœur de l'homme a été formé pour une béatitude qui puisse entièrement le rassasier : je ne vous cite point l'Écriture Sainte. Vous ne voulez ici que la simple raison ; je ne vous cite que l'expérience. Consultez-vous vous-même, consultez tous les hommes ; vous n'en trouverez pas un qui ne vous avoüe qu'il cherche à être parfaitement content: Puisque ce sentiment est universel, il ne peut venir ni de l'éducation, ni du préjugé, ni de l'opinion ; autrement il varieroit selon les différents génies : donc il vient nécessairement d'un instinct empreint dans tous les hommes par l'auteur même de la nature, qui n'a pû leur imprimer inutilement cet instinct ; il eût agi en cela contre sa sagesse, sa sainteté, sa véracité. Or il n'est pas moins évident que rien de créé ne peut entièrement rassafier le cœur de l'homme : l'avare au milieu des richesses les plus immenses, se sent dévoré d'une soif inextinguible d'accumuler de nouveaux trésors ; l'ambitieux, au faîte de la grandeur, soupire après de nouveaux honneurs : témoin ce fameux conquérant, qui maître d'un monde entier, s'y trouvoit trop à l'étroit, & qui ayant ouï soutenir à un Philosophe qu'il y avoit plusieurs mondes, ne pût retenir ses larmes, de ce qu'il n'en avoit encore conquis qu'un seul ; pour le voluptueux, on ne sçait que trop qu'il vole sans cesse à de nouveaux plaisirs. En un mot quelque bien qu'on posséde ici bas, il ne fait qu'irriter nos desirs. Cette félicité pour laquelle nous sommes créés, & après laquelle nous soupirons, à chaque instant, sans presque y faire réflexion, consiste dans la possession d'un bien incréé, qui étant la source de tous les biens, contenant en soi toutes les amabilités possibles, peut seul remplir l'immense appétit de notre cœur. Donc il est de toute évidence qu'il y a une autre vie après celle-ci, que c'est-là notre fin, & que par conséquent notre ame est immortelle.

Le Gent. Qu'elle survive au corps, c'est ce que prouve clairement votre raisonnement, & je suis obligé d'en convenir. Mais la possession du bien incréé, pendant quelque temps, doit lui suffire ; elle est une récompense, même beaucoup au-dessus de tout le bien qu'elle a pû faire ; ainsi il ne s'ensuit pas que Dieu doive toujours la conserver, ni qu'elle soit immortelle.

Le Théol. Ce que vous êtes forcé d'avoüer, est quelque chose ; mais je n'en rabats rien : il faut que vous m'accordiez ma conclusion dans tous les points. En effet : joignez à l'aveu que vous venez de faire, ce que vous avez été forcé d'admettre un peu auparavant ; savoir que l'ame spirituelle étant exempte de tout principe de corruption, elle exige d'être toujours : il s'en-suivra que survivant une fois au corps, Dieu ne pourra la détruire, sans agir selon l'ordre d'une providence extraordinaire & miraculeuse, que vos nouveaux Philosophes sont bien éloig-nés de reconnoître en Dieu. Donc il est d'une nécessité absolue dans leurs principes, que l'ame spirituelle subsiste à jamais. Cela devroit vous suffire, aussi-bien qu'à moi : mais pour ôter toute ressource à la chicane, j'ajoûte qu'en ad-mettant même la puissance des miracles, que tout Chrétien reconnoit en Dieu, il ne pour-roit s'en servir en ces circonstances, pour laisser retomber l'ame spirituelle dans le néant, parce qu'il ne peut s'en servir contre sa gloire, & que l'anéantissement, ou, pour parler avec l'Ecole, l'annihilation de cette ame répugne-roit directement à sa gloire. Ecoutez les rai-sons sur quoi je me fonde.

La première, c'est que sa gloire exige qu'il manifeste sa libéralité infinie envers la créature, & qu'il la récompense en Dieu, c'est-à-dire de la récompense la plus grande qu'on puisse ima-giner, sans blesser les régles de sa justice. Or une telle récompense doit être éternelle ; & si

Dieu pour l'empêcher d'en joüir, alloit anéantir cette ame contre l'exigence même de sa nature, qui croiroit sa libéralité infinie, & qu'il récompense en Dieu? Vous-même jugeriez-vous un Monarque libéral & magnifique, croiriez-vous qu'il récompense en Roi, si ayant accordé une récompense à un sujet qui se fut distingué, & qu'il prévoit selon le cours de la nature devoir en joüir fort long-temps, il alloit abréger ses jours, supposé même qu'il le pût sans injustice, & cela précisément sous ombre qu'il en auroit déjà joüi assez long-tems? Cette idée vous révolte dans les maîtres de la terre, & elle ne nous révoltera pas dans un Dieu infiniment riche, infiniment puissant?

La seconde raison, c'est que la fin de l'ame spirituelle n'est point seulement sa récompense, mais la glorification de son magnifique remunérateur, en contemplant, loüant, aimant, bénissant ses perfections infinies, autant qu'elle en est capable. Or elle est capable de le faire pendant toute l'éternité : donc sa fin exige qu'elle le fasse pendant toute l'éternité. Seroit-ce trop pour un Dieu à votre avis?

Le Gent. A la bonne heure que la récompense dure éternellement, j'y trouve trop mon compte pour m'y opposer. Du moins ce Dieu dont la bonté égale la libéralité, doit anéantir les ames qui se sont écartées de leur fin, après les avoir punies un certain temps.

Le Théol. Je vois bien que vous êtes déterminé à me disputer jusqu'au dernier pouce de terrein. Hé bien, puifqu'il le faut, je vous réponds que de même que l'ame innocente doit glorifier éternellement la juftice rémunérative de Dieu dans la béatitude ; ainfi l'ame criminelle doit glorifier la juftice vindicative de Dieu dans les fupplices éternels ; l'une & l'autre perfection a les mêmes droits , & par conféquent exige une glorification égale en fon efpéce. Je fais bien que notre efprit a peine à fe rendre à une vérité fi capable d'effrayer ; mais ce défaut ne vient que de l'inconfidération où l'on eft d'ordinaire par rapport à la nature du crime. Tout péché grief eft un crime de léze-majefté divine ; & puifque la majefté divine eft d'un ordre fuprême, l'injure que lui fait le crime eft auffi dans l'ordre fuprême ; car plus la perfonne offenfée eft élevée en dignité, plus l'injure eft d'un ordre fupérieur. Donc la juftice vindicative eft obligée d'exiger auffi du criminel une peine qui foit dans l'ordre fuprême en fon efpéce ; fans cela, elle ne proportionneroit pas la peine à la faute. Or il n'y a qu'une peine éternelle qui foit dans cet ordre fuprême : donc elle eft obligée de l'exiger. Je voulois vous épargner cette effrayante vérité , mais vous m'avez mis dans la neceffité de vous la dévoiler.

Le Gent. Il bon de connoître la nature du péril dont l'on eft ménacé, on l'évite avec d'autant plus de foin. Vous voilà enfin venu à bout de ce que je défefpérois vous voir exécuter. Mais, je vous l'avoue, je n'ai jamais fi bien fenti combien eft impérieufe la force du préjugé. D'un côté vos démonstrations, par leur évidence, entraînent mon esprit : de l'autre, l'authorité de ces grands génies que j'ai ou entendus ou lûs, se représentant à ma mémoire, fait effort pour rétablir au moins l'équilibre. Quoi ? me dis-je à moi-même, ces grands hommes n'ont-ils point apperçû les raisons qui enlèvent mon consentement ? Et s'ils les ont apperçûes, sans en être ébranlés, pourquoi m'ébranleroient-elles moi - même ? Auroient-ils cette multitude de partisans, entre lesquels sont beaucoup de gens d'esprit, si la vérité n'étoit point de leur côté ? Cette contrariété de pensées me jette dans une grande perpléxité, & m'empêche de trouver le calme que je devrois trouver au sein de la raison.

Le Théol. Si vous vous contentiez de dire, qu'ils ont pû appercevoir les raisons qui enlèvent votre suffrage ; je souscrirois de tout mon cœur à votre proposition ; je leur reconnois une supériorité de talens que je n'ai pas : mais qu'ils les ayent apperçûes, je n'en crois rien ; je suis même persuadé du contraire. Considérez leur marche, voyez les donner, tête baissée, dans tous les sentiments qui favorisent le Cynisme & l'Epicuréisme, & vous en serez persuadé vous-même. D'où leur vient cette espéce d'entousiasme avec lequel ils étalent, ils vantent, ils préconisent les maximes qui y conduisent, & qui font non seulement les plus antichrétiennes, mais les plus opposées à l'honnête-homme ? Est-ce une secrette dépravation de leur cœur, qui leur séduit l'esprit ? Est-ce un orgueil démésuré qui les aveugle ? La damnable ambition, de fe voir à la tête d'un parti d'autant plus nombreux, que l'efclavage des paffions eft plus général, qui les porte à établir par-tout des principes tendants à renverfer la Religion, qui leur fervoit encore de frein ? Je ne décide rien là-deffus ; chacune de ces fources peut en être la caufe. Ce qu'il y a de certain, c'eft qu'ils n'ont entrepris dans aucun de leurs ouvrages, de combattre aucune des raifons que j'avance, & qu'on ne peut cependant nier être de nature à mériter une ré-ponfe, fi elle eft poffible : ainfi ou ils ne les ont point apperçûes, ce qui eft beaucoup plus vrai-femblable, ou ils les ont apperçûes & n'ont pas crû pouvoir y répondre : dans l'un & l'autre cas, votre préjugé ne porte fur rien. Quant au grand nombre de leurs profélites, ou il ne prouve rien, ou il prouve contre leur fyftème. Pofez d'abord pour bafe, qu'une grande partie des hommes eft Epicurienne de mœurs, lui en doit-il cou-ter beaucoup pour le devenir par principes ; fur-tout quand ces principes font expofés avec tou-tes les graces qu'une imagination brillante & enjouée, peut prêter au difcours ; quand une éloquence infidieufe appuiée fur des fophifmes éblouiffants, fait impofer même à des gens d'efprit, qui ont intérêt à fe laiffer tromper ?

Ajoutez à tout-cela, la méthode chicaneufe que ces grands Maîtres apprénent à leurs éleves, d'éluder les raifonnements les plus concluants, par quelques boufonneries. Vous preffez ces mauvais rieurs ? Pour toute raifon, vous en re-

cevez quelques plaisanteries mauſſades & inſi-
pides, ou, tout au plus, quelques bons mots:
c'eſt ainſi qu'ils vous échapent. Souvent même
une femme qui tranche du bel eſprit, pourvû
que ſa corruption égale ſon babil infatigable,
eſt la Minerve qui préſide à cet Aréopage lubri-
que. Voilà les Philoſophes que produit cette
École : eſt-il ſurprenant que beaucoup de gens
ayant les mœurs ſymboliſantes avec cette Philoſophie, achètent le nom de Philoſophe à ſi
peu de fraix ?

Le Gent. J'ai véçu avec ces ſortes de gens, &
je vous dois la juſtice d'avoüer que vous avez
tiré leur portrait d'après l'original : auſſi je fais
dès ce jour un éternel divorce avec eux. Le principal obſtacle eſt levé, rien ne nous empêche-
roit de venir à la loi naturelle, ſi-non qu'il ſe
fait tard.

TROISIÉME DISSERTATION,

Sur la Loi naturelle.

Le Théol. JE vous tiendrai la parole que je vous
ai donnée. Mais comme ce ſujet eſt
trop vaſte pour être enviſagé ſous un
ſeul point de vue ; je vais vous le faire regarder
ſous ſes différentes faces, en autant d'articles différents. Les Hobbéſiens, pour ſaper les fondements
de la loi naturelle, ont oſé nier la diſtinction naturelle & ſpécifique du bien & du mal moral.

Il faut de toute néceſſité que je commence par renverſer leur ſyſtême. Enſuite nous la conſidérerons cette loi en général ; puis en particulier entant que religion naturelle, ou preſcrivant le culte qu'on doit rendre à l'auteur de la nature. Enfin nous examinerons ſi ce culte ſe borne à l'intérieur, ou doit encore être extérieur.

Le Gent. Je ſuis ſatisfait de ce coup d'œil, il embraſſe toute la matière.

ARTICLE PREMIER,

De la diſtinction ſpécifique du bien & du mal moral.

Le Théol. VOus ſavez que l'Angleterre, champ fertile en pareilles productions, depuis qu'elle a abjuré la Religion Catholique, fut la patrie de Thomas Hobbes, génie qui n'eut rien de diſtingué, ſinon ſon incroyable témérité à nier les principes les plus unanimement reçus. Tout le genre humain (j'en excepte un Carnéades, nom aſſez obſcur) avoit toujours crû que le bien & le mal moral étoient diſtingués par leur nature, & indépendamment de toute inſtitution arbitraire des hommes. Hobbes, pour arracher juſques aux moindres fibres du remords, iſſue ſalutaire ménagée par la Providence, pour le retour du libertin dans la voie du devoir ; Hobbes ne rougit point de nier qu'il y ait aucune diſtinction naturelle entre le bien & le mal moral. Il ſoutient au con-

L

traire, que tout est indifférent de sa nature; que
la distinction du bien & du mal moral a été uniquement introduit par la législation humaine;
que ce que les loix civiles commandent, dès là
même devient le bien moral, que ce qu'elles
prohibent, devient le mal moral. Ce paradoxe
aussi absurde qu'impie, eût été enseveli avec
son auteur, si quantité de nos prétendus beaux
esprits de France, oubliant sur ce point la rivalité presque naturelle des deux nations, n'é-
toient devenus les adorateurs serviles des réveries angloises, même les plus monstrueuses,
quand elles favorisent le libertinage, le mépris
des loix & de la puissance souveraine. Avant
que de réfuter ce pernicieux système, il faut
que nous convenions de deux vérités, dont la
discussion pourroit nous arrêter dans notre marche.

Convenez-vous 1° que ce qu'on appelle bien
moral, soit un objet conforme à la raison, aimable à la raison; qu'au contraire le mal moral soit un objet difforme, haïssable à la raison?
2° Qu'il y ait une volonté en Dieu, qui s'étend
à d'autres objets qu'à son propre être; qu'il y
en ait pareillement une dans toute créature
doüée de raison, qui puisse être purement raisonnable, quoique sa fragilité l'entraine quelque-fois hors du niveau de la raison? Pour nier
cette dernière vérité, il faudroit dire que le
Créateur n'auroit point donné à la créature raisonnable une volonté qui puisse être conforme
à son être, qui puisse aimer ce qui lui est con-

venable felon la raifon, que par conféquent la raifon lui eft tout-à-fait inutile : blafphêmes les plus injurieux à la fageffe, à la puiffance fuprême de Dieu, & même à fa fainteté.

Le Gent. Ce feul doute m'outrage ; je ne me croirois pas homme, fi je ne convenois de ces vérités.

Le Théol. Sur ce fondement, j'établis mes démonftrations.

Première démonftration. La fageffe fuprême de Dieu, qui eft la raifon fouveraine, a dû dicter à Dieu de toute éternité, par conféquent indépendamment de toute loi arbitraire, des chofes qui lui fuffent conformes & convenables, autrement ç'auroit été une fageffe oifive, une fageffe inutile : donc loin d'être une perfection en Dieu, elle y feroit un grand défaut ; ce qui implique. D'autre part, il n'eft point de qualité qui n'ait fon contraire ; donc les objets conformes à la raifon fouveraine, ont auffi leurs contraires, ou des objets qui lui foient difformes felon leur nature, & indépendamment de toute loi arbitraire. Or ce qui eft conforme & convenable à la raifon fouveraine, eft le bien moral ; ce qui lui eft difforme & contraire, eft le mal moral ; nous venons d'en convenir. Donc à n'envifager que la nature de la raifon fouveraine, & indépendamment de toute loi arbitraire, il y a un bien & un mal moral. Donc le bien & le mal moral font diftingués de leur nature, & indépendamment de toute loi arbitraire.

De la suprême raison, descendons maintenant à la raison subalterne, ou à la raison créée.

Deuxième démonstration. La raison subalterne, ou créée, doit être subordonnée à la raison suprême, par conséquent elle doit indépendamment de toute législation humaine, dicter à la créature raisonnable des choses, qui soient aussi subordonnées aux objets de la raison suprême, & lui défendre leurs contraires, dont les Hobbesiens ne peuvent nier la possibilité. D'ailleurs des objets subordonnés à la raison, soit souveraine, soit subalterne, indépendamment de toute législation humaine, & les objets qui sont contraires à ceux-ci, diffèrent par leur idée & leur nature. Donc il y a une distinction spécifique & naturelle entre l'objet subordonné ou conforme à la raison, & l'objet qui lui est contraire ou difforme. Or l'objet conforme à la raison, est le bien moral ; l'objet qui lui est difforme est le mal moral. Donc il y a une distinction naturelle & spécifique entre le bien & le mal moral.

Troisième démonstration. Il est nécessaire de reconnoître en Dieu une volonté libre, laquelle par conséquent puisse s'étendre à d'autres objets que lui-même : ce seroit enlever à Dieu une de ses principales perfections, que de soutenir le contraire. Il est encore nécessaire d'admettre dans la créature raisonnable une volonté analogue à son être, ainsi une volonté qui puisse agir conformément à sa raison ; vous venez de convenir de l'une & l'autre vérité : or il ne pourroit, y avoir ni dans Dieu une volonté libre, ni dans la créature raisonnable une volonté analogue à son être, si le bien & le mal moral n'étoient point distingués par leur nature : toute la difficulté se réduit à cette dernière proposition : en voici la preuve.

Toute volonté renferme essentiellement la faculté d'aimer un objet proportionné, un objet convenable & aimable, & de hair un objet disproportionné, odieux & haïssable. Donc la volonté libre de Dieu, & la volonté de la créature, entant que raisonnable, exige de sa nature, & antécédamment à toute disposition arbitraire, un objet proportionné, un objet aimable, & un objet disproportionné & haïssable. Donc à ne regarder que la seule nature de la volonté, & antécédamment à toute disposition arbitraire, de tels objets existent. Or un objet proportionné & aimable à une volonté infiniment raisonnable, à une volonté infiniment sainte, même à une volonté créée prise entant que raisonnable, est nécessairement conforme à la raison, par conséquent un bien moral. Un objet disproportionné & haïssable à l'une & l'autre volonté, est nécessairement difforme à la raison & par conséquent un mal moral. D'autre part, ce qui existe antécédamment à toute disposition arbitraire, ce qui est exigé essentiellement par une volonté prise selon sa nature, est telle par sa nature. Donc le bien & le mal moral sont distingués, par leur propre nature, l'un de l'autre.

Le Gén. Ces démonstrations m'en rappellent

une autre que je me fis à moi-même, & qui ne
m'a pas peu intrigué ; je vous l'expose ici, pour
vous marquer ma bonne foi à chercher la vérité. Ou les loix civiles, me disois-je, sont conformes à la raison, ou elles ne le sont pas. Si
elles sont conformes à la raison ; donc il existe
quelque chose de conforme à la raison indépendamment des loix civiles, puisqu'une loi ne
peut dépendre d'elle-même, & que par conséquent sa conformité avec la raison ne dépend
point de la loi. Or ce qui est conforme à la raison,
est un bien moral, & cependant tout bien créé
a son contraire ; donc indépendamment de toute
loi, ou ce qui est le même, par sa propre nature,
il est un bien moral, & son contraire, c'est-à-
dire, un mal moral. Si elles ne sont point conformes à la raison, ajoutois-je, donc elles ne
sont point des loix, mais des abus ; puisque le
terme de *raisonnable* est clairement exprimé dans
la définition de la loi prise en général. Donc il
n'y a aucune loi civile, il ne peut même y en
avoir : conséquence affreuse que les Hobbésiens
n'oseroient admettre.

Le Théol. Cette démonstration est sans replique. Elle ne devoit pas seulement vous intriguer
beaucoup, elle devoit entièrement dissiper votre
aveuglement sur ce point. En voici une autre,
qui est une suite de la votre, & qui achevera,
j'espére, ce qu'elle a commencé.

Cinquième démonstration. Ou la lumière naturelle de la raison, enseigne que d'obéir aux loix
civiles & politiques, c'est une chose honnête &

conforme à l'équité ; ou elle ne l'enseigne pas. Si elle l'enseigne, donc la nature a gravé dans nous des règles d'équité & d'honnêteté : donc il y a une honnêteté & une équité naturelle, qui ne dépend nullement de l'arbitre des hommes. Et puisqu'une règle, qui dicte que quelque chose est honnête & équitable, dicte en même temps indirectement & implicitement, que son contraire est injuste & deshonnête ; donc il y a quelque chose que la nature raisonnable enseigne, aussi être injuste & deshonnête. Or l'honnête & l'équitable est le bien moral, son contraire est le mal moral ; d'ailleurs ce qu'enseigne & dicte la lumière naturelle de la raison, est tel par sa nature. Donc le bien moral est distingué du mal moral, par sa propre nature. Si elle ne l'enseigne pas : donc elle laisse tout dans l'état d'indifférence. Donc on peut licitement mépriser, fouler aux pieds les loix civiles & politiques. Hobbes & ses partisans nient le second membre de mon dilemme : donc, à moins de tomber dans une évidente contradiction avec eux-mêmes & leurs principes, ils sont tenus d'admettre le premier membre.

Cette démonstration nous conduit à une sixième.

Sixième démonstration. Si toutes nos actions sons indifférentes de leur nature : donc Dieu peut commander le mensonge, le parjure, l'adultère, le blasphême, même la haine du Créateur. Or cette conséquence est évidemment fausse : donc le principe avec lequel elle est nécessairement liée, est évidemment faux.

Le Gent. Je trouve vos raisons convainquantes, & j'avoüe franchement que je ne puis les attaquer. Je ne laisserai point de vous proposer quelques difficultés qui m'embarrassent. Votre réponse éclaircira de plus en plus cette matière.

On ne peut nier des principes évidents en fait de théorie ou de pure spéculation, sans tomber dans une contradiction évidente. Donc la même chose doit arriver dans les principes de morale, s'ils sont évidents : cependant je n'apperçois aucune contradiction, si je nie quelque principe que ce soit de morale : donc il n'y a aucun principe évident dans la morale.

Le Théol. Je réponds premièrement que les principes généraux de morale, que je viens de poser, sont hors de toute attaque de votre aveu. Si vous voulez maintenant vous dédire, il ne tiendra qu'à vous. Je vous le permets contre les loix de la dispute.

Le Gent. Non, ce n'est pas ce que je veux dire : je parle de ces principes particuliers de la morale, que vous ne laissez pas d'appeller premiers principes, tel qu'est celui-ci : *Vous ne ferez point à autrui ce que vous voulez qu'on ne vous fasse pas.*

Le Théol. Je réponds donc en second lieu, que si je voulois m'en tenir à ce que dit Locke, votre Coryphée après Hobbes, dans cette matière : il y a des principes ou éléments des mœurs aussi évidents dans la morale, pourvû qu'on se serve de la methode géométrique, qu'il y en a dans la Géométrie même. Mais comme c'est le propre des Déïstes de préconiser un Ecrivain comme leur héros , en ce qu'il a de favorable à leurs sentiments ; de le mépriser sans façon , lorsqu'il leur est défavorable : je laisse l'authorité , pour ne m'attacher qu'au seul raisonnement. Je soutiens donc qu'il y a dans la morale des principes qu'on ne peut nïer sans une contradiction au moins implicite. Je n'en citerai qu'un seul exemple , mais qui en renferme beaucoup d'autres. Essayez de me nïer ce principe de morale : *La veru est aimable, le vice est haïssable.* Je vous oblige d'abord à admettre une contradiction grossière. En effet qu'entend-on par vertu , sinon une amabilité convenable à la nature spirituelle , par rapport à la pratique ? Qu'entend-on par vice, sinon une action odieuse à la nature spirituelle , & qui a de la disconvenance avec elle ? Niez-moi donc ce principe : je vous force en cette manière à tomber dans une contradiction des plus marquées. Ce nom de vertu , signifie une action ou une habitude aimable & convenable à la nature spirituelle : le nom de vice au contraire signifie une action , ou une habitude qui lui soit haïssable , & que par là même elle doit éviter. Donc si la vertu n'est point aimable , si le vice n'est point haïssable ; ce qui est aimable à la nature spirituelle, n'est point aimable ; ce qui lui est haïssable, n'est point haïssable. Donc il est aimable, & en même-temps il n'est point aimable : il est haïssable, & en même-temps il n'est point haïssable. Vous appercevez, à ce que je crois, la contradiction.

Le Gent. Elle eſt palpable.

Le Théol. Du genre, deſcendez aux eſpéces qu'il contient ; par exemple, ſans ſortir du principe que vous avez objecté, dites qu'il eſt faux qu'on ne doive point faire à autrui ce que nous voulons qu'on ne nous faſſe point. Voici comment je m'y prends pour vous jetter dans une nouvelle contradiction. Ce principe eſt fondé ſur l'amour naturel, que toute créature raiſonnable doit avoir pour ſes ſemblables , puiſque l'auteur de la nature a même imprimé cette inclination dans les brutes : il eſt encore fondé ſur la juſtice naturelle, qui défend de nuire à ſon prochain. Donc quiconque feroit à autrui ce qu'il ne veut point qu'on lui faſſe , feroit une action contraire à deux vertus morales : or ce qui eſt contraire à la vertu , eſt haïſſable à la nature raiſonnable , & doit être évité ; cependant ce qui eſt licite, ne lui eſt point haïſſable : donc cette action ſera en même-temps haïſſable & non haïſſable, devra être évitée & ne le devra pas. Appliquez la même progreſſion analytique aux autres, eſpéces de vertus ou de vices, & vous n'en trouverez aucune , ou vous ne puiſſiez faire tomber en contradiction, quiconque en oſeroit nier les principes.

Le Gent. Je vous remercie de cette découverte, c'eſt une clef dont je fais grand cas, & dont je ferai uſage dans l'occaſion. Souffrez cependant encore quelques importunités de ma part. Que répondriez-vous, ſi je vous diſois avec Loke, qu'une grande partie des hommes n'a pas même l'idée de ce qui est juste ou injuste, licite ou illicite; que par conséquent il n'y a point de principe évident pour régler les mœurs?

Le Théol. Je vous répondrois qu'il est faux qu'ils n'ayent ces idées suffisamment pour leur servir de régle, par rapport aux mœurs; qu'il est seulement vrai que ces idées ne font point en eux analytiquement développées, en telle forte qu'ils puiffent clairement les expliquer. Mais fi Locke fe croit pour cela en droit de dire, que la plûpart des hommes n'ont point de telles idées; donc qu'elles ne font point évidentes : il faudra que fur le même fondement il admette que l'idée de l'homme n'eft pas évidente; parce que fi vous demandez à la plûpart des gens de la populace, pourquoi ils font hommes; ils ne fauroient vous le dire, ni vous donner l'idée de l'homme : donc l'argument de Locke eft purement fophiftique.

Le Gent. Confidérons l'homme précifément quant à fa nature, en faifant abftraction de toute convention, & de la fociété humaine. Il eft certain que vous n'appercevrez dans cet état de précifion aucune idée de jufte, d'injufte, de licite, d'illicite : donc ces idées ne font point naturelles à l'homme.

Le Théol. N'en déplaife à Hobbes, c'eft encore de la marchandife fophiftique. Il eft vrai qu'à confidérer l'homme, précifément felon fa nature, je n'y appercevrai point ces idées empreintes en fon efprit ; puifque felon le fentiment prefque général, il n'y a point d'idées innées. S'il n'avoit rien voulu d'autre, nous ferions bientôt d'accord. Mais il n'est pas moins vrai qu'à considérer la seule nature de l'homme, j'y trouve sa raison, & que sa raison est déterminée à lui dicter dans l'occasion clairement & sans nuage ce principe : il est nécessaire dans la société humaine de rendre & conserver à chacun son droit, ou ce qui lui est dû : la raison défend le contraire : mais ce principe est composé des idées du juste & de l'injuste. Donc à considérer l'homme selon sa seule nature, j'y trouve une détermination nécessaire à produire dans l'occasion, ces idées & ces principes avec évidence. Ce qui suffit pour prouver que les principes des mœurs sont évidents, & que Thomas Hobbes a encore ici sophistiqué à son ordinaire. Que diroit-il, si suivant la même forme d'argument, je rispostois de cette sorte? A envisager la seule nature de l'ame, on n'y trouve pas l'idée du tout & de la partie : donc ce principe, *le tout est plus grand que sa partie*, n'est point évident ni naturel. Manqueroit-il de me répondre que c'est-là un pur sophisme ? Parce qu'il suffit que l'intellect humain soit déterminé à saisir clairement la vérité de ce principe, pour qu'il soit évident & naturel. Vous avez trop de justesse, pour ne lui point appliquer la réponse qu'il me feroit.

Le Gent. Mais cette détermination nécessaire de la raison, Hobbes pourroit vous nier qu'elle soit fondée.

Le Théol. Vous me prévenez ; écoutez-en la preuve.

preuve. La nature a formé l'homme pour la société : c'eſt une partie de ſa deſtination naturelle. A moins que votre Philoſophe n'ait toujours été étranger par rapport à ſoi-même, & ne ſoit jamais entré dans la conſidération de ſon propre être ; il n'a pû ignorer qu'il n'eut la faculté de parler, & que cette faculté lui auroit été inutilement donnée par l'auteur de la nature, qui ne fait rien en vain, s'il ne l'avoit deſtiné à la ſociété. D'ailleurs il accordera bien, je crois, à l'homme, ce Roi des animaux, la même prérogative qu'il eſt obligé de reconnoître dans les caſtors, les abeilles, les fourmis & autres ſemblables beſtioles. Or l'auteur de la nature n'a pû faire l'homme ſociable, ſans lui donner les moyens néceſſaires pour atteindre à la fin de la ſociété, qui eſt le bien mutuel des individus, conformément à leur nature ; c'eſt-à-dire à leur raiſon : il ne lui auroit point donné ces moyens néceſſaires, s'il ne lui avoit point empreint une détermination néceſſaire pour admettre les principes des mœurs, comme règles de ſa conduite dans la ſociété. Sans cette détermination, tout ſeroit indifférent de ſa nature, comme l'avoüent nos adverſaires ; par conſéquent les injuſtices les plus criantes, les vols, les incendies, les meurtres, tous les crimes les plus affreux ſeroient licites ; ce qui détruiroit néceſſairement toute ſociété. Donc il a imprimé à l'homme cette détermination néceſſaire ; le ſens intime de la conſcience, qui fait une certitude métaphyſique, nous convainc encore de cette détermination.   M

Le Gent. Mais vous répond encore le même Philosophe, dans cet état de précision, qui ne présente que la seule nature; la seule règle de droit qu'ait l'homme, est son utilité & son bien-être.

Le Théol. Je ne sçais ce que vous trouvez de Philosophie dans cette prétention téméraire & audacieuse; pour moi je n'y trouve que de l'antiphilosophie & de la sotise; cet homme nous assure que tout est indifférent dans l'état de précision de la seule nature, & cependant il nous y mêt en même-temps une règle de droit. Qui dit règle, & une règle de droit, dit, si je consulte le genre humain, une loi qui oblige, & qui oblige rigoureusement. Peut-on se contredire plus sottement? Mais encore qu'entend-il par l'utilité & le bien-être de l'homme? Est-ce son utilité & son bien-être, entant qu'il est raisonnable? Non; car dans ce cas, il y auroit, en considérant précisément sa nature, un bien conforme à la raison, c'est-à-dire, un bien moral; & puisque tout bien créé a son contraire, il y auroit donc aussi, en s'en tenant au seul ordre de la nature, un mal moral; ce que nie formellement votre prétendu Philosophe. Donc il n'entend que le bien-être de l'homme matériel, que le bien-être du corps. Mais quelle abominable Philosophie! suivant ce principe, quiconque se trouvera dans la disette, se dira que son utilité exige qu'il vole, qu'il soit concussionaire, qu'il dépouille la veuve & l'orphelin. Qui s'y opposera? La justice? Elle seroit injustice si elle s'y oppoſoit ; il ne fait qu'uſer du droit que lui a donné la nature, de ne chercher que ſon bien-être. Il ſera du bien-être corporel d'un autre de ſe défaire d'un ennemi dont il a tout à craindre. C'en eſt fait ; la nature, & par conſéquent Dieu, l'authoriſe à le mettre à mort ; encore une fois, quelle Philoſophie abominable ! Les loix dormoient-elles donc en Angleterre, quand elles laiſſoient impunément s'accréditer des maximes ſi contraires, je ne dis pas à la Religion, mais au bien des États & des Souverains, des maximes ſi pleines d'exécration ? Je pourrois pouſſer l'induction plus loin. Mais je crois vous avoir aſſez fait ſentir combien ce ſyſtême eſt impie, contraire au bon ſens, & digne de l'exécration de tous les honnêtes-gens. Je paſſe au ſecond article.

ARTICLE SECOND.

De la Loi naturelle priſe en général, & ſi on doit l'admettre.

Le Gent. AVant que d'entrer dans cette nouvelle carrière, il eſt bon de vous avertir qu'il n'eſt preſqu'aucun de nos Philoſophes qui n'admette une loi naturelle. Mais pluſieurs la font conſiſter dans ce panchant né avec l'homme, de chercher en tout ſon utilité & ſon bien-être : d'autres d'un ſentiment plus décraſſé & plus ſpirituel, la font conſiſter dans le dicta-

men de la raison, qui preſcrit à toute créature
raiſonnable, certains principes, certaines règles.
de mœurs qu'elle doit ſuivre : c'eſt ſelon cette.
dernière notion que je vous prie de me bien conſ-
tater l'exiſtence de la loi naturelle.

Le Théol. En réfutant Hobbes, j'ai déja réfuté
les premiers, & par conſéquent mis la victoire.
dans le parti des ſeconds. Mais comme cette eſpéce de Philoſophes reſſemble fort à ces ennemis, qui crient toujours victoire, lors même
qu'ils ont été bien battus, je vais tâcher de leur.
fermer la bouche, par la force de l'évidence ;
ſi cependant l'évidence a encore quelque empire'
ſur des eſprits ſi abſorbés dans la matière. Souvenez-vous ſeulement que je vous ai démontré
la ſpiritualité de notre ame : c'eſt un point de.
vue qu'il ne faut pas perdre.

Première démonſtration. Ou l'homme n'a point
la raiſon en partage, mais doit être mis au rang
des brutes ſtupides, ou il faut admettre en lui
une loi naturelle, au ſens qu'on l'entend communément. Or l'eſpéce de Déïſtes que je combats, rougiroit d'admettre le premier membre
de ma disjonctive, il faut donc qu'ils admettent
le ſecond.

Je prouve ma propoſition générale. Un Dieu
infiniment ſage n'a pû former la créature raiſonnable & ſpirituelle, ſans lui conſtituer une.
fin digne de ſon être, s'aimant infiniment lui-
même, il n'a pû lui donner une autre fin que
lui-même, & ſa propre gloire. Ainſi tout dans
l'homme doit être ſubordonné à cette fin prin-

cipale, & sur tout sa raison. Donc elle lui a été donnée pour être comme la bouſſole qui lui servît à le diriger, à le conduire dans toutes ſes démarches, dans toutes ſes actions vers cette fin dernière. Impugnez-vous cette propoſition ?

Le Gent. Je croirois avoir perdu la raiſon & l'eſprit.

Le Théol. Je pourſuis donc. Or la raiſon ne peut diriger l'homme dans toutes ſes actions, ni le conduire à ſa fin dernière, ſi cette lumière naturelle ne lui montre point les règles des mœurs qu'il doit ſuivre, ce qui convient à un être spirituel & raiſonnable, ce qui eſt conforme à la ſageſſe & à la ſainteté de Dieu, ce qui lui eſt contraire, ce qui plait ou déplait à ce maître Souverain, ce qu'il ordonne, ce qu'il défend ; ſi en outre la volonté raiſonnable ne ſe ſent point en même-temps un ſecret aiguillon, qui la pouſſe naturellement à ſuivre ce que lui dicte ſa raiſon : mais c'eſt uniquement tout cela qu'on a coûtume d'entendre par la loi naturelle. Donc il faut néceſſairement admettre dans l'homme, une loi naturelle au ſens, qu'on l'entend communément.

Le Gent. Cette démonſtration entraine mon eſprit.

Le Théol. Les ſuivantes ſeront moins abſtraites & plus à portée des eſprits même les plus communs.

Seconde démonſtration. Il n'eſt perſonne, même dans les Pays les plus barbares & les moins policés, où il n'y a aucune loi civile &

humaine, qui ne reconnoisse la certitude &
l'évidence des propositions suivantes, & autres
semblables. *Les enfants doivent de l'amour à un
pere qui les chérit tendrement. Nous ne devons
point mal-faire à qui nous fait du bien. Il est honteux à l'homme de se dégrader jusqu'au rang des bêtes, en se vautrant dans leurs sales voluptés.*

Il n'est personne qui ne condamne en soi
ou dans les autres, toutes contraventions à
ces principes, qui n'en sente du remors & du
trouble, qui ne cherche les ténébres pour dérober certains crimes aux yeux des autres. De là
même parmi les Poëtes Payens, les furies d'un
Oreste, c'est-à-dire, les remors cruels de sa conscience, qui le jettèrent dans un furieux désespoir : de là la vangeance atroce qu'exerça sur lui-
même un Œdipe, pour se punir d'un crime in-
volontairement commis. De là cette maxime
générale d'un autre Poëte Payen :

> *Prima est hæc ultio quod se*
> *Judice ; nemo nocens absolvitur.*

> *Toujours le cri de la conscience*
> *Est un premier bourreau qui prévient la sentence.*

Or tous ces effets ne peuvent provenir que
d'une loi écrite dans nos cœurs, par la main
même du Créateur. Donc il y a dans nous une
loi naturelle, une loi du cœur & de la raison.

Troisième démonstration. Le sentiment contraire dissout tous les liens de la société humaine,

renverſe de fond en comble la piété, extirpe toutes les vertus, ſans en laiſſer la moindre racine. Or il répugne abſolument à la ſageſſe, à la ſainteté par eſſence, d'avoir formé l'homme avec une oppoſition ſi directe à la piété, à toutes les vertus, au bien de la ſociété, après l'avoir créé ſociable. Donc le ſentiment contraire à la loi naturelle répugne abſolument. Donc l'exiſtence de la loi naturelle eſt évidemment conſtatée.

Il ne s'agit que de prouver la première de mes prémiſſes : je le fais. Dans le ſyſtême contraire à la loi naturelle, tout ſeroit indifférent. Donc il ſeroit licite aux Souverains de former un Code de loix, qui permiſſent, qui ordonnaſſent même les larcins, les incendies, les parjures, les aſſaſinats, les adultères, les parricides. Suppoſons donc que cet affreux ſyſtême ait prévalu dans un Etat. Quelle ſentine plus abondante en ſcélérateſſe & en méchanceté ? Quel torrent effroyable de crimes l'inondera de toute-part ? La bonne foi ſera bannie du commerce, la juſtice des tribunaux, la fidélité mutuelle des mariages, la tranquillité de toutes les familles : ce ne ſera par-tout que brigandage, que trouble, que confuſion, que déſordres, que des citoyens auſſi ou plus méchans que les furies mêmes. Suppoſons au contraire, ſi vous l'aimez mieux, que les Légiſlateurs humains portent des loix qui proſcrivent toutes ces eſpéces de forfaits : puiſque ſelon les principes exécrables de cette opinion dangereuſe, il n'y a aucun droit, ni naturel, ni divin, chacun ſe

perfuadera aifément que l'authorité légiflative
eft un abus tyrannique ; c'eft une conféquence
naturelle de fes principes. Donc il fe croira áu-
thorifé du moins à fe livrer aux crimes les plus
criants, pourvû qu'il fe puiffe dérober à la vi-
gilance des Magiftrats. Or dans ce cahos épou-
ventable de perverfité & de corruption authori-
fée par la lumière naturelle même, le moindre
germe des vertus eft étouffé, fuffoqué, arraché;
la fociété humaine eft confondue, éteinte, abi-
mée. Donc tout mon raifonnement eft démontré auffi-bien que l'exiftence de la loi naturelle
entendue felon la notion commune.

Le Gent. A l'évidence de vos raifons, que je
ne contefte pas, je puis au moins oppofer l'é-
vidence de l'expérience. Chez les nations les
plus policées, comme les Grecs, les Romains,
les loix authorifoient les parents à expofer publiquement leurs enfants nouvellement nés. Or
s'il y avoit un principe évident touchant les
mœurs, ce feroit bien certainement celui qui
ordonneroit aux parents d'avoir foin de l'éducation de leurs enfants. Donc il n'y a aucun
principe des mœurs évident, & par conféquent
point de loi de nature.

Le Théol. Ce qu'il y a de vrai dans ce que
vous venez d'avancer, fe réduit à ce feul point,
favoir que les loix des Grecs & des Romains
toléroient cet abus pour obvier à un plus grand
mal qui feroit arrivé, fi les parents, ou par une
mauvaife honte, ou par l'extrémité de l'indigence, s'étoient portés à donner la mort aux

fruits de leurs amours illicites, ou à ceux de leur mariage. Mais ces graves Sénateurs étoient si éloignés d'ignorer le principe allégué dans votre argument, que pour empêcher qu'il ne fut violé, ils conftituoient eux-mêmes la République au défaut des parents, pour prendre foin des enfants ainfi expofés ; en un mot, la République devenoit leur nourrice.

Le Gent. Mais Platon, le divin Platon, enfeigne dans fa République, qu'il faut étouffer les enfants nés difformes. Certes, vous ne me répliquerez plus ici que la République devenoit leur nourrice.

Le Théol. Non, mais je vous répliquerai 1° que la République de Platon eft toute idéale, que par conféquent on ne peut l'apporter en preuve contre les principes des mœurs qui font entièrement pratiques. 2° Qu'il eft fort vraifemblable que Platon, par les enfants difformes, a entendu certaines productions monftrueufes qu'une mere enfante quelques-fois, & qu'il a cru que le principe général fouffroit en ce cas une exception, parceque le bien public eft préférable au bien des particuliers, & qu'il étoit cependant à craindre que ces petits monftres ne vinffent à perpétuer leur race, au détriment de la République.

Certainement on ne fe perfuadera jamais que ce fage de l'antiquité, dont les Philofophes avoient coûtume de dire, que fi Jupiter vouloit parler Grec, il parleroit comme Platon, ait pû ignorer que la nature eût dicté aux hommes la même loi qu'on remarque même dans les bêtes, qui élèvent leurs petits avec tant de soin.

Le Gent. Je vous passe donc Platon. Mais que répondrez-vous aux faits que je vais avancer ? Les Cannibales se défont même de ceux qui leur ont donné le jour, quand ils les voient accablés de vieillesse, & se font un cruel festin de leurs membres. Les Scythes immoloient à Diane tous les étrangers qui entroient dans leur Pays. A Sparte, les Ephores permettoient le larcin, pourvû que ce fut en chose de peu de conséquence. Or ce que vous appellez loi naturelle, réprouve tout cela. Donc tous ces différents peuples n'avoient point la loi naturelle, & par conséquent il n'y en a pas, car elle seroit écrite dans le cœur de tous les hommes.

Le Théol. Je conviens des faits que vous alléguez ; mais je ne conviens nullement de la conséqence que vous en tirez. Les Cannibales, quoiqu'ils n'ayent presque rien d'humain que la forme extérieure, reconnoissent la vérité de ce principe : *On doit honorer ses parents.* Mais une éducation toute barbare, jointe à la dépravation de leurs mœurs, leur en fait tirer une fausse conséquence. Voici à peu près comme ils raisonnent sur ce principe. Or c'est honorer ses parents, c'est avoir de la piété pour eux, que de les tirer de tant de fâcheux accidents, de tant de maladies auxquelles est sujet l'âge décrépit, pour les faire passer à une meilleure vie ; c'est le sepulchre le plus honorable qu'ils puisfent avoir, que l'eftomac humain, qui vivifie en quelque forte leurs membres après la mort, & les fouftrait à la pourriture, à la voracité des vers. Donc, concluent ces efprits abrutis par leur férocité, & qui fe reffentent beaucoup de la maffe de leur corps informe, donc il faut les tuer dans cet âge, & les manger. Ce raifonnement eft fpécieux pour des fauvages.

Les Scythes regardoient les étrangers qui abordoient dans leur Pays comme des efpions, parce que ni le commerce, ni rien d'utile à la vie, ne pouvoit les amener dans une région fi inculte. D'où ils concluoient que le droit des gens & le bien public, les authorifant à les mettre à mort, ils honoreroient la Déeffe tutelaire de leur nation, en les lui facrifiant. Il n'y a rien en cela qui contredife aucun premier principe des mœurs.

Quant aux Spartiates, leurs Ephores puniffoient févérement le vol en matière confidérable ; donc ils le regardoient comme un grand mal. Donc ils regardoient aufli le vol pris génériquement comme un mal, puifque l'efpéce d'une action indifférente, participe effentiellement à fon indifférence : donc ils regardoient aufli le vol en chofe peu confidérable comme un mal, mais un moindre mal. Pourquoi donc le permettoient-ils? Ils ne le permettoient pas fans lui ôter fa malice, & fans lui faire changer de nature. Je m'explique. Ils jugeoient que certaines petites filouteries fervoient à éguifer l'adreffe & l'induftrie de leurs guèrriers, & par là, à les rendre plus utiles au bien de l'Etat ; donc que la République, à raison de son souverain domaine sur les biens des citoyens, pouvoit & devoit transporter à ces jeunes-gens, la propriété de ce qu'ils auroient filouté par addresse. Par-là ce qu'ils prenoient cessoit d'être le bien d'autrui, & par conséquent, ce qui auroit été vol sans le transport de la propriété, cessoit d'être vol, ou changeoit de nature. Vous ne trouverez encore rien en cela qui prouve l'ignorance de la loi naturelle.

Le Gent. Je le trouverai du moins dans une autre expérience bien générale, & par là même, bien accablante pour les défenseurs de la loi naturelle. Si cette loi est naturelle, elle est nécessaire ; donc elle ne peut s'effacer. Or l'expérience presque générale de ceux que l'habitude a endurcis dans le crime, prouve que ce qu'on appelle loi naturelle, s'efface de telle sorte en eux qu'ils n'entendent plus sa voix, & n'en sont plus inquiétés : donc ce qu'on appelle loi naturelle, n'est qu'un préjugé de la naissance.

Le Théol. Voici une expérience non-seulement plus accablante pour votre système, mais qui réduit en poudre votre objection prétendue accablante. C'est 1° l'expérience contraire de plusieurs de leurs confréres, qui l'ont eux-mêmes ingénûment avouée. C'est 2° le témoignage que le grand Augustin, autrefois le modèle des endurcis, ensuite le modèle des Docteurs, rend nonseulement à son siécle, mais à tous les siécles. Ecoutez ce sublime génie dont la volonté ;

par

par les habitudes les plus fortes & les plus criminelles, étoit, comme il le dit lui-même, devenue aussi dure que le fer : il n'est point d'homme si pervers, dit-il, au cœur duquel Dieu ne
parle. *Non est tam perversa anima in cujus corde
non loquatur Deus.* Les autres Peres de tous les
siécles, que je ne vous cite que comme témoins
des sentimens de leur temps, pensent de même.
C'est 3° le témoignage de Juvenal, qui sans
crainte d'être désavoué par aucun des autres
Payens, assure qu'il n'y a personne (remarquez
bien ce terme) qui commette le crime, sans
que le remords vengeur ne le condamne le premier : je vous ai déjà cité son passage, je ne fais
que le rappeller. *Prima est hæc ultio, quod se*

Judice, nemo nocens absolvitur. Voilà des expé-
riences vraiment accablantes pour votre parti :
mais l'authorité ne vous ébranle guéres, sinon
quand elle vous est favorable : il vous faut des
raisons, &, s'il se peut, démonstratives.....

Le Gent. Vous devinez au juste ma situation
présente.

Le Théol. Je crois pouvoir vous satisfaire. Je
vous ai dit que la loi naturelle consistoit en deux
choses : dans la lumière de la raison, qui est déterminée par le Créateur à dicter à l'homme, ce
qui convient à son être spirituel, conformément
à sa fin, & ce qui a de la disconvenance, de
l'opposition avec cette fin : en outre dans certains mouvements secrets qui aiguillonnent la
volonté, pour la porter à ce que lui dicte la raison.
Quant à cette lumière salutaire, il est impossi-

N

ble qu'elle s'éteigne, à moins que la raison, qui est immortelle, & par conséquent inextinguible, ne s'éteigne avec elle. Hé ! comment pourroit-elle s'éteindre sans elle , puisqu'elle n'en est point distinguée, mais que c'est la raison même déterminée à nous éclairer de la manière que l'a voulu le Créateur ? Les passions & leurs vicieuses habitudes, peuvent bien élever un nuage plus ou moins épais, qui obscurcisse aux yeux des endurcis ce divin flambeau ; mais de même qu'un nuage, qu'élèvent les exhalaisons jointes aux vapeurs, ne nous dérobe jamais si absolument la lumière du soleil, que nous n'appercevions encore quelque clarté; ainsi les nuages, qu'élèvent les passions, ne dérobent jamais tellement à l'homme la lumière de la raison, que quelques-uns de ses rayons ne se fassent assez de jour, pour former quelque lueur mêlée d'obscurité.

Quant aux aiguillons que sent la volonté, ils sont nécessairement liés à la lumière naturelle ; ils sont une suite nécessaire de cette sympathie innée qu'a la volonté avec la raison : sympathie qui lui fait trouver la paix, lorsqu'elle est d'accord avec cette sage maîtresse, mais qui la trouble, l'inquiéte, l'épouvante, quand elle lui résiste : c'est ce qu'on appelle le remodrs. J'avoüe qu'il y a des consciences assez aguerries, pour se former une espèce de calus, qui émousse les pointes du remodrs : mais je soûtiens qu'à moins d'enlever à la volonté cette sympathie innée , ce qui feroit changer sa nature, il est impossible

que l'aiguillon du remodrs ne fasse sur elle aucune impression.

Le Gent. De grace, voudriez-vous me dire
en quel idiome la raison se fait entendre à un
enfant né dans les bois, & qui ne sait aucune
forte de langues?

Le Théol. De grace, voudriez-vous auparavant me dire dans quel idiome la suprême raison se fait entendre à la Divinité, & si elle a
besoin pour cela de quelque forte de langage?
Ma réponse sera la votre.

Oseriez-vous nier qu'il soit possible que Dieu
parle à cet enfant, que je suppose avoir l'usage
de la raison, quoiqu'il ne sache aucune espéce
de langage? Je ne crois point que vous ayez ce
courage. Hé bien, c'est Dieu, c'est le souverain
Législateur de la nature, qui lui parle par la raison, comme par son instrument & son organe.
Il aura pû faire sentir à cet enfant, sans le secours de quelque idiome que ce soit, ce qui
convient à son corps, ce qui lui est nuisible : &
il ne pourra sans le secours du langage, faire
sentir à son ame ce qui lui convient, ce qui a
de la disconvenance avec son être? Franchement,
je ne sais dans quel idiome raisonnent vos Messieurs, quand ils forment de telles objections.

Le Gent. Mais encore, cette loi naturelle est
selon vous une loi écrite dans nos cœurs , &
cependant vous rejettez les idées innées : tran-
chez, si vous le pouvez le nœud de cet énigme.

Le Théol. Ce n'est rien moins qu'un nœud
Gordien. Ne convenez-vous pas que l'amour

des parents pour leurs enfants, leur eſt naturel ?

Le Gent. Rien n'eſt plus certain.

Le Théol. Cependant leur eſt-il inné ?

Le Gent. Non, ſans doute : autrement ils auroient toujours eu cet acte d'amour, même avant qu'ils n'euſſent des enfants.

Le Théol. Il n'eſt donc naturel qu'en ce ſens, que leur volonté a un penchant, une inclinanation naturelle qui les détermine à cet amour, lorſque des objets proportionnés viennent s'offrir ?

Le Gent. C'eſt ainſi que je l'entends.

Le Théol. Appliquez votre réponſe à la loi naturelle, & vous aurez le dénoûment de votre énigme. On appelle cette loi naturelle, parce que c'eſt une détermination, que l'auteur de la nature a imprimée à la raiſon, de dicter à la volonté les principes des mœurs, lorſque l'occaſion amène quelqe objet proportionné. L'expreſſion de la loi écrite dans nos cœurs eſt une expreſſion métaphyſique, qui ne ſignifie autre choſe, ſinon que cette détermination a le même effet qu'auroit une loi écrite dans nos cœurs, parce que cette détermination fait éclore néceſſairement en nous les principes des mœurs, & les idées qui les compoſent, lorſqu'il en eſt beſoin. Je ne laiſſe point de rejetter les idées innées : car ou ce ſeroient des actes, ou des modifications provenantes du Créateur, ou des habitudes. Ce ne ſont point des actes, parce que nos actes ne ſont point innés, mais produits par notre ame, non par le ſeul Créateur ; d'ailleurs ces idées feroient permanentes, & nos actes font momentanés. Ce ne font point des modifications imprimées par le Créateur, autrement ce ne feroit rien de vital, ce qui eft faux ; en outre elles feroient néceffaires par rapport à nous, & par conféquent nous repréfenteroient à chaque inftant leur objet, ce qui eft contraire à l'expérience. Ce ne font point des habitudes, parce que l'habitude acquife, provient néceffairement dés actes ; & l'habitude infufe n'eft point une idée, mais une puiffance pour produire des actes. Donc il n'y a point d'idée innée.

Le Gent. Je vous comprends.

Le Théol. Vous refte-t-il encore quelque embarras fur ce point ?

Le Gent. Rien qui en vaille la peine ; nous pourrons, fi vous le trouvez bon, entamer l'article qui concerne la Religion naturelle.

ARTICLE TROISIEME.

De la Religion naturelle quant au culte intérieur.

Le Théol. ON appelle Religion naturelle, ce dictamen de la confcience, qui apprend à l'homme qu'il doit rendre à fon Dieu un culte, un hommage plein de foumiffion, d'honneur, de refpect, pour la fuprême excellence de ce fouverain Maître & Créateur de l'univers. Ce culte fe divife en intérieur & extérieur. L'intérieur confifte principalement dans

N 3

l'amour, l'obéïssance, la gratitude, l'adoration, & l'oraison. L'extérieur est celui qui par le ministère du corps, & par des signes sensibles manifeste au-dehors le culte intérieur. Bornons-nous dans cet article au culte intérieur. Je vais vous en démontrer la nécessité.

Première Demonstration,
Tirée de l'idée de Dieu.

Dieu est le Maître souverain de tous les êtres, leur Créateur infiniment bienfaisant, un Etre d'une excellence infinie, la source inépuisable de toute perfection, de toute amabilité, la toute-puissance, la bonté par essence. Il n'y a que les Athées qui n'en ayent point cette idée. Or de cette notion de Dieu, suit évidemment la nécessité de la Religion naturelle. Donc il est nécessaire de l'admettre.

Voici la preuve de ma seconde proposition. Le suprême domaine de Dieu, l'infinie dépendance de la créature envers ce Maître souverain, exige que l'homme consacre toutes ses forces, toutes ses facultés, toutes les puissances de son ame, à son service. La création, la conservation, tant de bienfaits dont nous a comblé & nous comble encore à chaque instant cet Etre plein de bonté, mais qui a une horreur infinie de l'ingratitude, exigent la même chose. Donc tous ces titres rassemblés requièrent nécessairement de l'homme, qu'il employe sa faculté intellectuelle à admirer, à loüer les perfections de

Dieu, à croire ce qu'il lui plaira de révéler ; sa mémoire à se rappeller souvent ses bienfaits, pour exciter en lui les mouvements les plus vifs de reconnoissance & de gratitude ; sa volonté 1° pour la lui sacrifier par une obéissance absolue à ses ordres ; 2° pour adorer cette Majesté souveraine ; 3° pour aimer ce Pere souverainement aimable ; 4° pour concevoir une ferme confiance en sa bonté réünie à sa toute-puissance ; 5° pour lui faire demander par la priére son puissant secours dans ses besoins. Or l'assemblage de tous ses devoirs est ce qu'on appelle Religion naturelle, quant au culte intérieur. Donc il est d'une absolue nécessité d'admettre la Religion naturelle, au moins quant au culte intérieur.

Le Gent. Votre argument seroit convainquant, si Dieu exigeoit de l'homme le culte qu'il lui doit : mais se suffisant à lui-même, il n'exige de lui aucun culte de Religion. Le fondement sur lequel je m'appuie, c'est que s'il l'exigeoit, il faudroit dire, ou qu'il n'est point tout-puissant, s'il ne pouvoit persuader à tant d'incrédules le culte qu'il exige d'eux, ou qu'il ne seroit point infiniment bon, si pouvant leur persuader, il ne le faisoit pas. Tous les deux répugnent. Donc il ne l'exige pas.

Le Théol. J'ai déjà répondu à votre dilemme prétendu, & je vous l'ai montré vicieux à la fin de notre première dissertation. Je vous y renvoie ; car je suis ennemi des répétitions. Pour l'exigence dont vous parlez, je puis vous la démontrer. L'idée seule du souverain domaine de Dieu, de la création, de la conservation, de la qualité de fin dernière, qui lui est essentielle, la prouve évidemment. En effet, c'est une injustice criante que de ne vouloir point servir son souverain Maître, de qui on dépend infiniment en toute chose ; de dépouiller, autant qu'il est en soi, l'Etre suprême de la qualité de fin dernière, en transportant à la créature, à un néant, la fin dernière de ses actions. C'est une ingratitude énorme que de manquer de reconnoissance envers un bienfaiteur infiniment magnifique, dont les bienfaits égalent en nombre tous les moments de notre vie, qui ne suffiroit pas toute entière pour en reconnoître dignement un seul. Or Dieu porte à l'injustice & à l'ingratitude, une haine égale à l'amour qu'il a pour la justice & pour soi-même ; & quiconque s'aime soi-même, écarte autant qu'il le peut ce qu'il hait, sur tout ce qu'il hait souverainement. Donc il défend l'injustice & l'ingratitude : donc il exige de l'homme les devoirs de Religion, puisqu'il n'y pourroit manquer sans l'injustice la plus criante & la plus noire ingratitude.

Le Gent. Nous ne devons point porter le même jugement sur les choses qui regardent Dieu, que nous portons quand-elles regardent les hommes. La différence, c'est que les bienfaiteurs humains trouvent quelqu'avantage dans l'amour & la reconnoissance qu'on a pour eux, & que Dieu n'en peut trouver aucun.

Le Théol. Ce que vous repliquez est vrai en

un fens; mais ce fens eft un furcroit de raifons qui militent contre vous. C'eft qu'en effet l'obligation qui nous aftreint à ces devoirs envers Dieu, eft encore beaucoup plus étroite que celle que nous avons envers les bienfaiteurs humains; puifque les titres qui les exigent envers Dieu font infiniment fupérieurs. Pour trancher net fur cette difficulté : pouvez-vous nier que cette propofition, *on doit aimer ce qui mérite infiniment d'être aimé*, ne foit vraie?

Le Gent. C'eft pour celà que Dieu nous a donné un cœur capable d'aimer : notre penchant nous y porte naturellement : Dieu nous l'auroit-il donné ce penchant pour les créatures, & non point pour lui, qui eft infiniment aimable? Non, je ne le puis nier.

Le Théol. Donc puifque Dieu eft infiniment aimable, tant à caufe de fes perfections infinies, que pour les bienfaits de la création, de la confervation, & une infinité d'autres, il eft plus clair que le jour, que nous devons l'aimer de toute l'étendue de notre cœur. Et pourquoi donc feroit-il fait ce cœur, s'il n'étoit pas fait pour donner toutes fes affections à celui qui en le créant, & en le confervant, s'eft acquis fur lui un droit fi légitime, fur-tout poffédant en foi tous les attraits, toutes les amabilités poffibles? Or l'amour, s'il eft véritable, n'eft point un amour oifif, il cherche à fe manifefter à fon objet, en faifant felon fon pouvoir ce qu'il fait lui plaire : d'ailleurs il n'eft point douteux que l'équité & la reconnoiffance ne plaifent effentiellement, à la source de toute perfection ; il est auſſi peu douteux, que ces deux vertus exigent de nous les devoirs de Religion envers Dieu. Donc il n'eſt point douteux que les mêmes raiſons, qui nous obligent d'aimer Dieu, ne nous obligent encore de lui rendre le culte de Religion, comme un hommage qui lui eſt dû, par les titres les plus légitimes, & les moins conteſtables.

Le Gent. Mais quel avantage lui en peut-il revenir?

Le Théol. Quel avantage lui revient-il de ce que la créature raiſonnable ne le mépriſe point, ne le blaſphême point, ne le haïſſe point? Cependant pouvez-vous nier qu'il ne déteſte, qu'il n'abhorre de pareils monſtres avec toute l'exécration poſſible, & que par conſéquent il ne les défende très-ſévérement? Mais pourquoi les abhorre-t-il, ſinon parce que ſes bienfaits, l'équité naturelle, ſes perfections infinies, demandent que tous l'aiment, que tous l'honorent, l'adorent, lui rendent les hommages les plus religieux? Donc l'équité naturelle appuyée ſur les droits les plus ſolides, les plus auguſtes, les plus impreſcriptibles, exige de nous les devoirs de Religion. Donc Dieu, qui aime néceſſairement l'équité, l'exige pareillement. Il ne lui en revient aucun avantage : non, il ne lui en peut revenir de rien de créé ; mais il ſatisfait en cela à ce que ſa ſageſſe, ſon amour pour l'ordre & la juſtice demande, à ce que demandent ſes perfections infinies : cela ſuffit, il le doit.

Le Gent. Je m'apperçois que j'ai eu tort d'interrompre le fil de vos démonſtrations. Reprenez-le, je vous en prie.

Le Théol. Je me contenterai d'en ajouter une ſeconde, que me fournit la deſtination & la fin de l'homme : elle ne ſera pas longue.

Dieu n'a pû créer l'homme avec le don céleſte de la raiſon, ſinon pour s'employer lui-même, & ſa raiſon, à procurer la gloire de ſon Créateur. Sans cela Dieu auroit été injuſte envers ſoi-même, il ſe fut dépouillé de ſon ſouverain domaine ſur l'homme & ſur toutes ſes actions, il eût été cenſé approuver l'ingratitude envers un pere infiniment bienfaiſant : lui, qui eſt l'ordre eſſentiel, eût renverſé l'ordre dans l'homme, la principale partie du monde viſible, en lui donnant une autre fin que le principe de toute choſe, à qui par conſéquent tout doit ſe rapporter. Or l'homme ne peut par ſa raiſon procurer la gloire de ſon Créateur, ſinon en l'employant à contempler, à admirer cet océan immenſe de perfections, à leur rendre le tribut de loüanges qu'elles méritent ; l'hommage de l'adoration, pour l'excellence infinie de ſa nature ; celui de l'amour, pour ſa bonté ineffable ; l'hommage de de l'obéiſſance, pour ſon domaine ſuprême ; de la foi, pour ſon infaillible véracité : de la confiance, pour ſa bienfaiſance & ſa puiſſance ſans bornes, par conſéquent l'hommage de l'oraiſon, pour tant de beſoins qui le preſſent. Perſonne n'imaginera jamais d'autre moyen de faire ſervir ſa raiſon à procurer la gloire de l'Etre éternel.

D'ailleurs , Dieu & la raiſon exigent que l'homme rempliſſe ſa deſtination, ſans quoi il ſe rendroit de beaucoup inférieur aux plus vils animaux, aux créatures même inſenſibles, qui procurent en leur manière la gloire de leur auteur. Donc Dieu & la raiſon exigent de l'homme la Religion , au moins pour le culte interne. Donc elle eſt néceſſaire.

Quelle partie de ma démonſtration pouvez-vous attaquer ? La première eſt hors de toute atteinte par ſon évidence : la ſeconde n'eſt pas moins évidente. Donc tout le ſyllogiſme eſt démonſtratif.

Le Gent. Votre première propoſition ne me paroît point auſſi à l'abri de toute attaque que vous le penſez. Que répondriez-vous, ſi je vous repliquois que la raiſon a été donnée à l'homme pour vivre dans la ſociété humaine ; que c'eſt-là ſa deſtination. Voilà bien certainement ce qu'on appelle prêter le flanc.

Le Théol. Que diriez-vous vous-même , ſi parlant de quelque arbre fruitier , je vous diſois , cet arbre eſt deſtiné à porter des feuilles ; donc ſa deſtination n'eſt pas de porter du fruit ? Vous ririez, je m'aſſure, de mon ſot argument : le vôtre eſt tout-à-fait ſemblable. De ce que la raiſon deſtine l'homme à la ſociété , vous inférez qu'elle ne le deſtine donc point à la Religion. Pour raiſonner dans les règles, on inféreroit qu'il n'eſt pas ſeulement deſtiné pour la Religion. La conſéquence ſeroit légitime , & je l'admets en ce ſens. Avouez donc que votre

argument

argument eſt un pur hors-d'œuvre, par rapport à la propoſition qu'il vouloit attaquer.

Avez-vous oublié les raiſons ſur leſquelles elle eſt appuyée, l'amour que l'Etre créateur ſe doit à lui-même, la juſtice qu'il ne peut point ne pas exiger, & qui demande cependant ce culte religieux; ſon ſouverain domaine dont il ne peut pas ſe dépouiller, & qui demande le même culte; la qualité eſſentielle de fin dernière qu'il perdroit, ſi l'homme pouvoit avoir une autre fin que ſon Dieu, & que les devoirs de Religion qui lui ſont dûs? Il faudroit renverſer ces raiſons & autres ſemblables, pour renverſer ma première propoſition, & vous n'eſſayez pas même de les effleurer. Je reconnois encore ici le grand art de vos ſublimes Philoſophes; quand ils ne ſe contentent point de quelque trait burleſque pour réponſe, ils ſe bornent du moins à vous faire ſauter la pouſſière aux yeux. Attaquez ces raiſons, ſi vous ne voulez battre l'air : mais je vous avertis que vous perdrez vos peines, qu'elles ſont invincibles.

Le Gent. Le culte qu'un ſimple vermiſſeau rendroit à un grand Prince, pourroit-il lui plaire? Et l'homme, par rapport à Dieu, n'eſt-il pas infiniment moindre que le plus mépriſable vermiſſeau, par rapport à l'homme même?

Le Théol. Avois-je tort de dire que vos Philoſophes ne ſavoient que faire illuſion? En vérité, que ſignifient ces mots : *le culte d'un ſimple vermiſſeau?* Le culte ne renferme-t-il point eſſentiellement un honneur qu'on rend ? & l'hon-

neur n'eſt-il pas encore eſſentiellement une pro-
teſtation, un témoignage de l'eſtime intérieure
qu'on conçoit pour quelqu'un? Or je vous demande, ſi un vermiſſeau, ou quelque créature
que ce ſoit, dépourvue de raiſon, eſt capable
d'eſtime? Donc votre raiſonnement eſt encore
un pur ſophiſme; & vos Philoſophes, dont vous
l'empruntez, ont bien ſujet de craindre qu'on
ne les appelle les vermiſſeaux, qui corrompent
tout-à-la-fois & la vraie Philoſophie & les bonnes mœurs.

Pour revenir à l'homme, je l'avoüe, il eſt
infiniment moindre par rapport à Dieu, que le
moindre vermiſſeau par rapport à l'homme:
mais il eſt raiſonnable; & en vertu de ſa raiſon,
il eſt deſtiné, comme je viens de le prouver,
au culte de la Religion; & puiſque ce culte eſt
conforme à ce qu'exigent les perfections de Dieu
& ſa ſuprême ſageſſe, il ne ſauroit manquer de
lui plaire, à moins qu'il ne ſe plaiſe point à ce
qui eſt conforme à ſa ſageſſe; ce qui ſeroit une
très-grande abſurdité.

Le Gent. Il ſeroit indigne d'un grand Roi de
s'occuper à faire remplir aux fourmis, & à de ſemblables inſectes, leur deſtination naturelle. Donc
il ſeroit à plus forte raiſon indigne de Dieu de
s'occuper à faire remplir à l'homme ſa deſtination naturelle: car l'homme en comparaiſon
de Dieu, eſt infiniment moindre qu'une fourmi par rapport à un grand Roi.

Le Théol. C'eſt encore là un de ces retranchements où les Athées ſe croient à l'abri de

toute infulte, & que cette fimple retorfion va réduire en poudre. Il feroit indigne d'un grand Roi de s'occuper à faire des fourmis d'argille ; donc à plus forte raifon il a été indigne de Dieu d'avoir créé l'homme : car l'homme eft en comparaifon de Dieu , infiniment moins qu'une fourmi d'argille , par rapport à un grand Roi. L'extravagance de cette conféquence faute aux yeux même les moins philofophes : jugez ce qu'il faut penfer de celle de vos confreres ? Je les défie de trouver la moindre différence dans la forme des deux arguments. Il eft honteux de propofer de fi pitoyables raifons ; cependant. pour les mettre tout-à-fait au néant, j'ajoûte que ce Roi ne peut trouver une fin digne de lui dans ces fortes d'actions ; au contraire , il n'y trouve que de la frivolité , & une puérile inutilité, puifque ces infectes font déterminés, par un inftinct néceffaire, à remplir leur deftination, fans qu'il foit befoin qu'on s'en occupe.

Mais Dieu trouve une fin digne de fa fageffe, de fa qualité d'adminiftrateur fuprême de l'univers, de fa fainteté, & de fes autres perfections dans la loi naturelle qu'il a gravée dans la créature raifonnable , qui doit fe porter librement à fa deftination , où elle trouvera fa félicité, qu'elle ne pouvoit néanmoins trouver fans cette loi.

Le Gent. Renfermons-nous donc dans la fphére des créatures raifonnables. Il feroit mefféant à un Prince mortel de s'occuper des affaires de chaque particulier de fon Etat, d'obferver curieufement leurs actions & leurs penfées. Donc, à plus forte raifon, ce feroit une meffëance dans Dieu , d'obferver toutes les moindres actions , les moindres paroles , les moindres penfées des hommes. Or la Loi & la Religion naturelle entraine toutes ces fuites. Donc on ne peut l'admettre.

Le Théol. Les nouveaux Epicuriens font encore ici l'écho des anciens , qui employoient cet argument pour nier la Providence ; tout leur eft bon. Pour répondre à cet argument furanné, je commence par vous arrêter au premier pas , en vous difant que cela fieroit fort bien à un Prince mortel, pourvû qu'il le pût faire aifément, & fans que l'attention qu'il doit aux chofes de beaucoup plus grande importance, pour le bien-être de fon Royaume, en fouffrît aucunement. Mais l'intelligence incréée voit tout par un fimple acte de fon entendement , peut tout par un feul acte de volonté, exécute tout fans travail ; elle veut, & tout fe fait. Il ne peut donc qu'être glorieux à Dieu d'étendre fa providence généralement jufques aux moindres chofes, principalement à tout ce qui regarde les êtres raifonnables.

Le Gent. La nature eft la même partout. Cependant il y a une diverfité étonnante de Religions dans l'univers. Quelle preuve plus certaine, que le fentiment de Religion n'eft point fondé fur la nature , mais uniquement fur le préjugé ?

Le Théol. Il s'en faut que votre raifonnement

me paroiſſe concluant. Vous euſliez dû inférer tout le contraire. En effet, cette diverſité ne roule que ſur les circonſtances de la Religion ; circonſtances introduites peu-à-peu par une ſtupide ignorance, & la dépravation des mœurs. Mais l'unanimité de tous les peuples eſt générale touchant la néceſſité de la Religion & ſes principes généraux. Partout regne une conſpiration parfaite à reconnoître la vérité de ces principes : *Le ſouverain Etre doit être adoré, aimé, craint, invoqué*, &c. Or ſi ce ſentiment n'étoit point calqué ſur la nature même, cette incroyable corruption des cœurs barbares, ces épaiſſes ténébres qui enveloppent leur eſprit, devroient leur avoir perſuadé le ſentiment contraire. Donc le culte religieux n'eſt point un effet du préjugé, mais c'eſt une émanation néceſſaire de la nature raiſonnable.

Le Gent. Je vous crois d'humeur à dénier la nature raiſonnable à ces inſulaires ſauvages, que les Itineraires nous repréſentent ſans aucun ſentiment de Religion. Par exemple, l'Auteur de l'Hiſtoire des Iſles Mariannes aſſure que leurs habitants n'avoient aucun veſtige de Religion, quand les Miſſionnaires Jeſuites y abordèrent.

Le Théol. Il faut ici un ſupplément à votre narration. Il y manque la fidélité du récit. Je vais tâcher d'y ſuppléer. Cet écrivain ajoute 1° que ces nations paroiſſent n'avoir preſque rien de l'homme, que la reſſemblance des organes : par conſéquent dans cette affreuſe barbarie de mœurs brutales, à peine apperçoit-on quelques étincelles de raifon. Eft-il furprenant qu'on n'y apperçoive que quelques étincelles de Religion? Je dis quelques étincelles : car il ajoûte 2° que ces barbares croyoient l'immortalité de l'ame, un lieu de fupplices après la mort, deftiné aux méchans; un lieu de délices, deftiné à ceux qui auroient bien vécu. Donc ils connoiffoient un Etre de qui ils devoient efpérer de magnifiques récompenfes après la mort, s'ils vivoient bien, c'eft-à-dire conformément à la raifon ; de qui ils devoient craindre d'affreux châtiments, s'ils vivoient mal. Donc ils avoient une connoiffance confufe de Dieu, comme fouverain légiflateur, maître fuprême, maître terrible à ceux qui violent la loi de la raifon; maître bienfaifant, plein de bonté pour ceux qui l'obfervent. Par conféquent ils connoiffoient qu'il faloit lui rendre leur culte & leur hommage, pour fe le rendre propice. L'invoquer, l'aimer, lui obéïr ; & ne font-ce point là des devoirs de Religion?

Le Gent. Vos réponfes m'ont prefque perfuadé par avance de la néceffité du culte extérieur.

Le Théol. Il ne fuffit pas que vous en foyez prefque perfuadé, j'efpére vous en convaincre bien-tôt tout-à-fait.

ARTICLE QUATRIEME.

Qu'il est nécessaire de manifester le culte intérieur par l'extérieur.

Le Gent. IL nous reste encore assez de temps pour achever cette matière.

Le Théol. Sans autre préambule, je débute par quelques démonstrations que je crois vous devoir suffire.

Première démonstration. Dieu n'est pas moins le maître souverain du corps que de l'ame ; il est le Dieu de l'homme entier, le Créateur, le Conservateur, la Fin dernière de tout l'homme. Or ces titres exigent que l'ame le serve selon toutes ses puissances ; donc ils exigent aussi que le corps le serve selon sa capacité, c'est-à-dire, en répondant par des signes sensibles aux sentimens d'adoration, de soumission, de respect, que l'ame conçoit : donc le culte extérieur est nécessaire.

Deuxième démonstration. L'ame spirituelle est obligée de contribuer à la gloire de son Créateur, & son souverain Maître, par tous les moyens les plus efficaces qu'elle peut employer. Or le culte extérieur est un des moyens les plus efficaces pour cette fin ; il excite puissamment, par des exemples sensibles, nos semblables à aimer la Bonté incréée, à adorer la Majesté suprême, à la servir de toute l'étendue de leur cœur. Donc l'ame est obligée de manifester son culte intérieur par l'extérieur.

Troisième démonstration. Le consentement

unanime de toutes les nations, dans tous les temps, dans tous les lieux, ne peut avoir d'autre source que cette lumière commune, qui éclaire l'esprit de tous les hommes. Vous en conviendrez sans peine, si vous faites attention à la bizarrerie des esprits, à leur liberté pour les opinions, à la diversité des mœurs, des coûtumes, de l'éducation : c'est ce qui a fait dire aux Philosophes, que le consentement général étoit la voix de la nature. Or toutes les nations (au moins moralement parlant) même les plus dépravées dans les mœurs, ont rendu & rendent un culte à la Divinité, quoique souvent corrompu par la superstition ; c'est de quoi font foi toutes les Histoires, tant anciennes que modernes. Elles ont pû, ces nations, se dépouiller quelquefois des sentiments de l'humanité, & elles n'ont jamais pû oublier le sentiment de la Religion. Donc le culte tant intérieur qu'extérieur, est un rayon émané de la lumière naturelle. Qu'avez-vous à opposer à ces preuves?

Le Gent. Fort peu de choses : mais, enfin, je veux éloigner même le moindre nuage. Vous m'avoüerez que Dieu est un pur esprit. Donc il doit uniquement être adoré en esprit. Donc le culte extérieur est non-seulement superflu, mais injurieux à Dieu.

Le Théol. Vous bâtissez là sur un fond tout-à-fait ruineux. Votre conclusion seroit dans les règles peut-être, si Dieu exigeoit notre culte purement à titre de spiritualité. Mais je vous ai dit que c'étoit à titre de souverain Maître, de

Créateur, de Conservateur, & autres semblables. Je vous ai en même-temps démontré que ces titres en éxigeoient le culte intérieur & extérieur ; qui doit être spirituel, il est vrai, mais dans ce sens, que l'esprit doit être le principe qui l'anime.

Le Gent. Mais Dieu ne regarde que le cœur.

Le Théol. Cela est encore vrai, mais quant au principe du mérite, quant à la sincerité du culte, quant à la droiture de l'intention. Tout cela vient uniquement du cœur. C'est le cœur qui fait le prix du culte extérieur, qui fait qu'il plait à Dieu, qu'il mérite des récompenses : sans le cœur, le culte extérieur ne seroit qu'une pure momerie, qu'un cagotisme vain & ridicule, qu'un fantome de Religion.

Le Gent. Le plus embarrassant, à mon avis, dans cet article, c'est que si la raison éxigeoit le culte extérieur, elle en détermineroit l'espéce : or elle se tait absolument sur ce point. Donc elle ne l'exige point.

Le Théol. Si elle se tait sur l'espéce, il faut avoüer qu'elle parle bien haut sur le genre, sur la nécessité d'un culte extérieur, qui suffise pour manifester l'intérieur par des signes sensibles : sa voix sur ce point est si éclatante, qu'elle forme une pleine conviction, comme vous l'avez pû voir par mes preuves. Donc il ne s'ensuit pas de cette indétermination, qu'elle n'exige point au moins un culte extérieur, suffisant pour faire éclater au déhors les sentiments, en quoi consiste l'intérieur. Pour que mes démonstrations demeurent dans toute leur évidence, il

suffit que la raifon nous prefcrive la manifefta-
tion de la Religion intérieure, par quelques fig-
nes fenfibles, qui la faffent connoître fuffifamment.

Quant à l'efpéce, j'avoue qu'elle fe tait : mais
fon filence eft à mon avis, une preuve décifive,
de la néceflité d'une Religion révélée, qui la
détermine. Cependant pour vous conduire par
les voies les plus courtes, au but ou vous afpirez ;
fans vous parler de cette néceflité, je me contenterai de vous démontrer dans les differtations
fuivantes, l'exiftence réelle d'une Religion révélée.

Le Gent. Je me fouviens qu'un de mes amis
m'a donné un rendez-vous chez lui ; fouffrez
que je lui tienne parole. A l'honneur de vous
revoir demain.

DISSERTATIONS

Sur la Religion revele'e.

Le Théol. ENtre les motifs de crédibilité qui
prouvent l'exiftence de la révéla-
tion ; les Prophéties & les Miracles tiennent le
premier rang. Plufieurs favantes plumes ont
prefqu'épuifé ce qu'on peut dire fur les Prophéties ; & de nos jours, Mr. l'Evêque Dupuis, fi
diftingué parmi les Savants, par fon beau génie,
par fa profonde érudition, par fon éloquence,
& un des plus fermes appuis de la Religion par

fon zèle éclairé, a traité cette matière d'une manière digne de fes grands talents. Je vous renvoie à fon Traité des queftions diverfes fur l'Incrédulité, où vous trouverez la folidité la plus lumineufe, réünie à toutes les graces du ftyle. Pour moi, je me bornerai ici aux Miracles, parce que ce motif, outre qu'il renferme le témoignage de la vérité primordiale & incréee, a encore l'avantage d'être plus analogue à ce penchant impérieux, qui nous entraîne vers les preuves, qui frappent nos fens. N'attendez cependant de moi fur cette matière, que ce qui fera abfolument néceffaire, pour vous frayer le chemin aux autres differtations, dont celle-ci fera comme l'introduction.

DISSERTATION PREMIERE

ET PRELIMINAIRE,

Sur les Miracles.

Le Gent. PUifque nous allons entrer en lice touchant les miracles ; je vous demande 1° Que vous m'en montriez bien la poffibilité : 2° Que vous me faffiez voir qu'ils font une preuve certaine de la vérité & de la divinité de la Religion, en faveur de laquelle ils ont été opérés. 3. Que vous me conftatiez avec certitude leur exiftence réelle.

Le Théol. Je vous fatisferai dans cette differtation fur les deux premiers articles. Le troifième eſt lié aux diſſertations ſuivantes , par un nœud trop indiſſoluble , pour pouvoir en être ſéparé. Il faut vous dire avant tout, que par le nom de miracle , les Théologiens entendent un fait merveilleux & inuſité, qui ſurpaſſe toutes les forces de la nature.

ARTICLE PREMIER.

De la poſſibilité des Miracles.

Le Théol. POur le premier article , les deux démonſtrations ſuivantes ſuffiront. Première démonſtration. Nous devons reconnoître en Dieu , une puiſſance, qui s'étende à tout ce qui ne renferme pas de contradiction : c'eſt ce qu'on appelle toute-puiſſance. Or le miracle ne renferme point de contradiction : il ne renferme point de contradiction intrinſéque, c'eſt-à-dire , venant de ſa nature ; vous n'en appercevez pas même le moindre veſtige dans ſa définition. Il n'indique point non plus de contradiction extrinſéque , c'eſt-à-dire , priſe du côté de ſa cauſe efficiente , ou du ſujet en qui il s'opére. Sa cauſe efficiente eſt le Tout-puiſſant lui-même ; ayant pû à ſon gré fixer les loix de la nature, il a de même pû , pour certains cas, y faire à ſon gré des exceptions ; c'eſt en quoi conſiſte le miracle. Le ſujet en qui il s'opére, eſt la créature, qui eſt dans les mains du Créateur, comme l'argile entre les mains de l'ouvrier,

pour

pour en faire ce qu'il lui plaît. Donc nous devons reconnoître en Dieu la puissance de faire des miracles : donc ils sont possibles.

Deuxiéme démonstration. C'est un axiome évident & reçû généralement par tous les Philosophes, que celui qui peut le plus, peut à plus forte raison le moins dans le même genre. Or c'est, sans contredit, beaucoup plus d'avoir fait passer le néant à l'être, que de rétablir un membre corrompu, ou une santé désespérée : c'est plus d'avoir établi l'ordre merveilleux de la nature, que de produire un effet qui soit au-dessus des loix de la nature, parce qu'il sera une exception à ces loix. Quiconque pose librement des loix, peut, à plus forte raison, en excepter certains cas. C'est plus de donner & conserver tous les jours la vie à une infinité d'hommes, que de la rendre à un mort : cependant tout cela est dans le même genre, savoir, en genre de puissance productive, & même illimitée. Donc puisque la puissance divine s'étend évidemment au prémier cas ; elle s'étend aussi à plus forte raison au second.

Le Gent. Ce simple raisonnement de Spinosa me paroît saper vos démonstrations : Il répugne que Dieu viole ses décrets nécessaires & immuables. Or les loix de la nature sont les décrets nécessaires & immuables de Dieu : donc il répugne que Dieu viole les loix de la nature. Par conséquent tout miracle étant une infraction des loix de la nature, il répugne qu'il y ait aucun miracle.

P

Le Théol. Je découvre deux défauts essentiels dans ce paralogisme de votre Sophiste. Premier défaut : sur quoi fondé Spinosa ose-t-il assurer que les décrets de Dieu concernant les actions qui se terminent au-dehors, comme le gouvernement du monde, sont nécessaires ? C'est-là une suite de la divinité bizarre qu'a enfanté ce cerveau aussi gâté que son cœur ; divinité très-simple, quoique composée de l'universalité des êtres ; divinité infiniment parfaite, quoique manquant de la liberté, la plus précieuse, en un sens, des perfections. C'est ainsi qu'il a voulu sottement établir le fatalisme dans l'univers.

Second défaut. Par quel songe burlesque a t-il pû découvrir que les décrets de Dieu soient les loix de la nature? La cause devra donc être confondue avec son effet ? Car les loix de la nature sont établies par les décrets de Dieu, c'est-à-dire, par la volonté de Dieu, qui a statué que les choses naturelles garderoient tel & tel ordre entre-elles. Si ce prétendu Philosophe avoit seulement eu le sens commun, il auroit sû que tout le genre humain entend par les loix de la nature, cet ordre fixe & perpétuel que le Créateur a établi entre les choses créées ; ou plûtôt les exigences & les propriétés physiques des causes secondes, soit que ces propriétés soient actives, comme la chaleur par rapport au feu; soit qu'elles soient passives, comme la quantité de mouvement reçue dans la matière, à proportion de l'impulsion & de la collision. Mais comme Dieu a très-librement établi cet ordre, de même il y a très-librement fait, de toute éternité, certaines exceptions pour certains cas qu'il a prévûs, & qu'il lui a plû réferver. Ces exceptions font ce qu'on appelle prodiges, ou faits miraculeux.

Le Gent. Après tout, les loix de la nature font immuables & générales. Donc il ne peut rien arriver que felon ces loix : or un fait miraculeux feroit au-deffus, ou contre les loix de la nature. Donc il ne peut arriver aucun fait miraculeux.

Le Théol. Ou vous voulez donner le change, ou, ce que je préfume plûtôt de votre fincérité, vous le prenez vous-même. Votre propofition générale fuppofe une fauffeté manifefte, favoir, qu'une loi, qui a une exception, ne foit point immuable. L'exception ne change point la loi, fur-tout fi elle y a été mife par le Légiflateur lui-même, au même temps qu'il portoit la loi. Combien de ces fortes d'exceptions dans les loix politiques, fans que pour cela on les regarde comme fujettes à la mutabilité ?

Vous ne rencontrez guéres mieux dans ce que vous ajoûtez, que les loix de la nature font générales. Je l'avoüe, fi vous étendez cette généralité à tous les cas ordinaires, & non exceptés : mais fi vous prétendez infinuer par ce terme, que le Créateur n'a pû, en fixant ces loix, excepter certains cas, où il vouloit faire éclater fa toute-puiffance, par des événements qui fuffent au-deffus des forces de la nature, ce feroit faire la loi à l'Auteur suprême même des loix ; ce feroit une infinuation auffi extravagante, qu'impie. Avoüez-donc que tout votre raifonnement porte à faux.

Le Gent. Le fuivant porte bien fûrement fur le vrai. Quoique les loix de la nature foient diftinguées des décrets de Dieu, comme vous l'avez prouvé ; au moins elles font fondées fur les décrets de Dieu : or Dieu ne peut en aucun cas agir contre fes décrets : donc il ne peut en aucun cas agir contre les loix de la nature.

Le Théol. Je fuis de bonne foi ; j'avoüe que votre argument porte fur le vrai, mais à demi ; je le trouve affez femblable à ces ftatues qui pofent d'un côté fur un piédeftal, tandis qu'elles ont l'autre pied en l'air. Les loix de la nature font fondées fur les décrets éternels de Dieu ; voilà le vrai. Mais vous fuppofez fauffement que ces décrets font tellement généraux, qu'ils ne puiffent excepter aucun cas, où Dieu pour des fins dignes de lui , particulièrement pour nous révéler quelque vérité furnaturelle , nous parle par des effets extraordinaires qui foient au-deffus des forces de la nature : voilà le pied en l'air. En effet , alambiquez-vous l'efprit, fi vous le voulez, vous ne trouverez jamais rien en cela qui implique ; & s'il n'y a rien qui implique , vous êtes donc obligé de reconnoître que les miracles font poffibles.

Le Gent. Quoique le P. Malebranche ne paroiffe point trop de vos amis ; je ne puis m'empêcher de vous oppofer ici fon témoignage ; je le crois décifif.

Dieu, selon cet Auteur, étant une cause infiniment sage, ne peut administrer le monde que de la manière la plus parfaite ; par conséquent la plus simple. Or pour l'administrer de la manière la plus simple, il faut qu'il agisse toujours conformément aux loix générales de la nature, quoiqu'elles nous soient quelquefois inconnues : *semel jussit*, dit Seneque, *semper paret*. Donc nous pouvons dire avec Malebranche, que tout ce qu'on appelle miraculeux, est un effet conforme aux loix de la nature, mais inconnues; donc ce que vous entendez par les miracles, est impossible.

Le Théol. Je suis ami du **P.** Malebranche, par-tout où il est ami de la raison. S'il se brouille avec la raison, de manière à nuire à la Religion, je me brouille avec lui. Rien ne doit tenir dans l'esprit d'un honnête-homme contre le bien-être de la Religion : *Amicus usque ad aras.* Pour vous marquer ma cordialité envers cet Auteur, je vais lui rendre un service d'ami, en prêtant charitablement de la clarté à son sentiment ; car il en a grand besoin. Le P. Malebranche entend par les loix générales de la nature, l'ordre que la Providence divine a établi par ses décrets éternels, pour gouverner l'univers. Il divise cet ordre, en ordre connu, ou loix connues ; & en ordre inconnu, ou loix inconnues. L'ordre connu comprend la providence ordinaire, & il consiste dans l'exigence & les propriétés des causes secondes, qui nous sont assez connues par les effets que nous en voyons émaner chaque jour. L'ordre inconnu, ou les loix inconnues de la nature, renferment la providence extraordinaire de Dieu, & les effets qui en réfultent. Cet ordre eft diftingué du premier, & lui eft fupérieur. Donc puifque le premier confifte dans les exigences & les propriétés naturelles des caufes créées, le fecond eft au-deffus de ces exigences & propriétés qu'on appelle communément les loix de la nature. Auffi le P. Malebranche range les miracles dans cet ordre. Il croit donc que les miracles font au-deffus des forces de la nature. Or c'eft précifément là ce qu'ont toujours entendu les Philofophes & les Théologiens, quand ils ont dit que les miracles étoient des faits merveilleux, au-deffus, ou contre les loix de la nature. Donc le fentiment du P. Malebranche touchant les miracles, revient en effet au fentiment unanime de tous les Catholiques. Il y revient, à la vérité, par un circuit fort obfcur : mais il eft excufable ; ce génie métaphyfique vouloit trouver une route nouvelle, dans un fiècle où l'on ne veut que du neuf; & elle ne pouvoit être nouvelle que par fon obfcurité.

Je viens à préfent aux raifons dont il appuye fon fentiment. Dieu doit opérer de la manière la plus fimple. Et quoi de plus fimple que d'avoir arrêté de toute éternité, par un feul acte de fa volonté, tout ce qu'il vouloit : par exemple ; que le feu détruifit tous les corps combuftibles qu'on y jetteroit, excepté certains cas, comme celui des trois Hébreux jettés dans la fournaife, en haine de la Religion Judaïque ?

Mais encore ; il faut pour cette simplicité, qu'il agisse toujours conformément aux loix qu'il a lui-même établies ; *Semel jussit, semper paret.* Seneque, dont est tirée cette maxime, étoit de la Secte des Stoïciens, qui soutenoient le fatalisme. Il est évident que le P. Malebranche ne l'a point entendu dans le sens de ce Philosophe ; autrement il auroit admis une Divinité esclave d'un destin aveugle & bizarre ; une Divinité impuissante, qui doit dire comme la Junon de l'Enéïde ; *Quippe vetor fatis* : les destins me lient les mains. Donc il n'a voulu dire rien autre, sinon que Dieu agit toujours conformément à ses décrets éternels. Mais, je prétends, & ma prétension est fondée sur la plus grande évidence, qu'il agit conformément à ses décrets, lorsqu'il agit conformément aux exceptions avec lesquelles il a formé ses décrets.

Je crois que vous sentez assez que ces exceptions aux loix générales de la nature, font une solution à tout ce que vous pourriez encore objecter sur cette matière.

Le Gent. Je le sens parfaitement : aussi j'attends avec quelque sorte d'impatience les preuves de votre second article.

ARTICLE SECOND.

De l'efficacité des Miracles, pour prouver la révélation.

Le Théol. DEux démonstrations suffiront pour le prouver à quiconque écoute encore la raiſon. Voici la première. Le témoignage de la ſouveraine & indéfectible vérité, donné par les marques les moins équivoques & les plus éclatantes, en confirmation de toute vérité quelconque, eſt ſouverainement efficace pour enlever la croiance de tout eſprit raiſonnable & attentif. Or le miracle proprement dit, fait pour atteſter une vérité, eſt un tel témoignage : donc il eſt ſouverainement efficace pour enlever la croiance de toute vérité qu'il atteſte.

La première propoſition de ce ſyllogiſme eſt ſi évidente, qu'il n'eſt pas poſſible de la révoquer en doute. Si vous doutez de la ſeconde, je ne ferai que la développer. Le miracle proprement dit, ne ſauroit émaner que de la main du Tout-puiſſant : ſelon ſa définition, c'eſt un fait merveilleux & inuſité, qui eſt au-deſſus ou contre toutes les loix de la nature ; par conſéquent au-deſſus des forces de tout agent naturel : c'eſt une exception miſe aux décrets du Créateur, touchant le gouvernement de l'univers. Or il implique contradiction, que ce qui eſt au-deſſus des forces de tout agent naturel, ne ſoit point un effet émané de la main du Tout-puiſſant ; il implique qu'un autre que le Tout-puiſſant même ait mis des exceptions à ſes décrets éternels. Donc le miracle proprement dit, opéré en confirmation d'une vérité quelconque, eſt un témoignage de la ſouveraine vérité en faveur de ce qu'il atteſte.

A cette démonſtration j'en ajoute une autre,

prife du confentement général de tout le genre humain. Il eft impoffible que tous les hommes, de tous les temps, de toutes les contrées de la terre, fe trompent univerfellement & conftamment dans ce qu'ils jugent, par un jugement uniforme & unanime, fur-tout en matière de la plus grande importance. Une telle erreur rejailliroit fur l'Auteur même de la nature : puifqu'ils ne peuvent avoir cet accord fi général, fans y être entraîné par un fecret inftinct de la nature, l'homme ayant par-tout ailleurs trop de penchant pour la liberté d'opiner. Or tous les hommes, de tous les temps, de toutes les contrées, ont confpiré d'un commun accord à juger que les miracles opérés en confirmation d'une Religion, étoient une preuve irréfragable, inconteftable de fa divinité. C'eft ainfi que quand la diverfité des Religions fut introduite dans le monde après le déluge, les Juifs prouvèrent la divinité de la leur, par les miracles : c'eft ainfi que quand le Défiré des nations, annoncé par tous les Prophêtes parut fur la terre, il conftata la divinité de fa Miffion & de fa Religion, par les miracles les plus éclatants : c'eft ainfi que fes Difciples prouvèrent la divinité de fon Evangile, par une infinité de faits miraculeux : c'eft même ainfi que les Idolâtres & les Mahométans, au défaut des vrais miracles, eurent recours à des preftiges féduifants, ou des merveilles fabuleufes, pour divinifer par là leur culte fuperftitieux. Donc il eft impoffible que les miracles vraiment opérés, en confirmation d'une Religion, ne prouvent point irréfragablement, in-contestablement sa divinité. Quelle efficacité est comparable à la leur?

Le Gent. Vos preuves sont tout-à-fait tran-chantes, pour le cas où l'on peut discerner un vrai miracle, de celui qui n'en a que l'appa-rence : mais je prétends qu'il n'y a aucun cas, où l'on puisse faire ce discernement. Donc il n'y a aucun cas où les miracles soient une preuve efficace de la révélation.

Le Théol. Votre réponse prouve trop, & par conséquent ne prouve rien. Si elle concluoit, elle concluroit pour l'impossibilité de la révéla-tion. D'où il s'ensuivroit que Dieu ne pourroit dans le temps rien manifester aux hommes, pour l'accroissement de sa gloire & pour leur salut, puisque les miracles sont comme le sceau, qui imprime à la révélation le caractère de la Divinité, & que cependant selon vous, il seroit impossible de discerner ce sceau. Il s'ensuivroit que l'Etre Tout-puissant manqueroit des moyens nécessaires pour faire connoître à sa créature que c'est lui qui lui parle, qu'un miracle est véritable, qu'il est marqué au coin de sa Toute-puissance. Prétension téméraire, injurieuse à Dieu, & par là même, tout-à-fait chimérique. Cette réponse générale détruit par avance tout ce que vous pourriez avancer, pour étayer votre prétension.

Le Gent. Je ne laisserai pas de la soutenir par le défi formel que je vous donne, de me citer un seul de vos prétendus miracles, qui ne puisse en aucune sorte s'attribuer au concours des causes secondes.

Le Théol. Certes, ce défi n'eſt pas peu cavalier. Mais pour vous faire appercevoir combien il eſt préſomptueux, rappellez-vous ce que
j'ai déjà dit, ſavoir, que les loix de la nature
ſont les exigences ou les propriétes des cauſes
ſecondes, & le cours des êtres inanimés dès la
création du monde, par exemple le cours des
aſtres, en conformité de quoi Dieu opére toujours, ſelon ſa providence ordinaire. Or je vous
demande ſi la voix de Joſué exigeoit que le ſoleil s'arrêtât au milieu de ſa courſe? Si le ſimple commandement de Jeſus-Chriſt avoit l'exigence naturelle, ou la propriété de rendre la
vûe à l'aveugle né, l'ouïe aux ſourds, la vie
aux morts? Si vous êtes pour l'affimative, il
faudra donc dire que la voix & le commandement des autres hommes a la même exigence,
la même propriété naturelle, ce qui eſt évidemment faux.

Si craignant d'être ſifflé, vous tenez, pour la
négative. Vous reconnoiſſez donc, malgré vous,
que ces faits étoient au-deſſus & même contre
les loix de la nature.

Le Gent. Votre dilemme n'eſt point auſſi triom-
phant que vous le croyez. J'y trouve un milieu,
& ce milieu, c'eſt de dire que Joſué, Jeſus-Chriſt
& vosautres Thaumaturges, connoiſſoient qu'un
concours occulte & fortuit des cauſes ſecondes
exigeoit de tels effets, au moment même qu'ils
les commandoient.

Le Théol. Le ſifflet ne feroit pas mal ici. Mais
un homme qui ſe noye, mérite plûtôt de la

compaſſion ; il s'accroche où il peut. Cependant
cette chétive planche ne peut ſauver votre parti
du naufrage ; il tombe dans le fait miraculeux,
en voulant l'éviter. En effet, ou Joſué, le Chriſt,
ſes Apôtres , connuῖent par une ſcience naturelle, ce concours occulte des cauſes ſecondes,
ou ils le connurent par une lumière ſurnaturelle.
Ce ne fut point certainement par une ſcience
naturelle ; il conſte qu'ils n'avoient jamais été
imbus, même des premiers principes d'aucune
ſcience humaine, & néanmoins ils auroient apperçu ſans ce ſecours, ce que les yeux les plus
obſervateurs, les plus ſubtils, les plus verſés
dans la Phyſique & les Mathématiques, n'ont
jamais pû découvrir ? Qui le croira ? N'eſt-ce
pas là le comble du ridicule ? C'eſt donc par une
lumière ſurnaturelle qu'ils la découvrirent. Or
cette lumière ſurnaturelle eſt néceſſairement
un fait miraculeux : donc vous tombez, tête
baiſſée, dans le fait miraculeux, en voulant l'éviter. Ajoutez la pitoyable défaite qu'il y a d'imaginer ce concours occulte & fortuit, contraire
à l'ordre conſtant immuable, établi dès le commencement par le Créateur. Il a arrêté dans les
conſeils de ſa ſageſſe, que le ſoleil fourniroit
chaque jour ſa carrière ſans s'arrêter, ſelon le
cours de ſa providence ordinaire. Cet ordre s'eſt
conſervé conſtamment de tout temps, & continue de même à s'obſerver, ce qui proûve
évidemment que c'eſt l'ordre naturel établi de
Dieu : & cependant il a en même-temps arrêté,
qu'un certain concours fortuit des cauſes ſecondes,

des, arrivé selon sa providence ordinaire, fixe-roit tout-à-coup le soleil dans sa course. Il y a donc des volontés contradictoires qui s'entre-détruisent en Dieu ? Il a arrêté qu'il appelle-roit l'ame du corps, quand il seroit destitué des dispositions nécessaires pour les opérations vita-les : c'est encore une loi immuable de sa pro-vidence ordinaire. Et en même-temps il a arrêté, selon le cours de cette même providence, que certains cadavres, par exemple celui de Lazare, étant évidemment destitués de ces dispositions, au contraire n'ayant que des dispositions très-prochaines à la corruption, exhalant même déjà une odeur infecte, il y rappelleroit leur ame. Nouveau combat, nouvelle contradiction de volontés dans l'Etre des êtres. De bonne foi, avoüez, Monsieur, qu'à force d'esprit, on perd quelque-fois le sens commun.

Le Gent. Mais avoüez à votre tour que nous ne connoissons point assez la vertu, & les pro-priétés des agents naturels, pour pouvoir dé-terminer quels effets surpassent la sphére de leurs forces. Donc nous ne pouvons jamais nous as-surer d'aucun miracle.

Le Théol. J'avoüe que nous ne le pouvons point généralement pour tous les cas : mais il est faux que nous ne le puissions point en cer-tains cas. Il ne faut qu'avoir des yeux & du sentiment, pour s'assurer qu'il n'y a rien dans un cadavre, sur-tout s'il est déjà infect & puant, tel qu'étoit celui de Lazare, qui y exige le rap-pel de l'ame, qui n'exige même tout le con-

Q

contraire. Il n'est pas moins évident qu'aucune combinaison, qu'aucun concours des agents naturels, ne peut faire que notre esprit se trouve tout-à-coup pourvû de l'habitude d'entendre & de parler différents idiomes, sans les avoir jamais appris ; prodige qu'on admira dans les Apôtres au jour de la Pentecôte ; qu'à plus forte raison, il n'a pû faire que ces mêmes Apôtres parlassent en même-temps plusieurs langues, ou n'en parlant qu'une, ils fussent en même-temps entendus par quantité d'hommes de différentes nations & de différents langages. Je passe à deffein une multitude innombrable d'autres prodiges. Ceux-ci doivent suffire à qui sait discerner le vrai d'avec le faux.

Le Gent. Il suffiroit en effet, si nous pouvions savoir jusqu'où s'étendent les forces de la nature : mais quel lincée a pû porter sa vûe jusques là ?

Le Théol. C'est se faire illusion, que de croire qu'il faille, pour s'assurer d'un miracle, savoir fixer les limites intrinséques dans lesquelles le Créateur a renfermé l'activité des causes secondes. Il suffit de connoître leurs bornes extrinséques, c'est-à-dire, de savoir où elles ne s'étendent pas. Or je sais que les forces des causes secondes ne s'étendent pas à empêcher les effets qu'exigent les autres agents naturels ; ce seroit intervertir l'ordre fixé par le Tout-puissant : je sais que si quelque-fois cet effet est empêché, comme quand l'explosion d'un mousquet ne fait pas passer la balle au travers d'une cuiraſſe, c'eſt qu'alors la cauſe n'exige point cet effet : que ſi elle l'exige, il n'y a que celui qui a établi les loix de la nature, qui puiſſe y déroger, en empêchant un tel effet. Donc Dieu a donné à l'homme les lumières néceſſaires pour diſcerner une opération vraiment miraculeuſe, d'avec celle qui ne l'eſt pas, ſans que pour cela il ſoit beſoin de calculer les degrés de forces qu'ont les cauſes ſecondes. C'eſt ainſi que ne pouvant déterminer au juſte les termes extrinſéques de la force d'un homme robuſte, je connois à n'en point douter, qu'elle ne va pas juſqu'à pouvoir tranſporter le mont Caucaſe, ou quelqu'autre montagne d'un lieu à un autre ; que par conſéquent un Grégoire de Néocéſarée n'a pû, ſans une puiſſance miraculeuſe, faire reculer un rocher, qui empêchoit la conſtruction de ſon Egliſe.

Le Gent. Hé, Monſieur, il y a tant de phénomènes merveilleux dans la nature, dont les obſervateurs les plus habiles, n'ont encore pû, par les recherches les plus étudiées, trouver les cauſes. Pourquoi n'attribuerions-nous point également à la nature, miſe en jeu par des cauſes occultes, les effets que vous appellez miraculeux ?

Le Théol. Des yeux attentifs, trouvent aiſément la différence entre les uns & les autres. 1°. Ces phénomènes ſont uſités, & preſque journaliers, par conſéquent ils ne ſauroient entrer dans l'ordre de la Providence extraordinaire. Ce que nous appellons, prodige, eſt au contraire très-rare , & tout-à-fait inufité , par conféquent il ne peut être dans l'ordre de la Providence ordinaire. 2° Ces phénomènes , quelques cu-rieux qu'ils foient , arrivent toujours à l'appli-cation de certaines caufes ; c'eft ainfi que le frot-tement du verre, produit tous les jours les effets électriques ; l'aiman, les phénomênes magné-tiques : d'où il arrive que quoique les Phyfi-ciens n'en connoiffent point avec certitude tou-tes les caufes immédiates, du moins ils les con-jecturent fort vraifemblablement. Tout au con-traire , les miracles s'opérent fans l'application d'aucune caufe qui y ait la moindre analogie , à moins que vous ne croyez que ce foit une caufe analogue à la réfurrection des morts , ou à la guérifon de l'aveugle né; que la voix d'un homme qui commande à ceux-là de fortir du tombeau , à celui-ci de voir : abfurdité dont je ne vous crois point capable. Par conféquent on ne peut pas même ici foupçonner l'opération de quelque caufe naturelle. Car pour vos caufes occultes , qui font le dernier refuge de l'incré-dulité, j'y ai déjà répondu , & j'y réponds de-rechef. Les caufes occultes font par rapport aux Déiftes , ce que l'horreur du vuide étoit par rapport aux anciens : il les rend ridicules à nos yeux ; les Déiftes ne feroient point plus privilé-giés , fi la commifération , qu'infpire leur aveu-glement en une chofe fi capitale , n'arrachoit plûtôt des larmes, que de la dérifion.

Mais voici un collyre capable de leur guérir les yeux, s'ils veulent s'en fervir. Ces caufes occultes tant vantées, font de pures chimères, enfantement malheureux de l'obftination, & cela pour deux raifons. La première, c'eft qu'il implique qu'une caufe feconde, quelqu'occulte qu'on la fuppofe, prévale jamais fur les décrets immobiles de Dieu : or elle prévaudroit fur les décrets immobiles de Dieu, fi elle pouvoit empêcher que les autres agents naturels ne fortiffent l'effet qu'ils exigent, parce que les éxigences des agents naturels font comme je l'ai prouvé, les loix mêmes de la nature, & que ces loix font fondées fur les décrets de Dieu. Donc il implique &c.

La feconde raifon eft, que la pitoyable reffource des caufes occultes, mettroit Dieu dans l'impoffibilité de faire des miracles pour manifefter fa gloire, de manière quelconque : car il ne peut rien faire d'inutile, & cependant les miracles lui deviendroient tout-à-fait inutiles, puifqu'ils ne pourroient contribuer à fa gloire, chacun fe croyant en droit d'attribuer tous les effets miraculeux de fa toute-puiffance, à je ne fais quelles caufes occultes, mais inférieures. Or rien n'eft plus chimérique que d'ôter au Tout-puiffant le pouvoir de faire des miracles : donc rien n'eft plus chimérique que votre reffource des caufes occultes : c'eft de quoi faire rougir la Philofophie, & gémir le bon fens.

Le Gent. Mais pourquoi ne pourroit-on pas dire que ces caufes occultes foient de pures intelligences, qui, par la prérogative de leur fpiritualité dégagée de toute matière, fe dérobent aux foibles regards des mortels.   Q 3

Le Théol. Sans doute que je ne puis empêcher Messieurs les Déiftes de raifonner, & de fe rendre ridicules par leurs contradictions. Nous ne connoiffons l'exiftence des pures intelligences créées, que par la révélation. Votre fecte n'admet pas de révélation ; & cependant, felon le befoin, elle a recours aux pures intelligences. C'eft-à-dire que tout lui eft bon, & qu'elle ne rougit point de fe contredire, pourvû qu'elle contredife Dieu, en contredifant la Religion qu'il a révélée. J'aurois droit de m'en tenir à cette réponfe générale : mais la vérité eft trop puiffante & trop riche de fon propre fond, pour avoir befoin de fe prévaloir des écarts de ceux dont vous êtes l'écho. Elle relache de fes droits en votre faveur, & me fuggére la réponfe que voici.

1° Il n'eft aucune intelligence créée qui puiffe enfreindre, même dans le moindre point, les loix générales établies par l'Auteur de la nature, pour le gouvernement de l'univers. Donc il n'en eft aucune qui puiffe rien contre l'exigence ou les propriétés des caufes fecondes ; autrement elles pourroient quelque chofe contre Dieu même, en empêchant fon gouvernement, qui eft effentiellement lié à fon fuprême domaine. Or c'eft un principe auffi clair que la lumière même, qu'elles ne peuvent rien contre Dieu : comment, en ce cas, feroit-il le Tout-puiffant, le fouverain dominateur du ciel & de la terre ? Donc elles font foumifes elles-mêmes aux loix générales de la nature ; par conféquent elles ne peuvent rien contre l'exigence des caufes fecondes.

2° Suppofé même qu'elles puiffent faire des prodiges. Ou ces intelligences feroient bonnes; c'eft ce qu'on appelle communément les Anges; ou elles feroient mauvaifes; c'eft-ce qu'on appelle les démons. Si elles font bonnes, les merveilles qu'elles auroient faites en confirmation d'une Religon, prouveroient invinciblement fa vérité. Si elles étoient mauvaifes, c'eft-à-dire ennemies de Dieu, elles ne pourroient opérer des faits merveilleux, pour opérer, pour authorifer une Religion, qui outre l'adoration de l'Etre des Etres, prefcrit expreffement fon amour, & fon amour parfait, auffi-bien que celui du prochain; ce feroit là être ennemis de Dieu & ne l'être pas. Or la loi Mofaïque prefcrivoit l'amour de Dieu & du Prochain; la loi Chrétienne, qui en eft la confommation & la perfection, le prefcrit encore d'une manière plus parfaite : on peut dire que c'eft là comme le gond fur lequel elle roule toute entière, tout s'y rapporte à cette fin, tous fes préceptes font comme autant de lignes qui vont fe rendre à l'amour dominant, comme au centre de la perfection. Donc les miracles que nous prouverons avoir été opérés en confirmation de la loi ancienne, & de la loi nouvelle, ne peuvent s'attribuer aux démons, donc ils font une preuve invincible, irréfragable, immobile de la divinité de l'une & l'autre Religion.

Le Gent. Ne vous impatientez pas, fi je ne lâche point encore prife : je peine trop à me fatisfaire fur ce point. Dans la fuppofition de l'exiftence des pures intelligences; votre argument pris du gouvernement du monde, & du fuprême domaine de Dieu ne prouve rien. Ces intelligences dans leurs prétendus prodiges, ne feroient rien contre les loix générales de la nature, ni contre l'exigence des agents naturels. Elles ne feroient qu'oppofer un obftacle à leur activité, à peu près comme le cavalier oppofe à la bale de moufquet l'obftacle de fa cuiraffe : auquel cas fes agents naturels n'exigeroient pas de fortir leur effet.

Le Théol. J'efpére que vous payerez ma complaifance à vous entendre, par un retour mutuel de la votre à écouter ma réponfe : car elle doit être affez longue, pour vous donner la fatisfaction que vous attendez.

Le Gent. On n'eft pas long, quand on ne parle qu'autant que l'importance de la chofe le demande.

Le Théol. Il eft d'abord néceffaire de diftinguer plufieurs fortes de faits, qui font, ou peuvent paroître prodigieux.

Je place dans la première, la réfurrection d'un mort, la guérifon d'un membre aride, ou tellement vicié, qu'il foit tout-à-fait incurable, la production extraordinaire de quelque corps naturel que ce foit.

Quant à la réfurrection d'un mort, il eft évident qu'elle ne peut être que l'effet de la main du Tout-puiffant.

Je le prouve. 1° Selon les loix du fouverain

Juge, le fort d'une ame au fortir du corps, eft fixé à toujours, ou pour le ciel, ou pour l'abyme ; felon que fes œuvres l'ont rendue digne ou de la récompenfe, ou des peines éternelles. Je vous l'ai démontré dans l'article de l'immortalité de l'ame. Or les intelligences, même les plus fublimes, ne peuvent rien contre l'immobilité des arrêts du fouverain Juge : hé ! qui pourroit arracher de fes mains toutes-puiffantes, pour la renvoyer à la vie, une ame qu'il a placée pour jamais dans le féjour de la béatitude, ou qu'il a condamnée à des fupplices interminables ? Donc, aucune intelligence n'a la puiffance d'opérer la réfurrection d'un mort.

2° Le domaine fouverainement parfait fur toute créature, eft auffi inaliénable de la Divinité, que la dépendance la plus parfaite, tant pour fon propre être, que pour fes opérations, eft inaliénable de la créature même. Or fi une intelligence créée rappelloit un mort à la vie, Dieu n'auroit pas un domaine fouverainement parfait fur cet homme, & il ne dépendroit point lui-même de Dieu de la manière la plus parfaite, quant à fon être ; puifque l'intelligence qui lui auroit rendu la vie, pourroit fe glorifier que le compofé, c'eft-à-dire l'homme, auroit reçu l'exiftence autant ou plus d'elle, que de Dieu, que par conféquent il dépendroit autant ou plus d'elle, que de Dieu. Donc aucune des pures intelligences ne peut reffufciter un mort : donc une Religion qui a pour elle de femblables prodiges, eft néceffairement divine.

Il ne vous ferviroit de rien de me dire que cet efprit créé n'auroit opéré la réfurrection, qu'en vertu du pouvoir reçu du Créateur, que par conféquent Dieu retiendroit fon fouverain domaine, par rapport à ce reffufcité.

En effet, ou cette intelligence fubalterne n'influeroit dans le prodige que comme caufe purement inftrumentale ; & alors le prodige devroit être attribué à Dieu feul, comme l'éclat de l'épée eft attribuée uniquement au fourbiffeur, quoiqu'il fe foit fervi de la lime pour le faire. Ou elle influeroit comme caufe principale, fans le concours de Dieu. Et c'eft ce qui ne fe peut ; parceque fi cette réfurrection s'opéroit uniquement par l'influence de cette caufe fubalterne, en ce cas, il interviendroit deux défauts qui répugnent au parfait domaine du Maître fuprême ; l'un fe tiendroit du côté de l'homme rappellé à la vie ; il ne dépendroit point immédiatement & directement du Créateur dont le concours n'auroit en rien contribué à fon exiftence, & par conféquent il n'en dépendroit point de la dépendance la plus parfaite. L'autre fe tiendroit du côté de la pure intelligence, dont l'opération ne dépendroit pas non plus du concours du premier moteur immédiatement & directement ; dépendance qui eft effentielle à toute créature, tant pour fon être, que pour toutes fes actions. Ou, enfin, cette réfurrection s'opéreroit conjointement avec le concours du Créateur. Il concourreroit donc contre l'ordre de fes décrets éternels & immuables, puifqu'il a arrêté de toute éternité, qu'une ame ne feroit point unie à un corps, à moins qu'il n'eut des difpofitions vitales qui l'exigeaffent ; qu'au contraire, il l'en tiendroit pour toujours féparée, lorfque les difpofitions exigeroient fa corruption. C'eft-là l'ordre qui s'eft obfervé conftamment depuis la création du monde : par conféquent il eft hors de doute que ce foit l'ordre fixe & immobile des décrets divins. Donc la réfurrection d'un mort, de quelque côté qu'on l'envifage, ne peut être l'effet d'aucune caufe créée, fut-elle même la plus fublime des intelligences.

Le Gent. Permettez que je vous interrompe, pour vous faire reffouvenir que dans l'occurrence de vos prétendus miracles, les caufes naturelles n'exigent pas l'effet contraire à ce que vous appellez miracle, puifque j'y fuppofe un obftacle invifible, mis par quelque intelligence créée. C'eft-là le point de la difficulté.

Le Théol. Et moi je vous prie de vous reffouvenir de la complaifance que vous m'avez fait efpérer. Je me fouviens très-bien de ce que vous avez objecté, il aura fa place en fon temps. Auffi ne vous ai-je jufques ici parlé que des circonftances où il y avoit exigence, par exemple exigence de corruption dans un cadavre. Je reprends le fil de ma réponfe.

Appliquez ma feconde démonftration au fecond cas. Car il entre néceffairement dans la guérifon d'un membre incurable, la production de quelques parties, comme des chairs & autres,

par le défaut defquelles ce membre n'étoit plus
fufceptible d'aucune cure. Donc fon rétabliffe-
ment caufé par autre que par Dieu, feroit qu'il
ne dépendroit point de lui, de la manière la
plus parfaite qu'il fut poffible.

Appliquez-la encore, à plus forte raifon,
au troifième cas de la première claffe.

- Je range dans la feconde claffe, les prodiges
qui pourroient arriver contre le cours ordinaires
des aftres ; tel que celui qu'opéra Jofué en arrê-
tant tout-à-coup le foleil dans fa courfe, ou le
Prophête Ifaïe, en l'obligeant de rétrograder.
Aucune intelligence créée ne peut encore rien
en ce genre. Je le prouve. Le cours des aftres,
leurs périodes, leurs révolutions, tout a été fixé
& arrêté par une volonté efficace & abfolue du
Maître Tout-puiffant de l'univers, dès l'inftant
de leur création. Je ne vous citerai point en
preuve le Livre de la Genèfe, qui le dit formellement : mais je vous demanderai quelles
marques plus certaines, il eft poffible d'imaginer de l'efficacité de fa volonté, que la marche
conftante, non interrompue, invariable, que
le foleil, la lune, les autres mobiles du firmament ont toujours fuivie depuis le commencement du monde? Otez cette volonté efficace du
Créateur, il eft fimpoffible que ce bel ordre fe
foit jufqu'à ce temps invariablement confervé.
L'effet, & fur-tout l'effet le plus conftant, eft une
preuve fans replique de la volonté efficace dont il
émane. Or aucune créature ne peut rien contre
la volonté efficace & abfolue du Tout-puiffant :

donc

Donc aucune intelligence créée ne peut ni arrêter, ni interrompre, ni changer en manière quelconque, le cours d'aucun aftre. Je ne nie point que les efprits dégagés des entraves de la matière, n'ayent affez de force pour arrêter les globes céleftes ; mais ils n'ont point la force de s'oppofer aux volontés efficaces du Tout-puiffant ; il feroit tout-puiffant, & ne le feroit pas. Il faudroit donc qu'il leur permît d'ufer de leurs forces pour cet effet : mais s'il le leur permettoit, ce feroit une exception faite à fes décrets éternels & immuables. Ce feroit donc un miracle qu'il auroit opéré lui-même par une intelligence fubalterne, comme fon mîniftre, travaillant fous fes ordres. Un tel prodige prouveroit encore évidemment la divinité de la Religion en faveur de laquelle il feroit opéré.

Le Gent. Tout cela eft bien : mais mon objection ?

Le Théol. Encore un moment : elle aura fon tour.

La troifième claffe comprend certains faits, qui ne furpaffent point les forces créées, quant à la fubftance de l'action, quoiqu'ils les furpaffent, quant à la manière dont elle fe fait. Les maladies & les autres maux, qui ne font point abfolument irrémédiables, nous en fourniffent des exemples. On peut les guérir peu-à-peu, par les remédes naturels : mais les guérir fubitement, & par le feul commandement, ou par la feule ombre d'un homme, comme l'ombre de St. Pierre les guériffoit, c'eft un prodige. Ce prodige, néanmoins, les démons peuvent le fausser, ou en appliquant furtivement des causes actives, mais naturelles, dont ils connoissent l'efficacité, ou ôtant tout-à-fait la cause du mal, qu'ils avoient mise eux-mêmes.

Pour connoître si ce ne sont point des prodiges faussés par ces esprits trompeurs, il est nécessaire d'en examiner les circonstances, & la fin, pour voir si tout y est digne de Dieu. C'est suivant cette régle, qu'on a jugé, même anciennement, que des corps avec des particularités sur quoi l'Apôtre ordonne d'être muets; des corps, ou suspendus en l'air, ou faisant des sauts contraires à la pudeur, faisoient des tombeaux de prétendus Saints, des théâtres, où les démons transformés en comédiens lubriques, donnoient aux spectateurs des scènes remplies d'une charlatannerie très-dangereuse pour les bonnes mœurs, afin de joüer & les hommes trop crédules, & le Saint, soi-disant. Car il est clair que l'Etre infiniment sage, infiniment saint, cet Esprit, dont il est écrit que ses yeux sont infiniment plus purs que les rayons du soleil, ne pouvoit être l'auteur de ces spectacles, aussi boufons, que capables de faire rougir l'humanité. Mais comme les particuliers peuvent facilement être trompés dans l'examen de ces circonstances; les Catholiques croient, comme un article de foi, que Dieu a établi dans son Eglise un tribunal, qui n'est point sujet à l'erreur. C'est à ce tribunal qu'a recours quiconque n'est pas assez présomptueux pour ſe croire infaillible. Il faut dire la même choſe de tous les faits concernants la Religion & les mœurs, où il peut y avoir du doute, ſi c'eſt Dieu, ou ſon ennemi, qui a opéré l'œuvre qu'on croit merveilleuſe.

Enfin, votre objection a ſeulement ſa place dans la quatriéme claſſe, qui comprend des faits, qui le plus ſouvent ſont des preſtiges, quelquefois ſont des prodiges. Ils ſont des prodiges, quand ils ſe font vraiment contre, ou au-delà de l'exigence des agents naturels. Ils ſont des preſtiges quand ils ne ſe font qu'en apparence, contre, ou au-delà de cette exigence. C'eſt ainſi (comme on l'aſſure) que le démon ſemble quelque-fois rendre certains hommes ſes ſuppots invulnérables, parce qu'il ſait ſubtilement oppoſer aux coups, un obſtacle, que l'inſtrument nuiſible ne peut, & par conſéquent n'exige pas de pénétrer ; en empêchant en même-temps, par une courbure & une déclinaiſon ménagée à propos, que le rayon viſuel ne ſoit tranſmis de l'objet juſqu'à l'œil. C'eſt encore ainſi, que par ce ſtratagême illuſoire, il peut rendre certaines gens inviſibles, qu'il peut en introduire d'autres dans un endroit dont il leur ménage l'entrée, ſans qu'ils ſoient apperçus. J'accorde ce pouvoir aux Anges des ténèbres ; mais un batteleur, un charlatan habile, en feroit preſque autant dans ſes tours de ſoupleſſe.

De tout ce que j'ai dit, il réſulte 1° qu'aucun eſprit ſubalterne ne peut faire de vrais miracles. Je l'ai prouvé ; il ſuffit de vous rappeller une

de mes preuves. Le vrai miracle eſt une exception faite aux décrets de Dieu : or comme
ſes décrets dépendent uniquement de ſa volonté , ainſi les exceptions qui y ſont faites, dépendent uniquement de lui. Donc aucun eſprit
ſubalterne ne peut faire de vrais miracles , à
moins que comme cauſe inſtrumentale.

Il réſulte 2° que dans le cas, où quelque eſprit créé peut opérer des faits, qui ſoient en apparence miraculeux , l'apparence ne peut être
aſſez impoſante , pour qu'il n'y ait du moins
quelque moyen, par où un homme conſidéré
& prudent, puiſſe entre-voir ou ſoupçonner le
preſtige.

Je ſens que ce point demande quelques preuves plus particulières : je me borne à deux. Voici
la première.

Un Etre infiniment bon , & infiniment vrai,
ne peut nous avoir donné des régles de jugement qui nous induiſent invinciblement en erreur. Or le ſentiment intime convainc que
Dieu nous a formé avec un penchant ſi impérieux , ſi dominant à juger abſolument vraies
les choſes, où nous ne pouvons même entrevoir
le moindre ſujet de douter, que ce penchant
alors nous entraine néceſſairement. C'eſt-là une
régle , qui non-ſeulement nous dirige dans nos
jugements , mais qui nous domine, qui nous
néceſſite, qui par conſéquent nous induiroit invinciblement en erreur , dans le cas de mon ſecond corollaire. Donc Dieu ne peut permettre
ce cas.

Voici la seconde. Quand Dieu opére un vrai miracle, il nous dit virtuellement que cette merveille eſt un effet de ſa toute-puiſſance, & exige l'hommage de notre croyance ſur ce point. Vous ne pouvez vous diſpenſer d'admettre la vérite de ma propoſition, au moins au cas qu'il fit un vrai miracle. Donc puiſque dans le cas dont nous diſputons, l'on ne pourroit trouver aucune différence, ſelon vous, entre le vrai & le faux miracle, il y auroit dans l'un & dans l'autre, par rapport à nous, le même témoignage, ſavoir, la parole virtuelle de Dieu, qui, concourrant au faux miracle, nous atteſteroit virtuellement que c'eſt-là un effet de ſa toute-puiſſance. Donc, puiſque la choſe ſeroit fauſſe, Dieu lui-même nous tromperoit. Or il répugne à la vérité par eſſence de nous tromper. Donc il répugne que Dieu permette jamais le cas controverſé.

Il réſulte, enfin, & à beaucoup plus forte raiſon, que Dieu ne peut permettre à quelque intelligence que ce ſoit, de faire aucun faux miracle, en confirmation d'un faux dogme, ſans moyen de dévoiler le preſtige & l'illuſion.

Je tire ce corollaire de deux raiſons, encore plus directes & plus formelles, que tout ce que j'en ai déja dit. La véracité de Dieu me fournit la première. Dieu dans ce cas nous obligeroit à croire ce dogme, avec toute la certitude d'adhéſion que requiert l'authorité de la première, & eſſentielle vérité. Car il y oblige tout homme, quand il eſt certain moralement que c'est lui-même qui a parlé , & la chose seroit ici tout-à-fait moralement certaine, puisqu'on ne pourroit pas même raisonnablement soupçonner le contraire. Or il répugne à son infinie véracité de nous obliger à croire un faux dogme ; notre erreur rejailliroit nécessairement sur-elle. Donc il répugne que Dieu permette une telle illusion, en matière de dogme.

La seconde se prend de la Sainteté même de Dieu. La croyance d'un faux dogme , est un faux culte, une superstition : or il est diamétralement opposé à la Sainteté de Dieu, d'obliger les hommes à un faux culte, à la superstition ; il les y obligeroit cependant s'il permettoit qu'un miracle prétendu , fait en confirmation d'un faux dogme , fut revêtu d'une telle apparence de vérité , qu'on pût prudemment en douter. Donc il est diamétralement opposé à la Sainteté de Dieu , qu'il permette un tel miracle , dans de telles circonstances.

Le Gent. Vous ne pouvez pas vous plaindre de mon peu de complaisance. Laissez - moi en revanche faire encore un pas dans cette carrière, puis je change de batterie. Je reconnois avec vous qu'aucune intelligence créée ne peut opérer la résurrection d'un mort. Mais vous ne pouvez nier qu'elles ne puissent tellement affecter les sens des spectateurs, qu'un mort leur paroisse avec certitude rendu à la vie. Donc aucune résurrection n'est une preuve efficace , & sans réplique, de la vérité d'une Religion. Ce que je dis du miracle de la résurrection, je le dis à plus forte raison des autres miracles.

Le Théol. Ce que j'ai déjà dit pourroit suffire, pour renverser cet argument , qu'un Encyclopédiste, autant que me fournit ma mémoire, a autre-fois employé, comme son fort armé, pour soutenir la même thèse que vous. Il faut qu'il n'ait point été bien terrassé , puisque vous le faites reparoître dans l'arêne. Je vais donc essayer de lui donner le dernier coup. Je commence d'abord par vous nier tout net , ce que vous assurez ne pouvoir être nié. Non , je le dis hardiment, ce cas n'est pas possible. Une intelligence trompeuse, peut quelquefois fasciner nos sens, & leur faire illusion : mais Dieu ne peut permettre que la séduction soit de nature à ne nous laisser aucun moyen de l'appercevoir, surtout quand il s'agit d'authoriser par là une fausseté, en matière de Religion & de mœurs. Ma proposition est fondée sur deux raisons principales, que j'ajoûte à celles que j'ai déjà déduites.

La première, c'est que le Tout-puissant n'a pû se dépouiller des moyens les plus efficaces de nous manifester, comme il lui plaît, sa toute-puissance & ses volontés; il auroit par là lui-même donné des bornes à son pouvoir suprême, & par conséquent fait injure à une de ses perfections essentielles. Or s'il permettoit à quelque intelligence de causer l'illusion dont nous parlons, il se dépouilleroit par là des moyens les plus efficaces, pour nous manifester sa toute-puissance, & ses volontés : il n'en est pas de plus efficace, que les miracles; entre les miracles, la réſurrection d'un mort tient le premier rang : ce moyen néanmoins lui deviendroit tout-à-fait inutile , puiſqu'on pourroit , qu'on devroit même toujours douter , ſi ce ne ſeroit point un preſtige de quelque intelligence maligne & menſongère, qui nous ſéduit. On devroit, à plus forte raiſon, avoir le même doute ſur les autres miracles. Donc Dieu ne peut permettre la ſéduction dont nous parlons, ſur-tout en matière de Religion , ou de mœurs.

Le ſecond, c'eſt qu'il eſt tout-à-fait contraire à un gouvernement ſage , que celui qui en tient les rênes , permette que de ſon ſû , & pouvant facilement l'empêcher, ſes Miniſtres contrefaſſent tellement ſon ſceau , pour l'appliquer à de faux actes, mais importants, que les gens prudens & ſenſés ne puiſſent pénétrer cette inſigne fourberie. Or le gouvernement de Dieu dans l'univers, eſt d'une ſageſſe incompréhenſible , & les vrais miracles ſont le ſceau authentique & inconteſtable de ſes volontés ; ſceau que contreferoient de ſon ſû des intelligences inférieures, qui ſont ſes miniſtres , & même pour conſacrer par ſon authorité , des fauſſetés dans la la matière la plus importante, ſans que les gens les plus prudents puſſent pénétrer cette inſigne fourberie, ſelon le cas dont nous parlons. Donc il ſeroit tout-à-fait contraire au gouvernement du monde, & par conſéquent à la ſageſſe du Maître ſouverain, qui en tient les rênes, de permettre un tel cas.

Le Gent. Je vous tiens parole : je change de

moyens d'attaque. Mais vous ne gagnerez rien au change. J'en ai en mains un autre d'autant plus accablant, que c'eſt un fait avoüé même dans le livre de l'Exode, que vous regardez comme divin.

Moïſe y dit, chap. VII & VIII, que les Magiciens de Pharaon firent, de même que lui, les trois premiers prodiges qu'il opéra. Or, ſelon vous, ces trois premiers prodiges étoient de vrais miracles ; donc les Magiciens de Pharaon firent de vrais miracles, & même pour une mauvaiſe fin. Donc les vrais miracles ne prouvent point la divinité de la Religion, que vous dites révélée.

Le Théol. Si votre moyen d'attaque eſt accablant, comme vous le dites, il ne le peut être aſſurément que pour vous ; car ſi la baſe de votre raiſonnement croule, il faut que tout votre raiſonnement s'écroule ſur vous-même. Je le juge cependant trop léger, pour vous accabler. Sondons-en la baſe. C'eſt votre propoſition majeure : j'y trouve du premier coup d'œil trois fauſſetés.

Première fauſſeté. Les enchanteurs de Pharaou ne firent point les trois premiers prodiges, de même que Moïſe, quant à la ſubſtance. Vous fondez ſans doute votre prétenſion ſur ces paroles de l'Exode, *fecerunt ſimiliter* : les Magiciens firent de même. Mais il eſt évident que ces mots, dans les circonſtances où ils ſont placés, ne ſignifient qu'une reſſemblance très-imparfaite, & quant à quelques apparences : ſens qu'ont si bien saisi les Septante, qu'ils ont rendu le mot hébreu, que notre Vulgate interpréte *incantatores*, enchanteurs; par le mot grec *sophiftas*, sophistes : pour faire sentir que tout ainsi qu'un sophisme n'a que l'apparence éblouïssante d'un vrai raisonnement; de même leurs enchantements n'eurent que l'apparence imposante des vrais prodiges. Il est manifesté, par exemple, que quand Moïse couvrit toute l'Egypte par une ébullition immense de grenouilles, qui remplissoient même toutes les maisons, sans en excepter le Palais du Roi, & infectoient tout; les Mages Egyptiens (car c'est encore le nom que leur donne le texte sacré) les Mages Egyptiens n'en firent point éclore une telle quantité, autrement ils auroient doublé le fléau de l'Egypte, ce que ni le Roi, ni le peuple ne leur eut pardonné. Il est encore manifeste que quand le chef des Hébreux changea en sang toutes les eaux du fleuve, des ruisseaux, des marais; les Magiciens ne purent opérer le même changement : il auroit fallu pour cela, qu'il ne fut point encore fait, ou qu'ils le détruisissent pour le rétablir ensuite; ce qu'ils n'oserent pas même tenter : mais venons au détail.

Les enchanteurs Egyptiens ne firent point le premier prodige, de même que Moïse quant à la substance. 1° La substance du prodige qu'opéra ce conducteur du peuple choisi, ne consista pas seulement dans la transmutation de sa verge en serpent, mais principalement en ce que le serpent qu'il avoit produit, pour marquer la supériorité du pouvoir qui le faifoit agir, dévora les ferpens des Magiciens, quoiqu'en plus grand nombre. Il ne faloit que des yeux pour fentir la différence, & la fupériorité de puiffance. 2° La production du ferpent de Moïfe fut réelle, felon tous les Peres & les Interprêtes, que je ne cite que comme les juges les plus éclairés, & les plus verfés dans l'intelligence des écritures. La prétendue production des ferpents par les Magiciens de Memphis, au fentiment unanime de ces mêmes juges, ne fut qu'une illufion trompeufe des fens, qu'ils expliquent, à la vérité, de différente manière : mais le fentiment le plus probable eft, que les efprits féducteurs qui préfidoient à l'enchantement, enlevèrent tout-à-coup les baguettes, & fubftituèrent à leur place des ferpents recueillis fur les bords du Nil : il ne leur falloit, à caufe de leur agilité, qu'un inftant pour cela, & une courbure donnée aux rayons vifuels. Voilà tout le myftère. Or, en tout genre, le fentiment unanime de tous les Savans, forme une évidence au moins morale : donc il eft évident, au moins moralement, que les enchanteurs ne firent point de même que Moïfe, le premier prodige, quant à la fubftance. Donc votre objection prétendue accablante, eft fans aucun poids.

Ce fut dans le troifième prodige le même jeu impofteur, qui fit paroître de la part des Magiciens quelques grenouilles, pour contrafter avec cette multitude infinie qui s'en étoit formée au feul commandement du légiflateur Hébreu.

Pour le second prodige ; il s'ensuit de ce que j'ai dit, que les enchanteurs ne donnèrent la couleur de sang qu'à une petite partie d'eau tirée de quelques puits ; car il n'y avoit que les puits, qui ne fussent pas changés en sang. Mais comme l'Ecriture les appelle encore des empoisonneurs, ils connoissoient certains ingrédiens propres à faire prendre à l'eau la teinture du sang. Les joueurs de gobelets font tous les jours de semblables tours.

Seconde fausseté. Les enchanteurs du Roi d'Egypte ne firent point les trois premiers prodiges de même que Moïse, quant à l'authorité & aux motifs : autre différence essentielle. Moïse parloit au nom du Très-haut, il agissoit en qualité de son envoyé, il opéroit les merveilles les plus frappantes, pour le faire connoître & adorer par un peuple ridiculement superstieux, pour obliger un tyran rebelle à courber sa tête orgueilleuse sous le joug de l'obéissance dûe à ce Souverain des êtres, pour délivrer le peuple d'Israël de la tyrannie cruelle, où il gémissoit. Voilà l'authorité, voilà les motifs qui caractérisoient ses miracles. Rien en tout cela qui ne soit digne de Dieu ; rien qui n'annonce l'œuvre du Tout-puissant. Par conséquent ce prodige avoit tous les caractères essentiellement requis pour le vrai miracle. Au contraire les Magiciens agissoient ouvertement contre l'Etre des êtres qu'annonçoit Moïse ; la fin de leurs prodiges séducteurs, étoit d'entretenir l'Egypte dans ses ridicules superstitions, d'endurcir Pharaon dans son obstination

nation, & sa rebellion contre les ordres du souverain Maître, de retenir dans la plus dure, & la plus injuste captivité, un peuple libre & favorisé du Ciel : autant de circonstances qui répugnent essentiellement au vrai miracle. Or il est évident, qu'une œuvre qui a tous les caractères essentiels du vrai miracle, & une œuvre qui a tous les caractères essentiellement répugnans au vrai miracle, ne font point le même prodige. Donc il est évident que les enchanteurs du Roi d'Egypte, ne firent point les trois premiers prodiges de même que Moïse.

Troisième fausseté. Les enchanteurs du Roi d'Egypte ne firent point les trois premiers prodiges de même que Moïse, quant à la manière qui est essentielle au vrai miracle : troisième différence essentielle.

C'est une condition indispensablement requise pour le vrai miracle, qu'il se fasse d'une manière où les hommes prudens & considérés, ne puissent méconnoître le doigt de Dieu. Sans cette condition, Dieu qui nous parle par les vrais miracles, qui font la voix éclatante de la Divinité, nous parleroit en vain. Or dans les prodiges faits par Moïse, aucun homme prudent & attentif, ne pût méconnoître le doigt de Dieu : dans le quatriéme prodige, les imposteurs Egyptiens furent forcés de s'écrier, même en présence du Monarque, c'est ici le doigt de Dieu, *digitus Dei est hîc*. Il est d'ailleurs visible que le quatriéme prodige se faisant en confirmation des trois précédents, Dieu ne pouvoit l'opérer par Moïfe, fans attefter au moins implicitement, que c'étoit lui, qui, par le même organe, avoit opéré les trois autres. Tout eft oppofé dans la manière dont les enchanteurs firent leurs prétendus prodiges : ils dûrent avoüer eux-mêmes virtuellement, qu'ils n'opéroient point par un pouvoir divin. Donc les enchanteurs du Roi d'Egypte, ne firent point les trois premiers prodiges de même que Moïfe, quant à la manière.

J'ajoûte une remarque, qui eft la confirmation de ma réponfe. C'eft que dans le quatriéme prodige, le texte de l'Exode ufe encore de ces paroles : *feceruntquè fimiliter*, ils firent de même. Or il eft évident que ces paroles ne fignifient dans cet endroit, qu'une reffemblance imparfaite, une tentative de faire la même chofe; puifqu'ils furent obligés d'avoüer leur impuiffance. Donc l'objection fondée fur ces paroles, eft vaine, & ne porte fur rien.

Le Gent. Ne pourroit-on pas dire, qu'à la vérité le pouvoir de Moïfe étoit fupérieur à celui des Magiciens; mais que cette fupériorité provenoit de ce qu'il étoit plus habile dans l'art des enchantements?

Le Théol. Un nouvel Encelade, plus coupable que le premier, a en effet de nos jours vomi cet horrible blafphême contre Dieu, & contre Moïfe. Mais fi la fureur la plus aveugle ne lui eut fermé les yeux, il auroit vû, l'impie, que Dieu ne donnant alors aucun moyen d'entrevoir le preftige, au contraire, donnant aux merveilles de Moïse tous les caractères du vrai miracle, il eût été lui-même l'auteur de l'erreur des Egyptiens & des Hébreux, selon ce qui a été démontré plus haut. Il auroit vû que les démons qui président aux enchantements, étant les mortels ennemis de Dieu, affectant eux-mêmes, par un orgueil qui leur est comme naturel, de paroître aux yeux des foibles mortels autant de Divinités; ils ne pouvoient être les auteurs des prodiges, qui assurassent au seul Maître du Ciel & de la Terre, les prérogatives de la Divinité, le culte & l'amour qui lui est dû; que c'étoit là faire un monstrueux assemblage de chimères; un-Dieu, qui ne fut pas Dieu; une vérité par essence, qui fut trompeuse, c'est-à-dire, une vérité indéfectible, qui ne fut pas vérité; des démons implacables ennemis de Dieu (car c'est à eux seuls qu'appartient l'enchantement) qui cependant procurassent son culte, lui fissent rendre & l'obéissance & l'amour qui lui sont dûs, c'est-à-dire, qui fussent tout-à-la-fois & ses ennemis implacables, & ses amis les plus ardents; des démons peres de l'orgueil, qui cependant dissuadassent les hommes de leur rendre les honneurs divins; qui voulussent paroître autant de divinités, & qui fissent en même-temps des prodiges éclatants, pour prouver qu'il n'y a qu'une seule divinité. Que l'impiété est féconde en extravagances, & qu'on s'égare pitoyablement quand on suit un guide aussi infidèle! O siècle de lumière, que tu és ténébreux!

Le Gent. Mon objection m'avoit d'abord paru de grand poids ; je vois avec honte que ce n'eſt qu'un entortillement de contradictions entaſſées les unes ſur les autres.

Le Théol. Vous rencontrerez peut-être mieux dans la diſcuſſion de la Religion révélée, où cette introduction nous a inſenſiblement conduits.

Le Gent. L'efficacité des vrais miracles, pour prouver la révélation, étant une fois démontrée ; je commence à me défier un peu de ma cauſe.

DISSERTATIONS

Sur la Religion Revele'e.

Le Théol. IL eſt d'abord néceſſaire dé diſtinguer trois états dans lesquels on doit regarder la Religion.

Le premier, qui fut comme ſon berceau, comprend tout l'eſpace de temps qui s'écoule depuis Adam, le premier pere de tous les hommes, juſqu'à Moïſe. On appelle communément cet état la loi non écrite, ou la loi de nature, parceque ſa principale baſe etoit la lumière naturelle : car elle n'étoit point ſans l'appui de quelques révélations ; telle, par exemple, fut la promeſſe d'un Meſſie, libérateur de toute la poſtérité d'Adam ; promeſſe dont la mémoire ſe conſerva d'âge en âge parmi les Hébreux, par une tradition conſtante, non interrompue, dont on ne ſauroit remonter à la fource qu'en remontant à celle de tout le genre humain. Interrogez les Docteurs de la nation dans leur Thalmud , foit le Babilonien , foit le Jerofolimitain, foit dans l'abrégé qu'en a fait le fils de Maimon, livres qui contiennent la tradition du peuple Juif ; & vous verrez que par un fuffrage réüni , ils font remonter cette tradition au prémier âge du monde.

Le fecond état de la Religion commence à Moïfe, lorfque ce célébre légiflateur configna dans fon Pentateuque la loi qu'il avoit reçue de Dieu, pour la direction des enfans de Jacob , dans les différentes révélations qui lui en furent faites. Ce fut comme l'enfance de la Religion fous la loi ancienne , ou mofaïque , qui étoit comme fon pédagogue , felon l'expreffion de St. Paul, pour la conduire à la loi évangelique , qui devoit en être la perfection & la confommation.

Le troifiéme état commence à la prédication de Jefus-Chrift , le Défiré des nations, qui devoit perfectionner & mettre la dernière main à ce que Moïfe n'avoit, pour ainfi dire , fait qu'ébaucher. C'eft-là comme l'âge viril de la Religion, qui doit durer jufqu'à la confommation des fiècles. C'eft-là ce qu'on appelle la loi chrétienne, la loi nouvelle , la loi de grace , qui n'oblige point un feul peuple , comme la loi ancienne , mais qui s'étend généralement à tous les peuples, à tous les temps, puifque le Meffie, qui en eft l'auteur, devoit être le docteur , l'efpoir , la lumière , le falut , l'attente de toutes les nations.

Le Gent. Je fais que cette expofition eft conforme aux fentiments du Chriftianifme ; & fi avancer, c'étoit prouver, dès ce moment tout feroit dit, tout feroit fait. Mais fur quels fondements folides appuyez-vous la divinité de la Religion Mofaïque, & de la Religion Chrétienne ? C'eft ici le nœud de la queftion.

Le Théol. Nœud qui n'eft pas fi difficile à défaire, que vous femblez le croire. Je vais commencer par la loi ancienne ; je confacre cette differtation à en bien établir la divinité. Et puifque cette loi eft confignée dans le Pentateuque de Moïfe, je vous montrerai premièrement, que tout ce qu'il y a, au moins de plus important * dans ce code de la loi Mofaïque, eft exactement vrai ; enfuite je vous ferai voir qu'il eft divin.

Vous me demanderez peut-être fur quoi fondé j'attribue le Pentateuque à Moïfe ? La chaîne de la tradition du peuple Juif jufqu'à nos jours, fans qu'aucun de fes chaînons fe foit jamais démenti, forme elle feule une démonftration de cette vérité. Ajoûtez-y les Démonftrations d'Eufébe, du favant Evêque d'Avranches, d'Abadie, du P. Fraffen, & de plufieurs autres Savans, vous aurez l'évi-

---

* Quoique le Pentateuque foit exactement vrai dans tout ce qu'il contient, fans exception ou limitation quelconque ; on fe borne néanmoins ici à démontrer aux incrédules la vérité inconteftable des points principaux ; parce que cela fuffit pour la conclufion qu'on veut tirer, & que c'eft à ceux-là que s'attaquent ces Meffieurs, furtout aux miracles, qu'ils s'efforcent de rendre fufpects de fuppofition.

» dence la plus compléte. Ainsi je ne crois point
» devoir insister sur cet article ; les deux autres
» sont plus importants, & doivent fixer notre at-
» tention.

Le Gent. Ils piquent trop ma curiosité, pour
que je ne m'y rende pas extrêmement attentif.

DISSERTATION PREMIERE,

Sur la Loi Mosaïque.

Le Théol. IL faut prouver la vérité & la divinité des Livres de Moïse. Je par-
tage la matière en deux articles.

ARTICLE PREMIER.

JE dis donc que le Pentateuque est exactement vrai dans tout ce qu'il contient, au
moins quant à ce qu'il y a de plus important.*
Deux démonstrations suffiront pour mettre cet
article à l'abri de toute insulte, & même de tout
doute raisonnable : mais la première doit être
nécessairement assez longue, & en renfermer
plusieurs.

Le Gent. Je m'y attends bien.

Le Théol. On doit regarder comme des vérités
incontestables, des faits où l'œil le plus critique
ne peut pas même trouver l'ombre d'un fonde-

* Voyez la note ci-dessus.

ment légitime d'en fuſpecter la réalité : or tels ſont les faits que contient le Pentateuque : donc ils doivent être regardés comme des vérités inconteſtables. La preuve de ma ſeconde propoſition ſe diviſe néceſſairement en pluſieurs branches.

1° Ces faits n'offrent pas même l'ombre d'un ſoupçon raiſonnable de fauſſeté, du côté de celui qui les rapporte. Cet Ecrivain n'a pû ni être trompé, ni être trompeur. Il n'a pû être trompé : il écrit des faits paſſés de ſon temps, & ſous ſes yeux ; des faits d'une publicité la plus générale & la plus manifeſte ; des faits où il avoit eu la principale part. Il n'a pû être trompeur. On ne le peut être, ſur-tout en matière importante, ſans eſpoir d'un intérêt, qui ſoit le mobile, & comme l'ame de la fourberie ; c'eſt un proverbe univerſellement reçu, *Nemo gratis malus*. Mais quel intérêt pouvoit avoir en vûe Moïſe ? Etoit-ce celui de s'enrichir & de s'agrandir ? Il lui auroit été facile de ſe faire Roi d'un peuple qui n'avoit aucun autre chef que lui ; & il ne voulut pas la moindre Principauté : bien plus, il ne voulut pas même que la dignité de ſouverain Pontife fut dans ſa poſtérité ; il la fit paſſer dans une autre race. Etoit-ce l'intérêt de ſa propre gloire ? Il faut avoüer que s'il l'avoit en vûe, cet homme que les Déiſtes reconnoiſſent eux-mêmes comme un grand génie, étoit un grand fou. Il fuit en tout le chemin le plus oppoſé à la gloire : il révéle ſes défauts les plus cachés ; on ne ſavoit pas qu'il eût été incredule, quand Dieu lui commanda de faire fortir une fource d'eau vive , en frappant un rocher ; & il a foin d'en informer lui-même fes lecteurs. Dans les fentiments qu'on lui prête, il auroit voulu fe faire paffer pour un faint homme, & en affurant à un peuple immenfe qu'il a fait en fa préfence les faits merveilleux qu'il raconte, il ne pouvoit manquer, fi la chofe étoit fauffe, de fe faire paffer pour l'homme du monde le plus fottément vain , pour le menteur le plus impudent, pour un facrilège, qui fe donnoit pour l'envoyé du Très-Haut, tandis que le contraire eût été évident. Eft-ce ainfi qu'on court à la gloire ? Un ambitieux qui veut captiver l'eftimé de la multitude, s'efforce de s'infinuer adroitement dans fon efprit ; il mandie fon fuffrage en la flattant, en fe rendant agréable & complaifant. Moïfe prend tout le contre-pied ; il charge le peuple Juif des reproches les plus fanglants ; il l'accufe de l'ingratitude la plus criante envers Dieu ; il l'appelle un peuple opiniâtre, dur de tête, rebelle continuellement à la voix de fon Créateur. En un mot, un Auteur peint, fans y penfer, fon caractère dans fes écrits ; les livres de Moïfe, dans leur ftyle fimple, négligé, éloigné de toute affectation d'érudition, nous peignent la fimplicité, la candeur, la modeftie de leur Auteur ; il ne refpire par-tout que la piété & l'innocence.

2° Les faits contenus dans le Pentateuque font pour le moins autant à couvert de tout foupçon de fauffeté, fi l'on regarde la nature même des chofes qui y font rapportées. Ce font des faits où la fiction, la fraude, même la furprife, ne pouvoient avoir le moindre lieu; des faits les plus évidents, opérés aux yeux de tout le monde; des faits de nature à attirer néceffairement l'attention & l'admiration de chacun des fpectateurs. Il faloit perfuader à plus de fix cens mille hommes qu'ils avoient été témoins de cette nuée affreufe, ou de mouches de différentes efpéces, ou de fauterelles, qui vînt infefter toute l'Egypte, de cette grêle épouvantable qui fracaffa les arbres & les plantes, de cette pefte meurtriére qui s'attachoit indifféremment à tous les corps, tandis que rien de tout cela ne pénétroit dans la terre de Geffen, où étoient les Ifraëlites; de ces ténébres fi épaiffes qu'on ne put rien diftinguer en Egypte, pendant trois jours, tandis que la lumière éclairoit à fon ordinaire les tabernacles de Jacob; de cette nuit fanglante où ils furent encore épargnés, lorfque l'Ange exterminateur mettoit à mort tous les premiers nés de l'Egypte, depuis l'enfant né fous le chaume, jufqu'a celui qui l'étoit fur le trône. Il faloit encore leur perfuader qu'ils avoient vû les eaux de la mer rouge fe divifer, pour leur faire un paffage dans le fein des ondes, qui perdant toutà-coup leur fluidité formérent de part & d'autre une efpéce de rampart, pour laiffer paffer à fec cette armée innombrable avec les dépouilles de l'Egypte, fluidité qu'elles reprirent peu après pour enfevelir dans leurs gouffres, & Pharaon & toute fon armée, qui étoit à leur pourfuite;

qu'ils avoient vû cette nuée fulminante, qui couvrit le mont Sinaï, tout fumant du feu qu'elle contenoit, & qui s'annonçoit par l'éclat des éclairs, par le bruit du tonnerre, signes effrayans, mais bien éloquents de cette redoutable Majesté, qui y parloit à son envoyé pendant quarante jours, sans que le feu fit d'autre effet sur lui, que de lui rendre la face toute resplendissante de lumière ; qu'ils avoient entendu en même-temps le bruit formidable d'une trompette, & une voix éclatante qui dictoit la loi du Seigneur à leur conducteur. Il faloit enfin leur persuader, qu'ils voyoient encore tous les jours cette co-lomne miraculeuse de nuée, qui par son opa-cité les défendoit dans leurs marches des ardeurs du soleil, durant le jour, & leur servoit de guide par sa lumière éclatante dans les ténébres de la nuit ; qu'à leurs yeux la terre s'en-trouvrit tout-à-coup pour engloutir Coré, Da-than & Abiron avec toute leur famille, qu'un feu vengeur, qui en sortit, dévora en même-temps deux cens cinquante Lévites qui s'étoient révoltés avec eux contre Moïse, que ce chef du peuple avoit auparavant prédit ce terrible évé-nement, comme une marque authentique de la divinité de sa Mission. Que chaque jour le ciel faisoit pleuvoir, dans leur camp, la manne, pour les nourrir ; pain céleste, qui étoit un mi-racle continuel, & qui renfermoit lui - même plusieurs miracles à la fois ; qui ne pouvant par sa nature être conservé jusqu'au lendemain, sem-bloit perdre cette qualité naturelle pour le seul jour du Sabbat, où ne tombant point, il étoit nécellaire que la manne du jour précédent pût se conferver; qui la perdoit encore d'une manière beaucoup plus prodigieufe, en devenant tout-à-fait incorruptible, renfermé dans le tabernacle, où on le confervoit comme un monument éternel des miféricordes du Seigneur. Or il eft impoffible de perfuader, je ne dis pas à un peuple auffi nombreux, mais à un petit nombre même de perfonnes prudentes, qu'ils ont vû s'opérer en leur préfence de tels faits, & mille autres plus furprenants, s'ils ne l'avoient point vû effectivement. Donc, il eft impoffible de trouver même un foupçon légitime de fauffeté dans les faits rapportés par Moïfe.

3° Ces faits font encore très-éloignés de tout foupçon raifonnable de fauffeté, fi l'on envifage la nature de la loi qu'ils établiffoient, & le caractère du peuple qui devoit la recevoir.

La loi Mofaïque étoit un joug très-onéreux de mille obfervations légales, dont la première & comme le fondement des autres, étoit la circoncifion, cérémonie très-douloureufe, & très-gênante; loi qui puniffoit du dernier fupplice des infractions, qui paroiffoient affez légéres, comme de ramaffer un peu de bois un jour de Sabbat. Loi qui interdifoit très-expreffément la moindre apparence d'Idolatrie, à un peuple que le penchant le plus impérieux y entraînoit. Loi qui obligeoit très-étroitement une nation, dont la paffion dominante étoit l'amour le plus vif, le plus ardent pour le gain, à obferver religieufement

ment

ment des Sabbats, non feulement de jours, mais d'années , où les champs & les cultivateurs oififs ne laiffoient aucune efpérance de récolte ; bien plus , des Sabbats même de femaines, d'années , où les poffeffions , quoique légitimement acquifes , devoient retourner à leurs anciens maîtres. Mais encore quel peuple devoit s'affujettir à un joug fi contraire à fes inclinations ? Etoit-ce un peuple d'un caractère foumis & flexible ? On ne peut nier qu'il ne fût d'un génie très-indocile , très-réfractaire , très-opiniâtre & rebelle. Quels motifs auroit-il eu pour s'y foumettre ? De prétendus bienfaits de Dieu ? des prodiges , qu'il auroit fu évidemment n'être que les factions impudentes d'un homme fourbe & impie ? d'un impofteur, qui loin de le gagner par des careffes & des manières engageantes, lui faifoit les plus accablants reproches , venoit même de priver avec opprobre de leur droit d'aîneffe, deux célèbres Tribus, celle de Ruben, & celle de Lévi ? Certes , il faudroit qu'ils fe fuffent dépouillés de leur naturel, il faudroit qu'ils n'euffent plus été hommes , pour prendre fans autres raifons , avec des difpofitions fi contraires , un parti fi affujettiffant, pour ne point dire fi accablant. Mais il eft évident qu'ils ne fe font point dépouillés de leur nature : il eft donc évident qu'on ne peut raifonnablement révoquer en doute , les faits miraculeux avancés dans le Pentateuque. D'où je conclus ultérieurement que le Pentateuque eft exactement vrai dans tout ce qu'il contient , au moins de

T

plus important. Que vous semble, Monsieur, de cette démonstration ?

Le Gent. Elle me donne beaucoup à penser.... Mais continuez.

Le Théol. Je viens donc à ma seconde démonstration. Quand bien même j'accorderois aux incrédules, contre toute évidence, que les Israëlites n'eussent point réclamé contre Moïse, comme contre un imposteur impie, s'il avoit eu l'impudence de leur vanter des prodiges reconnus publiquement pour faux, non-seulement comme véritables, comme opérés sous leurs yeux ; mais encore comme les motifs puissans qui devoient les porter à se soumettre au pesant fardeau des cérémonies légales : au moins il est évidemment contraire à la nature, & au caractère de l'esprit humain, qu'après la mort du séducteur, il ne s'en soit point trouvé plusieurs, qui ayent découvert l'imposture à leurs neveux, & que par là le Pentateuque ne soit tombé dans un discrédit & un mépris général ; sur-tout, quand ce peuple, comme il est arrivé souvent, tomba dans l'idolâtrie ; sur-tout, quand sous la conduite de Jéroboam, dix Tribus secouèrent le joug de la maison de David, & s'éloignèrent des deux autres, tant d'inclination que d'intérêt ; & même pour le culte. Or dans toute la chaîne continuelle des générations qui s'écoulèrent depuis Moïse, jusqu'à nos jours, il ne s'est trouvé personne parmi les Hébreux, qui ait jamais révoqué en doute les prodiges rapportés dans le Pentateuque, non pas même quand ils donnèrent dans le culte superstitieux des Idoles ; non pas même quand ils s'attachèrent à Jéroboam, quoi qu'il fut de l'intérêt des Rois d'Israël que tous ces faits miraculeux, qui retenoient encore quantité de leurs sujets dans les rits & les observances la loi Mosaïque, passassent pour fabuleux ; non pas même parmi les Sadducéens, qui vraisemblablement étoient de vrais Athées. Donc il est évidemment contraire à la nature de l'esprit humain, & par conséquent à la raison, de suspecter la vérité des prodiges rapportés dans le Pentateuque.

Le Gent. C'est un stratagême commun à tous les législateurs, de vanter de prétendus entretiens avec une Divinité, qu'ils faisoient auteur de la loi qu'ils vouloient établir. Témoins les colloques nocturnes & clandestins de Numa, avec la Nymphe Egérie ; ceux de Minos avec Jupiter ; ceux de Mahomet avec l'Ange Gabriël. Donc ce que rapporte le législateur des Hébreux, du commerce particulier qu'il avoit avec Dieu, doit nous rendre tout le reste suspect à juste titre.

Le Théol. La différence entre Moïse & ces législateurs est si frappante, que je ne suis pas peu surpris, que vous ayez le courage de me faire cette objection. Les prétendues conférences que feignirent ces imposteurs, se passoient dans les ténébres, sans témoins, sans prodiges qui les constatassent ; l'auteur du récit devoit en être cru sur sa seule parole. L'opposition est évidente en tout ce que rapporte Moïse, de ses intimes communications avec Dieu. C'étoit en plein jour, à la vûe de tout un peuple, qu'elles fe pafloient; il y avoit autant de témoins que d'hommes dans la nation; le Tout-puiffant lui-même les rendoit d'une authenticité la plus générale & la plus inconteftable, par les témoignages les moins équivoques, par les marques les plus éclatantes de la puiffance fuprême, qui y imprimoit le fçeau de la vérité. Chacun voyoit le mont Sinaï tout étincelant de feux; chacun entendoit le bruit formidable du tonnerre, & la voix de la Majefté Souveraine, qui y dictoit fes oracles. La lumière miraculeufe, que fon intime communication avec Dieu avoit fait rejaillir fur la face de Moïfe, frappoit tous les yeux : perfonne, qui ne vît le tabernacle tout-à-coup couvert d'un nuage, qui marquoit la préfence du Seigneur, toutes les fois que fon envoyé alloit l'y confulter. Que de prodiges ne fit-il point lui-même pour prouver la divinité de fa Miffion ? Le feul châtiment de Coré, Dathan, Abiron & des autres qui avoient ofé la lui contefter ; châtiment prédit auparavant, n'en fut il pas une preuve bien éclatante ?

Le Gent. Quels témoins m'apportez-vous-là, pour appuyer la réalité de ces faits fi difficiles à croire ? Un peuple groffier, à qui Moïfe, homme de beaucoup d'efprit, a pû facilement en impofer.

Le Théol. Groffiers tant qu'il vous plaira ; il n'étoit pas poffible de leur perfuader qu'ils avoient vû des prodiges, de nature à faire la plus vive impreſſion ſur les ſens, s'ils ne les avoient pas vûs en effet. Mais les incrédules ſont bien loin de leur compte, quand ils nous repréſentent les Hébreux, comme une nation toute compoſée d'idiots & d'imbécilles ; il y avoit parmi eux de grands génies, à qui il ne manquoit qu'un peu plus de culture. Les Joſué, les Caleb, les vieillards que Moïſe s'aſſocia pour l'adminiſtration de la juſtice, étoient-ils à votre avis, des gens ſans eſprit ? Comptez-vous pour rien les Lévites & la race Sacerdotale, deſtinée à l'étude des Loix & de la Religion ?

Le Gent. J'en conviens, mon objection n'eſt point de miſe, mais auſſi convenez que ces ſortes de faits ſont d'une antiquité très - reculée. Or dans le laps de cette longue ſuite de temps, qui me répondra qu'ils n'ont point été altérés & falſifiés ? Donc on ne peut raiſonnablement faire aucun fond ſur ces ſortes de faits.

Le Théol. Votre argument pourroit impoſer, ſi l'on perdoit de vûe les réflèxions ſuivantes.

1° Ces faits étoient, partie préſents, partie peu éloignés de ceux pour qui ils furent écrits. 2° Ils étoient très intéreſſants, très-frappants, très-propres à attirer toute l'attention de la multitude ; par conſéquent on ne pouvoit, là-deſſus, la ſurprendre, ni lui impoſer. 3° Ils ſont encore aujourd'hui équivalemment préſents, tant par la perpétuité d'une tradition conſtante, & la chaîne non interrompuë de tant de générations qui ſe les ſont tranſmis l'une à l'autre, depuis le temps de Moïſe, que par les monuments publics que les Hébreux avoient coûtume d'ériger, ou les fêtes qu'ils instituoient, pour consacrer à jamais la mémoire des événements les plus mémorables. Quand des faits, même très-anciens, ont de telles conditions, & de tels garants; en douter, c'est faire injure à la raison & au bon sens.

Le Gent. L'évidence morale perd de son éclat, à proportion que l'origine des faits est plus éloignée ; comme la lumière, réfléchie par un objet dans le lointain , perd beaucoup de sa force. Par conséquent, les prodiges rapportés dans le Pentateuque, ne passent point les bornes de la probabilité en venant jusqu'à nous. Donc sans faire murmurer ni la raison, ni le bon sens, on peut douter de leur réalité.

Le Théol. Il faut avoüer que l'incrédulité est bien ingénieuse à se faire illusion. Sur ce pied, les faits historiques les mieux constatés, ne seront plus que probables par rapport à nous : donc on pourra douter qu'il ait jamais existé un Alexandre, vainqueur de l'Asie ; un Jules-César, qui ait soumis les Gaules ; qu'Octavien , qui prit le nom d'Auguste, ait été le premier Empereur Romain ; qu'il y ait même jamais eu un Empire Romain. De quel œil regarderiez-vous un homme qui débiteroit pareilles réveries ? Ne le croiriez-vous point digne des petites-maisons ? Non, non, l'évidence morale ne perd rien de sa force par le laps des tems qui se sont écoulés depuis son origine : au contraire, je puis dire qu'elle augmente. En effet, puisqu'elle est fondé fur le témoignage général de tous les hommes, quand elle eft du premier ordre ; plus le nombre des hommes qui y adhèrent augmente, plus elle doit croître. Or il augmente par la progreffion de la tradition & des générations qui la reçoivent : donc elle doit croître à proportion. Je dis plus , & je foutiens qu'une telle évidence, quoique phyfique dans fon origine , eft réductivement métaphyfique. Faifons-en l'analyfe. Le caractère naturel de l'efprit humain eft d'être fort libre & fort partagé en fait d'opinions. Tellement qu'il répugne à fa nature que la généralité unanime des fuffrages entre tous les hommes, même d'un fiècle , foit enlevée autrement que par l'évidence. Or ce qui répugne à la nature , ne fe peut faire fans pordige ; & il eft métaphyfiquement certain, que Dieu ne peut faire aucun prodige pour nous tromper ; ce qui arriveroit cependant dans le cas dont nous parlons. Donc il eft métaphyfiquement certain que l'évidence morale du premier ordre, ne peut être fufceptible de fauffeté. Donc , par une conféquence ultérieure , elle fe réduit analytiquement à la certitude métaphyfique.

Le Gent. Les faits des Dieux de la Fable , fi vantés par les Poëtes, par exemple , la naiffance d'un Jupiter , le triomphe de Bacchus , les apparitions de diverfes Divinités, ont eu auffi pour garants la tradition , les monuments des fêtes établies , & des jeux fcéniques. Or l'on reconnoît à préfent tous ces faits comme fabuleux.

Donc on peut dire la même chose des prodiges vantés par le Pentateuque.

Le Théol. Le blanc ne diffère pas plus du noir, que ces deux sortes de traditions diffèrent entre-elles. Elles sont diamétralement opposées quant à leur origine, quant à la manière dont elles furent transmises, quant à la nature des faits. Quel Auteur contemporain, quels témoins cite-t-on pour garants de la tradition payenne? Homère, le seul Homère, de beaucoup postérieur aux temps où l'on commença à parler de ces Divinités fabuleuses, paroît avoir été la source où l'on a puisé toutes ces prétendues merveilles. Ce fut là le pere de la Théologie payenne, & de toute la Mythologie : ce fut lui qui donna le ton aux autres Poëtes. Mais les ouvrages d'Homère n'étant qu'un tissu d'allégories & de fables, il est nécessaire que la tradition dont ils sont l'unique fondement, soit elle-même une fable. Moïse n'écrit que ce qu'il a vû, que des faits opérés par son moyen, comme instrument & organe du Très-Haut ; il cite pour témoins oculaires plus de six cens mille hommes : quelle énorme différence ?

Par quel canal fut transmise cette tradition superstitieuse ? Par les Poëtes, qui se firent un mérite de se mouler sur Homère, & même d'enchérir sur lui par leurs fictions. Au contraire rien de moins d'accord que les Historiens & les Critiques, touchant les noms, les personnes, les lieux & les temps de ces Divinités factices. Disons mieux, ils ne tombent presque d'accord que fur un point, favoir, que toute cette multiplicité de noms ne défigne qu'un feul & même Dieu, que les uns difent être Jupiter, les autres le Soleil. Vous vous convaincrez de cette vérité en lifant le chapitre dixieme de la Démonftration évangélique de Mr. Huet, qui croit à fon tour, que cette enveloppe de tant de noms divers ne fignifie que Moïfe lui-même. Jettez maintenant un coup d'œil fur le canal qui nous a tranfmis les prodiges confignés dans le Pentateuque. Ce fut par l'enchaînement continuel, & non interrompu, des générations qui fe fuccédèrent conftamment depuis Moïfe, qu'ils paffèrent jufqu'à nous. Ce fut, non par des Poëtes, qui ne fuivent que le feu de leur imagination pour guide, mais par des Ecrivains pieux, dont le ftyle fimple & naïf attefte la véracité, dont l'efprit de vérité qui les infpire, fe fait fentir par des traits non équivoques. La différence peut-elle être plus grande?

Enfin quelle eft la nature des faits vantés par les Poëtes? Quelles circonftances les accompagnent? Ce font des faits qui tendent évidemment à établir l'impiété, la fuperftition, la dépravation des mœurs; par conféquent des faits marqués au coin de l'erreur & de la fauffeté; des faits qu'on n'ofe donner que comme paffés dans les ténébres, fans témoins, ou au moins entré fort peu de perfonnes; caractères qui crient hautement à la fuppofition. Quels font au contraire les faits narrés dans le Pentateuque? Ils n'ont pour objet que le culte d'un feul

Dieu, la Religion, la piété, l'intégrité, & la pureté des mœurs ; ils se sont passés devant une multitude innombrable de témoins. Et les incrédules ont le front de mettre en contraste les faits de la Mythologie avec les faits rapportés par Moïse ?

Le Gent. Du moins tous ces faits merveilleux ne sont parvenus jusqu'à nous, que par les relations & les histoires des Juifs. Les autres Historiens gardent là-dessus un silence profond. Or il n'est pas raisonnable de recevoir le témoignage d'une nation, dans sa propre cause. Donc il n'est pas raisonnable d'admettre tous ces faits comme réels.

Le Théol. Votre argument est faux dans tous ses points. Premièrement il est faux que les Historiens profanes ayent gardé le silence sur les faits raportés par Moïse. Lisez les Livres de Josephe contre Appion, & le neuvième livre de la Préparation Evangélique d'Eusebe, vous y verrez un Porphyre, un Hécathée, un Chœrillus, un Numénius, un Théodote, un Eupoleme, un Polyhistor, & plusieurs autres, parler des merveilles rapportées dans le Pentateuque, sans oser s'inscrire en faux.

Secondement il est faux qu'on ne doive point recevoir le témoignage des Historiens nationaux, dans ce qu'ils racontent de leur propre nation. Au contraire ce sont eux qu'il faut sur-tout consulter, comme plus propres à nous instruire de ce qui s'est passé chez eux. Où cherchons-nous les monuments de l'histoire Romaine, finon chez les Romains ? Ceux de l'hiftoire des Grecs, des Egyptiens, des Perfes, finon dans les Ecrivains de ces nations ? J'en excepte le cas, où l'on a d'ailleurs de bonnes raifons de fufpecter leur fidèlité : mais je vous ai démontré plus que fuffifamment, qu'on n'avoit aucune raifon de fufpecter la fidélité de Moïfe.

Le Gent. Manéthon, Chérémon, Lyfimaque Ecrivains Grecs, rapportés par Jofephe même, au livre premier contre Appion, ne donnent-ils pas un démenti formel à Moïfe, en foutenant que ce légiflateur célèbre fut chaffé de l'Egypte avec tout le peuple Hébreux, parceque toute cette nation étoit infectée de la gale & de la lépre ? Plufieurs Hiftoriens Latins, comme Juftin & Tacite, difent la même chofe. Celui-ci ajoûte que les eaux, dont Moïfe défaltera le peuple Juif dans le défert, furent puifées dans une fource cachée fur la cime d'un rocher ; qu'il fit cette découverte par hazard, en obfervant que des ânes fauvages y grimpoient pour étancher leur foif ; qu'en mémoire d'un fi grand bienfait, les Ifraëlites confacrèrent dans leurs maifons l'image d'un âne. Or des témoignages fi contradictoires répandent au moins du foupçon fur les faits contenus dans le Pentateuque : par conféquent on doit les tenir au moins pour fufpects.

Le Théol. Je vais vous faire appercevoir que ce n'eft là qu'un vain étalage d'autorités qui ne peuvent même foutenir les regards de la faine critique. Selon les régles de la critique, on doit préférer le témoignage des Auteurs contemporains, qui se sont trouvés présents aux choses qu'ils racontent, à celui des Ecrivains de beaucoup postérieurs ; sur-tout si ceux-ci ne s'appuient ni sur les regîtres publics, ni sur la tradition ; mais au contraire sont convaincus de mêler beaucoup de fables dans leurs narrations, de se contredire eux-mêmes, & de se démentir mutuellement. Or les Ecrivains qui contredisent l'Auteur du Pentateuque, ont évidemment ces caractères de fausseté. Je commence par Manéthon, à qui les deux autres furent encore postérieurs. Cet Historien ne vécut qu'environ deux mille deux cens ans après Moïse ; il n'écrivit point d'après les regîtres ou mémoires publics : Cambise, & les autres Rois de Perse, vainqueurs de l'Egypte, les avoient dissipés. Il n'est pas plus fondé sur la tradition. Car Artaban, qui décrit les prodiges que Moïse opéra dans l'Egypte, quoi qu'en y mêlant du fabuleux, atteste qu'il avoit appris par la tradition ancienne, qui regnoit parmi les habitans de Memphis, qu'un Roi d'Egypte, nommé Chenchres, fut forcé par quantité de châtiments miraculeux, à permettre aux Hébreux de sortir de l'Egypte sous la conduite de Moïse ; que ce peuple sortit enrichi des dépouilles des Egyptiens ; qu'il avoit en même-tems appris de ceux d'Héliopolis, autre Ville d'Egypte, que la mer rouge, par la vertu de la baguette de Moïse, avoit divisé tout-a-coup ses eaux, pour ouvrir un passage aux Israëlites ; que l'armée Egyptienne ayant témérairement voulu les y poursuivre,

fut

fut engloutie dans les eaux qui retombèrent sur elle à grands flots. Manéthon est si peu en peine de trouver la vérité, qu'il débite des fables, sans aucune pudeur : témoins les trente Dynasties de l'Egypte, qu'on ne sauroit concilier avec la Chronologie, & que les critiques regardent comme une vraie fable. Il n'est pas plus d'accord avec lui-même, qu'avec la vérité. Il détruit dans un endroit ce qu'il établit dans l'autre : par exemple, selon lui, les Hébreux furent chassés de l'Egypte, parce qu'ils avoient la lépre ; & selon lui, ce ne furent point les Hébreux, mais les Egyptiens, qui furent infectés de la lépre. Que dire, que penser même d'un tel homme ?

Il ne faut qu'avoir des yeux, pour se convaincre que Chœremon & Lysimaque ont emprunté de Manéthon la plûpart de leurs narrations ; ils n'en diffèrent qu'en l'emportant encore sur lui en fables, en faussetés, en contradictions. De sorte qu'on ne peut faire fond que sur le seul Artaban, qui s'est donné la peine de consulter la tradition.

Pour Justin, ou plûtôt Trogue Pompée, dont il fait l'abrégé, il est vraisemblable qu'il avoit puisé dans Lysimaque ce qu'il rapporte, à cela près qu'il embellit les fables de celui-ci, par de nouvelles fables de sa façon. Je n'en releverai que deux traits. Selon Justin, Moïse étoit fils de Joseph ; il conste qu'il étoit de la Tribu de Lévi. Passons-lui cette erreur. Il fut obligé par l'ordre exprès d'un Oracle, de quitter l'E-

V

gypte avec les autres enfants de Jacob, à cause de la lépre dont ils étoient couverts. Mais il emporta avec lui les Idoles des Egyptiens ; & ayant mis sept jours à traverser les déserts de l'Arabie, il consacra le septiéme jour par un jeûne perpétuel, en mémoire du jour qui fut le terme de son voyage par l'Arabie. Après sa mort, son fils Arva fut fait Roi & Prêtre de l'Egypte: & delà est venue la coûtume qu'ont les Juifs de joindre toujours dans la même personne, le Sacerdoce & l'Empire. Il y a dans ce récit presque autant d'erreurs historiques, que de mots. Ne nous arrêtons qu'à deux contradictions, qui en contiennent plusieurs autres. Si Moïse, & tout son peuple, avoit le sang vicié par la lépre, comment a-t-il pû porter une loi, qui chassoit du camp & du commerce des autres, quiconque étoit lépreux ? Il s'est donc chassé lui-même, & toute son armée, de son propre camp ? S'il emporta avec soi les Idoles de l'Egypte, comment a-t-il pû défendre sous les plus griéves peines le culte des Idoles, qu'il appelle les abominations de l'Egypte, interdire même toute espéce de simulacre, de peur qu'on ne l'adorât ? Si son fils Arva fut fait Roi & Prêtre de l'Egypte, après la mort de son pere, comment son pere s'étoit-il déterminé à le laisser en Egypte ? Comment les Egyptiens le lui permirent-ils contre l'ordre exprès de l'Oracle ? Comment purent-ils se résoudre à se choisir un Roi & un Prêtre qui fut de race lépreuse, pour laquelle ils se sentoient une horreur insurmontable ? Si delà vint la coûtume, parmi les Juifs, d'unir le Sacerdoce avec l'Empire, pourquoi l'hiſtoire ne nous offre-t-elle aucun de leurs Rois, en qui ces deux qualités fuſſent réünies ? Avoüez, ou que Juſtin a regardé ſes Lecteurs comme de franches dupes, ou qu'il a été bien dupe lui-même.

Quant à Tacite, qui eſt un Auteur de nom, il faut vous ſouvenir qu'il écrivoit dans un temps où la nation Juive étoit fort odieuſe dans tout l'Empire, de ſorte que c'étoit faire ſa cour au Peuple, au Sénat, aux Empereurs Romains, que de déprimer & noircir les Juifs, par les traits les plus odieux de la calomnie, & de dénaturer autant qu'on le pouvoit leur hiſtoire. C'étoit le temps où la perſécution immoloit tous les jours des milliers de Chrétiens, que l'on confondoit avec les Juifs. Tacite n'épargne pas plus les uns que les autres, & c'eſt ce qui a obligé Tertullien, qui vivoit de ſon temps, de l'appeller un homme très-diſert & menſonger, *Mendaciorum loquentiſſimum*. Les régles de la bonne critique défendent encore que l'on faſſe fond ſur de pareils garants.

Le Gent. Au moins vous ne pouvez pas me dire, que le peuple fut témoin des faits rapportés dans le livre de la Genèſe, que Moïſe en ait été témoin lui-même, qu'il ſe ſoit appuyé ſur la garantie de quelque Ecrivain contemporain, ni ſur la foi des mémoires publics (perſonne n'avoit écrit avant lui) qu'il ſe ſoit fondé ſur une tradition ſuivie & conſtante ; preſque tous les hommes avoient été enfevelis dans les eaux du déluge. Donc ce livre doit paffer pour apocryphe & fabuleux : & fi la fidélité de Moïfe eft fufpecte pour le livre de la Genèfe, elle doit être auffi fufpecte pour tout le refte.

Le Théol. Je pourrois vous répondre que Moïfe a écrit en homme infpiré, & que l'efprit de vérité qui conduifoit fa plume, eft d'une certitude infiniment fupérieure à tous les témoignages humains, même les plus authentiques : mais ce n'eft point encore ici le lieu de recourir à l'infpiration. Ainfi je me borne à dire qu'il s'eft fondé fur la tradition conftante & fuivie d'âge en âge depuis Adam, & que c'eft à tort que vous incidentez fur cet article : la chofe eft plus aifée que vous ne l'imaginez. Cette chaîne de tradition a pû s'étendre jufqu'à Moïfe avec autant de certitude & de facilité, qu'un homme médiocrement curieux en a pour favoir les chofes remarquables qui font arrivées dans le dernier fiècle. Cette certitude, cette facilité, ont leur fource dans la longue vie des Patriarches, & le foin qu'ils avoient, par une providence fpéciale de Dieu, de tranfmettre à leurs enfants les événements un peu mémorables. Obfervez feulement que les chaînons néceffaires de cette tradition, ne comprennent que fept ou huit perfonnes. Adam, qui en fut le premier anneau & l'origine, a fait connoître à fes enfants l'œuvre admirable de la création, fa chûte, & les autres chofes concernant la Religion : il étoit de la providence de Dieu de le lui ordonner ; & il n'est point douteux qu'il ne se soit conformé à cet ordre. Hénoch, fils de Jared, vécut avec Adam plus de cent ans ; & comme il craignoit Dieu, il est hors de doute qu'il confia le dépôt de cette tradition à Lamech son petit-fils, qui vécut avec lui cent treize ans. Voilà le fil de la tradition conduit jusqu'au Patriarche Noé, dont Lamech fut le pere. Noé sauvé des eaux du déluge avec toute sa famille, sauva en même-temps avec soi la tradition, qui étoit venue de pere en fils, depuis Adam jusqu'à lui : il survécut au déluge au moins trois cens ans avec ses trois fils, Sem, Cham & Japhet, qui furent les peres de toutes les nations, & qu'il avoit déjà engendrés avant que d'entrer dans l'arche. Que de canaux pour la propagation & la conservation de la tradition primitive reçue d'Adam, & conservée constamment jusqu'aux temps du déluge ? Nous n'avons encore touché que quatre chaînons ; & nous voilà parvenus au temps d'Abraham, qui vécut cent cinquante ans avec Sem, le chef de sa race. Abraham vécut assez long-temps avec Isaac, pour voir Jacob son petit-fils; & Moïse arrière-petit-fils de Lévi enfant de Jacob, a pû voir plusieurs enfants de ce saint Patriarche, & en apprendre tout ce qu'il rapporte dans le livre de la Genèse. Voilà comment cette prétendue difficulté s'évanouït, lorsqu'on l'envisage de près; & voilà le sort ordinaire de ce qu'oppose l'incrédulité. Il peut bien faire illusion à des esprits superficiels; mais un esprit attentif, qui sonde jusqu'aux nerfs du raisonnement, n'apperçoit bien-tôt qu'un vain fantôme qui le joüoit. Ajoûtez à cela la coûtume qui étoit alors en vigueur, d'impofer aux enfans des noms qui fuffent comme autant de monuments, pour conferver la mémoire de quelque événement notable, qui étoit arrivé au temps de leur naiffance ; & vous ne trouverez plus même l'ombre d'une difficulté. De quantité d'exemples qu'on trouve dans l'Ancien Teftament, je me contenterai d'un feul ; c'eft celui de Phaleg, dont le nom fignifie *difperfion*, parce que ce fut au temps de la naiffance de ce fils d'Héber, qu'arriva la difperfion des nations. Cette difpute nous conduit infenfiblement aux preuves de la divinité des livres de Moïfe. Si vous en êtes d'avis, nous pourrons en entreprendre l'examen.

Le Gent. Les fraix font déjà faits plus qu'à demi ; il ne vous en devra pas coûter autrement, après ce que vous venez de démontrer.

ARTICLE SECOND.

De l'Infpiration des Livres de Moïfe.

Le Théol. JE crois que vous concevez affez l'importance de cette queftion. Si je vous démontre que les livres de Moïfe font divins, je vous démontre d'un même trait la certitude de l'exiftence d'une Religion révélée. Et puifque Moïfe annonce dans fes livres

l'avénement d'un Prophête semblable à lui, c'est-
à-dire , d'un Prophête législateur comme lui ,
mais en même-temps d'un Prophête qui soit
l'attente de tous les peuples, le Désiré & le Maître des nations ; ce qu'il dit, est une prédiction
de la divinité de la Loi Chrétienne , dont il fixe
même l'époque, aussi-bien que celle de l'avénement du Messie. Par conséquent c'est-là une
démonstration, que Dieu a substitué la Religion
Chrétienne à la Loi Mosaïque , dont elle est la
perfection & la consommation. Il étoit nécessaire que je vous fisse sentir où je voulois vous
conduire, afin de vous convaincre de ma bonne foi , & que je suis éloigné de vouloir surprendre un aveu de votre part. Je viens aux démonstrations.

Première démonstration. Je vous ai démontré
que le Pentateuque est vrai dans son contenu.
Or il ne peut être vrai, s'il n'est divin. Donc
il est divin.

Voici la preuve de ma seconde proposition.
1° Moïse se donne par-tout dans le Pentateuque
pour l'envoyé de Dieu , pour un homme qui
parle au nom de Dieu, qui annonce la parole
même de Dieu. 2° Dieu lui-même authorise la
Mission de Moïse , par les marques les plus éclatantes de sa Toute-puissance , par les miracles
qui ont toujours passé pour l'attestation & l'empreinte du sceau de la Divinité même. Tout le
peuple entend la voix formidable du Seigneur ,
qui prescrit les préceptes du Décalogue , au milieu des éclairs & des tonnerres ; il voit Moïse

demeurer quarante jours entiers dans cet embrasement prodigieux du mont Sinaï, sans autre effet sur lui qu'un rejaillissement de lumière céleste, communiquée par la présence de son Dieu ; lumière dont chacun voit la face du Prophête toute resplendissante, à la descente de la montagne. Il voit la Majesté de ce Maître Tout-puissant se manifester, par des signes sensibles & miraculeux, toutes les fois que son envoyé s'approche de son tabernacle, pour y recevoir ses ordres & ses oracles : il voit tomber tous les jours en forme de rosée, la manne pour sa nourriture, selon la prédiction expresse de Moïse. Pour abréger ; il voit la terre s'entre-ouvrir pour engloutir dans ses entrailles des séditieux, avec leurs tentes & tout ce qui leur appartenoit, en témoignage de la Million divine de Moïse, qui avoit donné ce terrible événement, pour une marque incontestable qu'il étoit l'organe du Tout-puissant, qui parloit & ordonnoit par sa bouche. Or tout cela & bien d'autres effets prodigieux ne peuvent être vrais, à moins que le Pentateuque ne soit divin. Donc il est nécessaire de le reconnoître pour divin.

Seconde démonstration. Ce qui a suivi la mort du législateur Hébreu, forme la seconde démonstration. En effet, c'est Dieu lui-même, qui rend témoignage à l'inspiration d'un livre, lorsqu'il la confirme par des miracles, & par la bouche de ses Prophêtes. Mais il est d'une certitude la plus marquée que tous les miracles, qui se font faits par des hommes, que tous les Hébreux ont toujours regardés comme fufcités de Dieu, après la mort de Moïfe; que toutes les Prophêties, qui fuivirent, ont eu pour but de confirmer la loi de Moïfe, comme divine, d'y entretenir le peuple Juif jufqu'aux temps du Meffie, qui devoit être la lumière qui éclaireroit toutes les nations, & de l'y ramener lorfqu'il s'en étoit écarté. Lifez le livre de Jofué, ce fucceffeur de Moïfe, ce Taumaturge qui arrêta le foleil dans fa courfe, qui fit tomber les murailles des villes, au feul fon des trompettes; vous le verrez par-tout attefter la vérité des livres de Moïfe, recommander fa loi, comme la loi de Dieu même, exhorter tout Ifraël à s'y attacher inviolablement. Lifez enfuite le livre des Juges, les livres des Rois, les Prophêties; par-tout vous remarquerez le même but, la même fin : enforte que Malachie, le dernier des Prophêtes, termine fes prophêties par ces mots remarquables : *fouvenez vous de garder fidélement la loi de Moïfe, mon ferviteur, que je lui ai donnée moi-même, fur la montagne d'Oreb, pour la faire obferver par tous les enfants de Jacob.* a Si vous ajoutez à tout cela, les caractères les plus marqués de la parole de Dieu, qui brillent par-tout dans le Pentateuque, les fentiments les plus dignes de l'augufte nature de Dieu, de fa Sainteté, de fa Toute-puiffance, de fa providence, de fa juftice, une pureté admirable de doctrine touchant les mœurs, & la fin de l'homme; doctrine qui dans

____

(a) *Mementote legis Moïfi fervi mei, quam mandavi ei in Oreb ad omnem Ifraël præcepta & judicia.*

cette affreufe corruption des mœurs, dont la funefte contagion s'étoit répandue fur-toute la terre, principalement en Egypte, ne pouvoit être l'ouvrage que de l'efprit de Dieu : fi vous ajoutez les prophéties qu'il contient, les rits & les cérémonies évidemment prophêtiques, que pourrez-vous défirer d'avantage pour la démonf-tration la plus complette ?

Le Gent. Je ne veux que les livres mêmes que vous divinifez, pour renverfer vos démonftra-tions. Je me fouviens qu'Ezéchiel fait dire à Dieu, qu'il a donné aux Ifraëlites une loi qui n'eft pas bonne, des préceptes qui les condui-ront à la mort. *a* Il s'en faut bien par conféquent que la loi Mofaïque foit divine.

Le Théol. Un peu moins de prévention, ou d'inconfidération vous eut épargné la peine de me faire cette objection. Vous eufiez vû qu'il ne s'agit point dans cet endroit de la loi Mofaï-que, mais des rits profanes des Gentils, aux-quels les Ifraëlites s'étoient abandonnés, au mépris de la loi de Moïfe ; lifez le Contexte & vous y découvrirez la vérité de ce que je dis. C'eft dans le chapître vingtième, ⅄. 25, que le Prophète parle de cette forte. Mais immédiate-ment auparavant, Dieu venoit de reprocher aux Ifraëlites qu'ils avoient abandonné fa loi ; qu'ils avoient violé leurs Sabbats ; qu'ils avoient dé-tourné les yeux vers les Idoles de leurs peres. Il ajoute tout de fuite, qu'en conféqence de

______

(a) *Ego dedi eis præcepta non bona , & judicia in quibus non vivent.* Ezech. c. 20 ⅄. 25.

leur infidélité, il avoit permis qu'ils se choi-
sissent une loi qui ne fut pas bonne, des préceptes qui les conduiroient à la mort ; qu'ils se pol-
luassent dans l'abomination de leurs sacrifices,
en immolant leurs premiers nés, en vûe d'expier leurs péchés. *a* Remarquez cette particule
d'illation, *Ergo*, Donc, qui joint ce qui suit avec
ce qui précéde, & vous conviendrez que le vrai
sens des ces paroles est celui-ci : *Parce que le*
peuple d'Israël a abandonné ma loi, pour courrir
après les abominables Divinités des Gentils, je les
ai livrés aux mauvais penchants de leur cœur, en
permettant qu'ils se souillassent par d'infames sacri-
fices, ou sous prétexte d'expier leurs iniquités, ils ont
offert en holocauste leurs premiers nés à l'Idole de
Saturne ou de Moloch.

C'est ainsi qu'entend ce passage l'Interprête
Chaldéen, & après lui *A Lapide*, & le célèbre
Grotius, qui ne peut vous être suspect.

Le Gent. Vous divinisez les absurditez en
divinisant le Pentateuque. Quoi, par exemple,
de plus absurde que ce qu'on lit dans le livre
de la Genèse, que le serpent eut un entretien
insidieux avec Eve ; que cette mere de tous
les vivants fut elle-même formée d'une côte
d'Adam ?

Le Théol. C'est Julien l'Apostat qui vous a
fourni ces armes. Elles sont dignes de leur auteur. Mais quelle absurdité trouvez-vous en ce

____

(*a*) *Ergo & ego dedi eis præcepta non bona, & ju-*
dicia in quibus non vivent ; & pollui eos in muneribus
suis, cum offerrent omne quod aperit vulvam propter de-
licta sua.

que le démon, sous la forme extérieure d'un
serpent, ou se servant de lui comme de son organe, ait voulu tromper Eve, par ce discours
séduisant ? Il n'y a rien en cela qui surpasse la
puissance du démon ; & c'est uniquement ce
qu'a voulu signifier l'Auteur de la Genèse, ne
faisant, par prudence, mention que du serpent,
dont les Juifs avoient déja assez d'horreur ; de
peur que cette nation fort portée à l'Idolatrie,
ne prît occasion d'adorer le démon, en voyant
sa puissance.

Pour ce qui est de la formation d'Eve, elle
renferme un mystère & une instruction sous l'é-
corce de la lettre & de l'emblême. C'est une
figure de l'Eglise, qui tira son origine du côté
ouvert de Jesus-Christ, s'endormant sur la croix
du sommeil de la mort. C'est en même temps
une instruction pour apprendre aux épouses,
que la femme ayant été formée de l'homme,
elles doivent être soumises & bien unies à leurs
époux. Qu'y a-t-il en cela d'absurde ou d'indigne de Dieu ?

Le Gent. Rien, j'en conviens. Mais est-il
bien digne de Dieu d'imposer à son peuple une
loi si remplie de cérémonies gênantes, que votre Apôtre Pierre l'appelle un joug insuportable ?

Le Théol. il faut observer que tout cet ap-
pareil de cérémonies, n'est point de la primitive
institution de la loi, telle qu'elle fut premièrement donnée à Moïse sur la montagne : il n'est
que d'institution secondaire, & une suite de
l'atroce prévarication où se laissa aller le peuple

en

en offrant fon encens au veau d'or. Dieu jugea qu'alors ce joug étoit un frein nécessaire pour brider le furieux penchant qui entrainoit la nation à l'idolâtrie. En effet, les Interprétes remarquent qu'il n'est presqu'aucun de ces rits, qui n'ait de l'oppofition avec les rits des nations idolâtres. Cette précaution étant devenue nécessaire; loin d'être indigne de Dieu, n'en annonce-t-elle pas la profonde sagesse?

Ajoutez que ces cérémonies étoient des figures myftérieufes qui parloient, pour ainfi dire, aux yeux de ce peuple matériel & grossier, pour lui donner par ce langage proportionné à fa grossiéreté, des leçons qu'il ne devoit point ignorer.

Le Gent. Le peuple Juif étoit grossier, je ne puis le nier. Mais faloit-il le rendre encore plus matériel, en lui donnant une loi toute charnelle? Que promettoit la loi Mosaïque, finon des biens temporels, la fécondité de la terre, une longue vie, & autres chofes de cette nature? N'eft-ce pas là fubftituer le motif de la cupidité à celui de la charité?

Le Théol. Vous n'appercevez pas qu'en voulant trop fpiritualifer les anciens Juifs, vous tombez vous-même dans le défaut oppofé: vous ne vous arrêtez qu'à l'écorce de la loi, fans porter vos vûes jufqu'à la moëlle, c'eft-à-dire, jufqu'à l'efprit intérieur qui l'animoit. Suivez-moi, je vais vous faire percer jufques-là. Arrêtez-vous d'abord à ce grand précepte, qui eft comme le gond fur quoi roule toute la loi Mo-

W

ſaïque : *Vous aimerez le Seigneur votre Dieu, de tout votre cœur, de toutes vos forces, de toutes les puiſſances de votre ame.* Se peut-il rien de plus ſpirituel, & en même-temps de plus général ?

Deſcendez enſuite à chaque précepte particulier. Vous verrez qu'ils ſont tous comme autant de lignes qui viennent aboutir & ſe réünir à ce centre commun de toute la loi, dont il eſt le précis, le but & la fin. Qui peut donc nier que la loi Moſaïque ne ſoit ſainte & ſpirituelle ?

Quant aux promeſſes ; vous n'avez apparemment point lû cette promeſſe que Dieu fait dans la Genèſe à Abraham, & en ſa perſonne à tous les croyans dont il étoit le pere : *Je ſerai moi-même votre récompenſe, la plus grande que vous puiſſiez imaginer.* a Tous les Prophêtes, tous les Pſeaumes de David, ſont pleins de ſemblables promeſſes faites à ceux qui auront été fidèles à la loi de Dieu : *Vous les inonderez, Seigneur,* diſoit ce ſaint Roi, *d'un torrent de voluptés, parce que c'eſt en vous ſeul qu'on trouve la ſource de la vie bienheureuſe, & que c'eſt par l'élévation que nous communique la lumière de gloire, que nous vous verrons face à face, vous qui êtes la lumière incréée.* b Il eſt vrai néanmoins que le Deutéronome ne contient aucune promeſſe explicite de la vie éternelle ; mais la raiſon de ce ſilence eſt que Dieu voulut faire ſentir aux Juifs, que la loi

(*a*) *Ego ero merces tua magna nimis.*

(*b*) *Torrente voluptatis tuæ potabis eos ; quoniam apud te eſt fons vitæ, & in lumine tuo videbimus lumen.* Pſal. 35.

ancienne ne donnoit de son propre fond, ni la gloire, ni la grace, qui en est le prétieux germe ; que l'unique source, d'où découloit & la grace & la gloire, étoit la foi, par laquelle le peuple instruit par une tradition constante, depuis Adam jusqu'à lui, croyoit fermement l'avénement futur d'un Messie libérateur. Ainsi la loi de Moïse, proprement dite, ne devoit contenir que des promesses temporelles. Mais ce n'étoit-là qu'un attrait pour engager les Israélites à l'observation exacte des commandements, par laquelle elle les conduisoit à la vie éternelle, qui étoit la fin principale qu'elle envisageoit, conjointement avec le secours de la foi & de la tradition. De sorte qu'elle faisoit à peu près à leur égard, ce que fait une tendre mere à l'égard d'un enfant malade : ayant pour objet principal de lui procurer la santé ; elle l'engage, en lui promettant des douceurs, à prendre un reméde au moyen duquel il la recouvrera.

Le Gent. Mais si ces promesses venoient de Dieu, elles auroient infailliblement eu leur effet, par rapport à tous les justes de l'Ancien Testament. Cependant nous voyons un Isaïe, un Daniel, un Jérémie, un Ezéchiel, un Tobie, & tant d'autres observateurs de la loi, réduits aux dernières extrêmités. Donc elles ne venoient point de Dieu, mais uniquement de Moïse ; par conséquent c'est Moïse seul, & non Dieu, qui fut auteur de la loi ancienne.

Le Théol. Votre objection est éblouïssante, pour quiconque ne s'arrête qu'à la superficie

des chofes : mais quiconque va jufqu'à l'efprit
de la loi, s'apperçoit fans peine que Dieu ne
peut rien promettre que d'une manière digne
de lui. Or je vous demande s'il feroit digne d'un
grand Roi, de promettre à un foldat généreux,
qu'il verroit en état de parvenir par fa valeur
aux rangs les plus diftingués, une récompenfe
qui le mettroit hors d'état d'y jamais afpirer ?

Le Gent. Non, fans doute.

Le Théol. Il feroit donc à plus forte raifon
moins digne de Dieu, de promettre à de fidèles
ferviteurs, qu'il voit en état de parvenir à des
rangs fort diftingués dans le Ciel, des récom-
fes qui les excluroient de ces rangs ?

Le Gent. La chofe me paroît certaine.

Le Théol. Appliquez maintenant votre réponfe à notre cas. Il y avoit dans l'Ancien Teftament des ames vulgaires, que Dieu prévoyoit
ne devoir point, par le fecours de fa grace, fe
mettre affez au-deffus de leur foibleffe, pour
faire de grandes chofes pour fa gloire ; mais qui
auroient au contraire befoin d'être foutenues
par des récompenfes temporelles, qui leur fuffent un attrait, qui les conduisît aux récompenfes éternelles par la pratique de fa loi. C'étoit-
là le commun du peuple : groffier comme il étoit,
il avoit befoin de ce foutien : c'étoit lui que regardoient les promeffes temporelles ; elles s'exécu-
tèrent de point en point, par rapport à lui. Il y
avoit auffi de grandes ames, des ames géné-
reufes, qui par les progrès qu'elles avoient faits
dans la perfection, à l'aide de fa grace, étoient

en état d'aspirer à des couronnes très-distinguées dans le Ciel, par la voie des tribulations, des persécutions, du martyre même. Devoit-il leur envier cette gloire & ce bonheur? Devoit-il plûtôt les combler de prospérités temporelles, qui les auroient peut-être conduits dans le Ciel, mais les auroient certainement exclus de ces récompenses sublimes, qui ne font destinées qu'à ceux qui passent par le feu de la tribulation.

Le Gent. Cette réponse satisfait à mon objection, contre mon attente. Mais bien des préceptes de cette loi étoient directement contraires à la charité. Témoin la loi du Talion, en vertu de laquelle on arrachoit œil pour œil, dent pour dent. Témoin encore cette autre loi, qui ordonne aux Juifs de ne faire aucun quartier à leurs ennemis.

Le Théol. La loi du Talion n'avoit rien de contraire à l'équité naturelle: elle étoit en usage chez les Grecs; & parmi les douze Tables des loix Romaines, on lisoit celle-ci : *Noxæ pæna par esto. Que la peine soit égale à la faute.* Vous la trouvez contraire à la charité? Mais votre erreur vient de ce que vous supposez qu'elle regardoit chaque particulier, au lieu qu'elle ne s'adressoit qu'aux Juges. Pour les particuliers, toute vengeance leur étoit interdite par la loi, qui leur ordonnoit même d'oublier les injures qu'on leur auroit faites. *a* Pour ce qui est des ennemis de leur République, Dieu avoit cons-

_____

(a) *Ne quæras ultionem, nec memor eris injuriæ civium tuorum.* Levit. c. 19 ϒ. 18.

W 3

titué les Juifs miniſtres de ſa vengeance, pour exterminer les ſept nations qui environnoient leur Etat ; vengeance trop méritée par leurs criantes abominations ; vengeance même néceſſaire pour réprimer par cet exemple de ſévérité, la diſpoſition impérieuſe qu'avoit le peuple de Dieu à les imiter. Qui eſt aſſez impie pour trouver de la cruauté dans la Juſtice que le ſouverain Juge trouve à propos d'exercer?

Le Gent. De votre aveu, la vengeance étoit interdite à toute perſonne privée, dans la loi Moſaïque. Pourquoi donc David, dans un Pſeaume compoſé, lorſqu'il étoit encore perſonne privée, entaſſe-t-il malédictions ſur malédictions contre Doëg l'Iduméen?

Le Théol. Vous vous trompez ; ce que vous prenez pour malédiction, n'eſt qu'un tranſport prophétique, qui faiſoit voir à David ce qui devoit arriver par rapport au Meſſie, dont il étoit la figure, comme Doëg & Saül figuroient Judas & les autres ennemis de l'homme-Dieu.

Pour les prétendues contradictions qu'on reproche aux livres de Moïſe, vous ſavez qu'Abadie & nos Interprétes les réfutent très-doctement. Je ne puis vous en dire à préſent davantage, parceque je dois me trouver à une thèſe. Comme elle doit rouler en partie ſur cette matiere, vous y pourrez puiſer les éclairciſſements que vous pourriez encore déſirer, ſi vous voulez me faire l'honneur de m'y accompagner.

Le Gent. J'accepte cet honneur de tout mon cœur.

DISSERTATION SECONDE,

De la Divinité , ou de l'Inspiration de la Religion Chrétienne.

Le Théol. QUe pensez-vous , Monsieur , de la dispute où nous nous trouvâmes hier ?

Le Gent. Je suis très-satisfait des éclaircissements qu'on m'y donna sur le Pentateuque. Nous pourrons aujourd'hui traiter ce qui regarde la Religion Chrétienne.

Le Théol. C'est une nécessité que je me serve à peu près de la même méthode , pour vous prouver la révélation de la Religion Chrétienne, que j'ai employée pour vous prouver celle de la Religion Mosaïque. La ressemblance entre l'une & l'autre cause , demande de la ressemblance dans la manière de les traiter. Je ne m'arrêterai donc point à prouver que les livres , où est contenu en grande partie cette Religion , viennent vraiment des Auteurs dont ils portent les noms ; Auteurs qui ayant été eux-mêmes & les témoins , & en grande partie les agents de ce qu'ils rapportent, sont par-là même dignes de toute croyance. S'il prennoit envie à quelqu'un de me contester ce point, je le renverrois aux régles de la critique : il les trouveroit d'accord sur ce point , avec une supériorité infiniment plus grande, qu'on ne les trouve sur les autres faits les plus constatés. En effet, par rapport aux autres livres , on ne cite d'or-

dinaire qu'une feule nation, qui les ait reçus
dans leur origine, comme la propre production
de tel, ou tel Auteur. Ici, fi vous remontez à la
fource de la tradition, vous verrez les Eglifes
de toutes les nations; les Juifs, les Grecs, les
Romains, les Corinthiens, les Galates, les
Afiatiques, les Afriquains, & autres, confpirer
unanimement à les révérer comme facrés, & à
les attribuer aux Ecrivains, à qui nous les attribuons encore. Ce qui eft traité dans les autres livres, eft d'ordinaire plus curieux qu'important. Ici tout intéreffe au plus haut degré ;
tout eft de la plus grande importance. Il s'agit
d'abroger une Religion ancienne, confacrée
par la coûtume, par l'exemple d'une infinité
d'hommes qui ont précédé, par les édits publics ;
pour y fubftituer une Religion nouvelle, qui
abolit les ufages les plus reçus, les plus anciens, les plus confacrés pour le culte public,
qu'elle réforme également ; une Religion auffi
difficile dans la croyance de fes dogmes, que
dans la pratique des chofes qu'elle ordonne ;
qui exige cependant de ceux qui la fuivent, le
facrifice de leur propre vie, pour la foutenir.

Quelle maturité ne falloit-il pas dans l'examen des livres qui contenoient une telle Religion ? Quel intérêt n'avoient point les Juifs,
les Gentils, les Hérétiques, qui s'élevèrent d'a-
bord dans le fein de l'Eglife, & la déchirèrent
enfuite dans tous les temps, de montrer que
ces livres étoient fuppofés aux Ecrivains à qui
on les attribuoit, ou qu'ils avoient été altérés

& dénaturés par plusieurs falsifications ? Cependant il ne s'en trouve aucun qui le fît, tant étoit grande l'évidence de la vérité de leur attribution à tels & tels Auteurs , & de leur perpétuité à se conserver sans altération.

Une autre régle de la critique des livres, est d'examiner s'ils sont d'accord avec les circonstances, les usages, les personnes, la chronologie des temps où ils ont été écrits. L'accord sur tous ces points, est si exact, si parfait dans les livres évangéliques , que l'incrédulité la plus opiniâtre , & la plus difficultueuse, n'a encore rien pû trouver à reprendre.

Enfin une troisième régle de critique, est que les Auteurs contemporains , & ceux qui ont suivis, se soient accordés à reconnoître que tels & tels livres étoient vraiment les ouvrages des Ecrivains à qui on les attribue communément. Les livres de l'Evangile ont encore sur ce point une supériorité d'avantages , qu'on chercheroit en vain par-tout ailleurs. Des Auteurs qui étoient incontestablement du temps des Apôtres , tels que saint Clément le Romain dans son Epître aux Corinthiens, l'Auteur de la lettre qui porte le nom de saint Barnabé ; saint Ignace le Martyr , qui se glorifioit d'avoir vû Jesus-Christ ressuscité ; saint Polycarpe & Papias, disciples de saint Jean l'Evangéliste ; l'hérétique même Cerinthe, citoit les livres évangéliques, comme les œuvres de ceux que nous en croyons les Auteurs.

Je vois venir d'abord à leur suite saint Justin,

Philofophe & Martyr, qui ne tarit pas fur les
louanges qu'il donne aux Agiographes du Nouveau Teftament, Athénagore; qui étoit à peu
près du même temps, Egéfipe, Tatien, faint
Irenée, difciple de faint Polycarpe, qui affuroit
qu'il avoit vû les premiers fucceffeurs des Apôtres.

La génèration fuivante nous fournit les faints
Zéphirien, Calixte, Corneille Papes, les Minu-
tius Felix, les Tertullien, les Clément d'Alexandrie, Ammonius, faint Hippolite, Origène. Je
ferois trop long, fi je voulois conduire le fil de
la tradition jufqu'à nous. Je me contente de
dire qu'une infinité d'Auteurs, la plûpart faints,
tous très-refpectables, & de très-grande érudition, ont rendu le même témoignage............

Le Gent. C'eft trop infifter fur un point que
je ne fonge point à vous contefter. Convain-
quez-moi feulement de la vérité des faits que
renferme ce que vous appellez Evangile, & de
la révélation de la Religion qu'ils annoncent;
& j'avoüerai que tout ce que j'ai à oppofer
contre-elle, n'eft que préjugés injuftes, qu'enfante le libertinage de l'efprit, & une aveugle
préfomption.

Artr

ARTICLE PREMIER.

Les Ecrivains des livres du Nouveau Teſtament ſont véridiques dans l'expoſé des faits qu'ils rapportent.

Le Théol. TRois démonſtrations vous mettront dans la néceſſité d'admettre le premier article.

Première démonſtration. Les livres du Nouveau Teſtament ſont néceſſairement vrais, ſi leurs Auteurs n'ont été ni trompés, ni trompeurs ; s'ils n'ont même pû tromper, ſuppoſé qu'ils l'euſſent voulu. Or ces trois points ſont certains. Donc les livres du Nouveau Teſtament ſont certainement vrais.

Ils n'ont point été trompés, ils n'ont même pû l'être. Les faits qu'ils rapportent étoient d'un caractère à ne donner pas le moindre lieu à la ſurpriſe. C'étoient des faits à la portée des plus ſimples & des plus idiots ; des faits qui frappoient extraordinairement les ſens, & ſe concilioient néceſſairement l'attention de chacun des ſpectateurs, par le ſurprenant & le merveilleux qui les accompagnoit : des faits de la plus grande publicité, opérés à la face de toutes les Villes, des bourgades, des gens de la campagne ; la ſimple lecture en peut convaincre. D'ailleurs ils ne pouvoient être trompés, à moins que les Princes des Prêtres, les Phariſiens, les Scribes, obſervateurs malins, & infiniment critiques non-ſeulement des œuvres, mais des moindres paroles de Jeſus-Chriſt : en un mot, à moins que toute la Judée, qui avoit assisté en foule à toutes ces merveilles, ne fut trompée avec eux : car avec cette malignité, qui les animoit, il étoit impossible qu'il n'y eut bien des contradicteurs, si toute la nation n'avoit été bien convaincue de la vérité de tant de merveilles. Cependant pas même une seule personne dans un peuple si furieusement envénimé, qui ait osé s'inscrire en faux sur un tel point. Ils ne furent point trompeurs. L'admirable simplicité qui regne dans toutes leurs narrations ; cette candeur ingénue, inconciliable avec la duplicité, qui les porte à avoüer la grossière ignorance où ils étoient du vivant de leur maître ; cette aimable innocence des mœurs, sur laquelle la critique la plus attentive, & la plus éclairée, ne pût jamais répandre le moindre nuage, les met entièrement à couvert d'un tel soupçon. Quel espoir pouvoit même les porter à cette fourberie insigne ? Ce n'étoit point l'espoir des honneurs : il n'y avoit que les Princes de la Synagogue, ou les Princes idolâtres, qui fussent maîtres de les distribuer ; & le moyen certain d'y parvenir, étoit d'accuser d'imposture Jesus-Christ & les siens. Les Pharisiens eussent acheté cet aveu à quelque prix que ce fut. Ce n'étoit point non plus l'attrait des richesses. Outre qu'ils avoient même généreusement renoncé au peu qu'ils possédoient, ils ne pouvoient ignorer, qu'annoncer les vérités de l'Evangile, c'étoit s'exposer au péril évident de perdre non-seulement les biens de la fortune, mais la vie même :

même : l'exemple de la haine cruelle de la Synagogue contre Jesus-Christ, étoit encore tout récent ; & ils savoient qu'elle étoit résolue à ne rien épargner, pour étouffer la Religion Chrétienne dans son berceau.

Enfin je vous donne à opter. Ou selon vous, les Evangélistes avoient perdu le sens commun, ou non. Si vous vous déterminez pour le premier parti ; vous êtes forcé d'avouer, que toute la terre, qui a cependant ajouté foi à ce qu'ils ont écrit, a perdu l'esprit avec eux : chose la plus absurde, & tout-à-fait impossible. Si vous vous déterminez pour le second ; ils n'ont donc pu vouloir en imposer dans des faits si publics, que chacun auroit pu aisément les convaincre du mensonge le plus impudent & le plus odieux.

Bien plus, ils n'auroient pu même tromper, au cas qu'ils l'eussent voulu. Quand des faits sont de la notoriété la plus publique, dignes de la plus haute admiration, qu'ils doivent être persuadés à des peuples très-rivaux, & très-prévenus, qui ont un extrême intérêt à ne s'y point laisser surprendre, qu'ils sont par-dessus cela tout nouvellement arrivés ; il n'est pas possible que la supercherie y ait lieu. Or tels sont les faits que renferment les livres évangéliques. Ils étoient de la plus grande publicité : les régistres publics de l'Empire faisoient foi que Jesus, fils de Marie, étoit né à Béthléem, Ville de Juda, de la race Royale de David : l'apparition d'un nouvel astre à sa naissance, selon la Prophétie de Balaam ; l'arrivée de trois Princes

X

Mages venus de l'Orient, pour rendre leur hommage au nouveau né, avôit jetté dans la plus grande consternation l'ambitieux Hérodes, Jerusalem & toute la Judée. Rome, & tout l'Empire Romain, avoit appris avec horreur que la détestable ambition du cruel Hérode, lui avoit fait massacrer une infinité d'enfants dans Béthléem & les environs, pour étouffer, s'il étoit possible, dans ce déluge d'un sang innocent, le légitime héritier du Trône de David, qui venoit de naître. C'étoit avec la plus grande célébrité, aux yeux de tout le monde, dans les Villes, dans les Bourgs, dans les Villages, dans le Temple même, que Jesus-Christ faisoit ses miracles, jusques-là que le bruit de son pouvoir miraculeux, jetta Hérodes Antipas, successeur du barbare Hérode, dans le plus profond étonnement. La mer, les vents, la mort même docile à sa voix, attestoient son pouvoir suprême. Les muëts, les sourds, les boiteux, les lépreux, l'aveugle né, les énergumènes qu'il avoit guéris par la seule efficacité de la parole ; les morts rendus à la vie ; cinq mille hommes, sans y comprendre les femmes & les enfants, rassasiés de cinq pains, qui se multiplièrent dans ses mains de telle sorte, qu'on remplit douze corbeilles avec les seuls restes, étoient les témoins irréprochables qui publioient par-tout ses miracles. Une infinité de Juifs rassemblés à Jérusalem, de toutes les parties de la terre, pour y célébrer la Pâque, selon la coutume, avoit vû cet homme de miracles mourir fur la croix, en faifant les prodiges les plus étonnants. Ils avoient vû, contre l'ordre de la nature, le foleil s'éclipfer en plein midi, trois heures durant, comme fi le Ciel eut voulu témoigner l'horreur qu'il avoit d'un fpectacle fi funefte. Ils avoient vû en même-temps la terre trembler, les pierres fe fendre, les tombeaux s'ouvrir, & rendre leurs morts ; le voile du Temple fe déchirer de haut en bas ; toute la nature fe confondre à la mort de fon auteur. Ils avoient entendu au jour de la Pentecôte, les Apôtres, hommes fans aucune littérature, & groffièrement ignorants, parler tout-à-coup toutes fortes de langues, & fe faire entendre tout-à-la-fois à chacun de cette multitude d'é-trangers de tout Pays, dans l'idiome propre de fa nation. Il n'eft pas nécéffaire de vous faire remarquer combien tout cela étoit propre à en-lever l'admiration. Il ne l'eft guéres davantage de vous faire obferver qu'il étoit d'un extrême intérêt pour les Juifs & les Gentils, d'examiner la vérité de tous ces faits avec l'attention la plus fcrupuleufe. Les Juifs y trouvoient la fin de leur loi, de leur état, de leur Religion ; les Gentils, la condamnation de leur culte fu-perftitieux, & de leurs mœurs corrompues.

Refte à vous prouver que ces faits n'étoient point reculés, mais tout récents. Lactance & Théophilacte placent l'époque de l'Evangile de faint Matthieu, à la huitiéme année après la mort de Jefus-Chrift ; celle de l'Evangile de faint Marc, à la dixième ; l'Evangile de faint

Luc, à la quinzième ; celui de saint Jean, à la trente-deuxième.

Encore une fois, ou il faut que tous les hommes alors eussent perdu l'esprit : les Disciples de Jesus-Christ ; si pour avancer le progrès de l'Evangile, ils ont annoncé comme passé aux yeux de tout le monde, des faits que tout le monde auroit pû si facilement démentir, en cas qu'ils n'eussent point été certains : les Juifs & les Gentils ; si pouvant par là saper le Christianisme jusques dans ses fondements, & ayant le plus grand intérêt à le faire, ils ne se font point récriés contre une fausseté si manifeste & si criante : ou il faut que les Incrédules ayent eux-mêmes perdu l'esprit ; si pesant mûrement ces circonstances, ils s'obstinent encore à révoquer en doute les faits miraculeux annoncés dans l'Evangile.

Le Gent. Votre démonstration me paroît tout-à-fait victorieuse. Achevez cependant : on ne peut trop solidement étayer cette matière.

Le Théol. Deuxième démonstration. Je crois que la seconde démonstration ne vous le paroîtra pas moins ; jugez-en.

Des faits que les adversaires mêmes les plus outrés, quoiqu'en très-grand nombre, n'osent pas nier, ne peuvent, sans une espéce de démence, être révoqués en doute. Or les adversaires les plus outrés des Chrétiens, quoiqu'en très-grand nombre, n'ont jamais osé nier les miracles de Jesus-Christ. Donc ils ne peuvent être révoqués en doute, sans une espéce de démence.

Une induction vous démontrera ma seconde proposition. Les Philosophes Payens ont reconnu ces miracles : Porphyre, cité par Eusebe, liv. 3, les a reconnus tout ainsi que Celse, cité par Origène, liv. 2, & Julien l'Apostat, cité par saint Cyrille, liv. 6. Chalcidius, dans son Commentaire sur Timœe, parle de l'apparition d'une nouvelle étoile, qui annonçoit la naissance d'un Dieu dans la Judée. Phlégon, affranchi de l'Empereur Adrien, dans son livre 13 ; Thallus, dans ses Syriaques, liv. 3, font mention de cette éclypse, qui parut contre le cours de la nature, à la mort de Jesus-Christ. Le même fait étoit consigné dans les Annales du Sénat de Rome, aussi-bien que la mort & la Résurrection de l'homme-Dieu. Tertullien, & saint Lucien, ne craignoient pas d'y renvoyer leurs adversaires, comme vous pourrez le voir dans Eusébe, liv. 9. Plusieurs Empereurs Romains ont aussi reconnu les miracles de Jesus-Christ. Témoin l'Empereur Tibére, qui, comme l'attestent Eusébe, & Tertullien dans son Apologétique, c. 5, insiste en plein Sénat, pour faire rendre les honneurs divins à cet homme, qu'il regardoit comme un Dieu. L'Empereur Alexandre Sévére, qui le plaça entre ses Dieux domestiques, & l'adoroit tous les matins ; l'Empereur Marc-Auréle, qui, dans ses Lettres au Sénat, rapportées par saint Justin dans son second Apologétique, attribue aux priéres des Chrétiens qu'il avoit dans son armée, la victoire qu'il remporta en Allemagne sur les Quades ; priéres

qui firent tout-à-coup tomber du Ciel une pluye
abondante, qui empêcha l'armée Romaine de
mourir de soif, tandis que la même nuée lan-
çoit les foudres & les carreaux fur les barbares. En un mot, cette défaite pitoyable, à laquelle ont eu fi fouvent recours les autres
Payens, d'attribuer les miracles du fils de Dieu
& de fes Difciples, à des enchantements, n'eft-
elle point elle feule une preuve évidente qu'ils
reconnoiffoient l'exiftence de ces effets prodigieux, qu'ils ne pouvoient éluder qu'en les
calomniant ridiculement?

Les anciens Juifs les ont reconnus, puifqu'ils
les attribuoient à Béelzébub, prince des démons.
Les Juifs plus modernes, ou les Juifs Talmu-
diftes, les ont reconnus : la feule évafion qu'ils
ont imaginée contre une preuve fi accablante
de la fauffeté de leur Secte, fut de dire que Jefus-Chrift n'avoit fait fes miracles qu'au nom
de Jéhovale, c'eft-à-dire, Dieu ; qu'il avoit
trouvé le fecret de prononcer d'une manière
particulière. Mais leur Talmud a enfin fenti la
foibleffe de cette reffource, & a été forcé de reconnoître qu'elle ne pouvoit tenir contre les miracles de fes Difciples, opérés au nom de Jefus-
Chrift même. Mahomet ne les a pas feulement
reconnus, mais leur en a, felon le penchant
de fon génie, ajoûtés plufieurs autres apocry-
phes & fabuleux. Donc &c.

Le Gent. Vous me paroiffez ignorer que Celfe,
que vous citez en preuve, reprocha aux Chrétiens dans Origène, l. 2, qu'ils avoient dès-lors

corrompu & falsifié leurs livres évangéliques. Depuis ce temps, combien ne doivent-ils point avoir été fauffés & altérés ? Donc les faits rapportés dans vos Evangiles, doivent paffer au moins pour douteux.

Le Théol. Je ne l'ignore point. Mais autre chofe eft d'avoir nié les miracles de Jefus-Chrift, qu'il a dû connoître par la tradition, qui étoit encore fort prochaine de fa fource ; autre chofe d'accufer les Chrétiens d'avoir falfifié leurs livres, pour leur reprocher leurs prétendues variations, & leur inftabilité. Ignorez-vous que la réponfe d'Origène à cette calomnie, demeura fans replique de la part du Philofophe Payen ? *Je fais de fcience certaine*, lui dit Origène, *que toutes les Eglifes Chrétiennes confervent les livres de leur Evangile, fans altération ou dépravation quelconque ; que les feuls Difciples des Héréfiarques, Marcion & Valentin, & peut-être ceux de Lucain, ont falfifié les leurs. Eft-ce la faute de la Religion Chrétienne, & non point celle de ces téméraires corrupteurs ?* Or ce font les Eglifes Chrétiennes, & non point ces Hérétiques, qu'on regardoit comme anti-Chrétiens, qui nous ont tranfmis par une chaîne non interrompue de génération en générations, nos livres évangéliques : donc les Incrédules ne peuvent les accufer de dépravation ou falfification quelconque.

Pour vous ôter toute envie de revenir fur vos brifées en cette matière, j'avance deux propofitions, qui paroîtront évidentes à quiconque veut ouvrir les yeux.

La première eft, qu'il eft de la plus grande certitude que l'Eglife Catholique n'a jamais fouffert aucune altération, au moins qui en valut la peine, dans les écritures qu'elle admet comme facrées. Les Manichéens s'avisèrent d'intenter cette calomnie aux Catholiques dans le cinquième fiècle. Mais faint Auguftin, qui fleuriffoit en ce temps, affure que *l'évidence de la vérité contraire leur ferma la bouche, & les fit retirer tout couverts de confufion.* Que les Hérétiques prennent la peine de confronter tous les Peres, les Théologiens, les Ecrivains Afiatiques, qui ont écrit depuis ce temps jufqu'au nôtre, & nous leur donnons hardiment le défi de trouver la moindre diffonance, la moindre diffention, entre les témoignages qu'ils citent de l'Evangile, & ceux que nous lifons encore dans nos livres évangéliques.

La feconde propofition, c'eft qu'il eft même impoffible que telle dépravation foit arrivée aux livres de l'Evangile.

Premièrement, parceque toutes les Eglifes Catholiques, qui ont toujours évidemment fait un nombre incomparablement plus grand que les Sectes qui s'en étoient féparées, auroient fortement réclamé contre cette facrilège innovation. Réclamation dont on ne voit pas le moindre veftige dans l'Hiftoire, & qui auroit cependant été, pour l'univerfalité morale du monde, comme un tocfin, qui eut donné l'allarme à tous les Chrétiens, & les eut mis en garde contre le téméraire attentat de quelques révoltés.

Secondement. Parceque les Héréfies tenant toutes de la nature des orages , qui ne durent qu'un certain temps ; le calme étant rendu aux Eglifes , elles n'euffent point manqué d'abdiquer, de défavoüer, d'exterminer ces malheureufes productions qu'eut enfanté l'erreur , & de remettre de plus en plus en honneur les vrais exemplaires , telles qu'elles les avoient reçus de leurs peres. Jugez de l'évidence de cette vérité par les mœurs mêmes des Chrétiens de ce fiècle, que vos Philofophes n'appellent le fiècle de lumière, que parce qu'ils préférent les ténèbres à la lumière. Suppofé que des Novateurs ayent la témérité de vouloir altérer les livres de l'Evangile : croyez-vous que les Eglifes Catholiques du monde entier , ne s'élevaffent point, ne s'oppofaffent point comme un mur d'airain , contre cette audacieufe & criminelle entreprife? Que devons-nous donc croire des fiècles, où la charité étoit plus ardente , le zèle plur pur & plus actif, les mœurs moins corrompues? Je ne crois point que vous puiffiez fronder ce raifonnement.

Le Gent. Non : il eft marqué au coin de l'évidence. J'attends votre troifième démonftration.

Le Théol, C'eft un dilemme , mais un dilemme, (je ne crains point de le dire) un dilemme des plus convainquants : pefez-en bien chaque partie ; je l'expofe à votre critique.

Où les Apôtres, après l'Afcenfion de Jefus-Chrift , ont fait des miracles éclatants, des miracles qui fuffent au-deffus de toutes les forces

de la nature , & ont communiqué avec les dons
du Saint-Efprit, la même puiffance aux nouveaux fidèles, ou non. Je donne l'option aux
Incrédules. S'ils choififfent le premier membre,
la difpute eft entièrement terminée à mon avantage. Car puifqu'ils faifoient ces miracles en
confirmation de la doctrine de l'Evangile & des
faits miraculeux qui y font contenus , principalement en confirmation de la Réfurrection,
& de l'Afcenfion de Jefus-Chrift : Donc tout ce
que renferment les Evangiles , eft vrai tant
pour la doctrine, que pour les miracles. Donc
Jefus-Chrift eft vraiment reffufcité , s'eft vraiment élevé au Ciel à leurs yeux. Donc la Religion Chrétienne eft vraiment divine. S'ils choififfent le fecond membre , comme ils le choififfent en effet ; il faut qu'ils foient affez abfur-
des pour dire qu'il eft impoffible, de toute impoffibilité, que le monde ait jamais embraffé la
Foi Chrétienne. Je le prouve par deux raifons.
Première raifon. Jefus-Chrift dans faint Marc,
chap. 16, avant que de retourner à fon Pere,
avoit promis comme une marque & un caractère non équivoque de la foi de ceux qui croi-
roient en lui , qu'il leur communiqueroit la
puiffance d'opérer des miracles, de guérir les
maladies , par la feule impofition des mains;
de chaffer les démons des corps des poffédés ,
de parler toutes fortes de langues , fans les
avoir jamais apprifes , & de faire tous les autres
genres de prodiges , qui font les preuves in-
conteftables de l'opération toute-puiffante de

Dieu. *a* Le livre des Actes des Apôtres attefte qu'en effet tous ces faits prodigieux n'étoient point feulement propres aux Apôtres, mais qu'ils s'opéroient communément par les autres fidèles. Saint Paul, dans fes Epîtres, prend même à témoins de la vérité de ces merveilles, & cite comme les inftruments par lefquels Dieu les opéroit très - ordinairement, les Hébreux, les Romains, les Corinthiens, les Theffaloniciens, les Galates.

Or il eft impoffible qu'ils ayent tous cru avoir été témoins oculaires des prodiges qu'ils n'avoient pas vus, qu'ils ayent cru les avoir fait eux-mêmes, tandis qu'ils ne les auroient pas faits. Donc il étoit impoffible qu'ils ne rejettaffent point comme des impofteurs impudents, qu'ils n'euffent pas même en exécration & Jefus-Chrift, qui leur auroit fait des promeffes fi trompeufes, & fes Apôtres qui leur auroient annoncé des fauffetés fi notoires, pour les engager à renoncer à la Religion de leurs peres, à des ufages les plus folemnellement confacrés par la coutume & par les loix. Par conféquent il étoit impoffible qu'ils embraffaffent la Religion Chrétienne, qu'ils ne la décréditaffent pas même par-tout, comme une fuperftition abominable, remplie de menfonges & d'impoftu-

(*a*) *Signa autem cos qui crediderint hæc fequentur; in nomine meo dæmonia ejicient; linguis loquentur novis; ferpentes tollent : & fi mortiferum quid biberint, non eis nocebit : fuper ægros manus imponent, & bene habebunt.*

res infignes. Ils l'ont cependant embraffé cette Religion, & ils l'ont embraffé comme divine: c'eft un fait contre lequel aucun Déïfte n'ofe-roit s'infcrire en faux. Donc il eft évident que les Apôtres ont fait des miracles éclatants, & qu'ils ont communiqué la même puiffance aux premiers fidèles.

Seconde raifon. Que tout le monde entier, tant les favants que les ignorants, ayent cru, en s'obligeant à facrifiér même leur vie, s'il le faloit, des dogmes fi difficiles à croire, fi élévés au-deffus de notre foible raifon, fi contraires aux penchants les plus enracinés dans notre na-ture corrompue, aux préjugés les plus accrédi-tés; qu'ils ayent, dis-je, cru tout cela, fur la fimple parole de quelques pauvres pêcheurs, gens groffiers & ignorants, fans la voix & l'au-thorité des miracles; c'eft un fait qui fuppofe, que tout le monde entier ait perdu l'efprit, & foit tombé perfévéramment jufqu'à nos jours dans le comble de l'extravagance : chofe abfolument impoffible ; puifque Dieu créant les hommes dans de telles difpofitions, les eut compulfés en erreur, & rendus incapables d'un vrai culte de Religion, par conféquent directement éloig-nés de la fin de leur création. Or le monde en-tier a embraffé la Religion Chrétienne avec une telle fermeté d'adhéfion, que toute la puiffance des Empereurs, qui employérent pour cela le fer & le feu, que la cruauté la plus inouïe des fup-plices ne pût l'ébranler. Au contraire ces maî-tres de la terre fe virent obligés eux-mêmes à

courber

courber leurs têtes orgueilleuses fous le joug de l'Evangile. C'eſt-là un fait que vous ne pouvez nier fans devenir vous-même un prodige en quelque forte plus grand, que ceux que vous niez : mais un prodige d'aveuglement, d'incrédulité, d'extravagance. Donc il faut ou que ce qui eſt abſolument impoſſible, ſe ſoit fait, & par conſéquent qu'il ait été tout-à-la-fois impoſſible & poſſible, ce qui implique manifeſtement : ou il faut que Jeſus-Chriſt & ſes Diſciples ayent fait des miracles éclatants, en confirmation de la Religion Chrétienne. Qu'avez-vous à répliquer à cette démonſtration ?

Le Gent. Hé que voulez-vous que j'y replique ? J'ai trouvé vos deux premières preuves tout-à-fait évidentes ; je trouve celle-ci encore plus triomphante. Je ne tiens preſque plus que par un fil au parti des Incrédules. Achevez votre victoire ; rompez-le ce fil fatal, je vous en ferai obligé toute ma vie.

ARTICLE SECOND.

Des motifs de crédibilité de la Religion Chrétienne.

Le Théol. JE ne ſais ſi vous avez pris garde qu'en établiſſant la vérité des faits contenus dans les livres de l'Evangile, j'ai en même-temps établi implicitement la divinité de la Religion Chrétienne. Car la vérité des miracles de Jeſus-Chriſt une fois conſtatée , Dieu ne pouvant authorifer l'erreur par des effets de fa toute-puiffance , il eft inconteftable que la Religion qu'ils authorifent, vient néceffairement de Dieu. Donc les myftères de la doctrine qu'elle renferme , font tous autant de révélations de la fuprême vérité. Donc il eft d'une néceffité indifpenfable de captiver fon efprit fous le joug de la foi en Jefus-Chrift. Ainfi je ne ferai que mettre la dernière main à ce que je viens, pour ainfi dire, feulement d'ébaucher. Vous avez vû l'efquiffe ; achevons le tableau.

Le. Gent. Quelques traits de plus ; & j'en ferai fatisfait.

Le Théol. Pour vous conduire par la route la plus courte , je vous ai renvoyé pour les Prophéties de l'Ancien Teftament , concernant le Meffie , aux grands génies qui ont éclairci cette matière , & en particulier au favant Evêque Du Puis. A l'aide de ces fublimes lumières , vous verrez difparoître le voile myftérieux qui fembloit y répandre des ombres , toutes les anciennes Prophéties accomplies en Jefus-Chrift , devenir par avance plutôt autant de traits de l'hiftoire de fa naiffance , de fa vie, de fa mort , de fa réfurrection , de fon afcenfion , de l'établiffement de fon Eglife , que de fimples prédictions. Vous verrez au plus grand jour , la Prophétie de Jacob avoir fon accompliffement parfait quant au fond , au temps , aux circonftances , dans Jefus-Chrift , qui comme vrai fils de David , venant fubftituer la réalité à la figure , un Royaume fpirituel à la puiſſance temporelle des Juifs ; c'étoit une ſuite néceſſaire que leur puiſſance légiſlative & ſouveraine eût alors ſa fin , comme elle l'eut en effet, même de leur propre aveu, lorſqu'ils dirent à Pilate : *Nous n'avons pas d'autre Roi que Céſar. Non habemus Regem niſi Cœſarem.* Vous verrez avec la même clarté au travers des difficultés qu'ont fait naître certains eſprits , qui embrouillent tout, ſous prétexte de l'éclaircir, que le terme des ſoixante & dix ſemaines de Daniel , ne peut être reculé au-delà de la deſtruction de Jeruſalem , puiſque la dernière de ces ſemaines où le Saint des Saints devoit être immolé , devoit être ſuivie de la ruine totale de cette grande Ville , de la prophanation du Temple , de la déſolation entière du peuple Juif ; déſolation qui dureroit juſqu'à la conſommation des ſiécles. C'eſt donc Jeſus, fils de Marie, qui eſt ce Saint des Saints, ou, ſelon le texte Hébreu , *la Sainteté des Saintetés* , c'eſt-à-dire , la Sainteté par eſſence. Puiſqu'il a été mis à mort au milieu de la dernière de ces ſemaines, qui ſont néceſſairement d'années , & qu'il eſt impoſſible de trouver quelqu'autre que lui à qui puiſſent convenir les caractères & les circonſtances marquées, tant dans cette prophétie, que dans les autres concernant le Meſſie.

Vous verrez encore qu'il eſt cet enfant merveilleux, qui devoit naître d'une Vierge demeurant Vierge , comme l'avoit prédit Iſaïe , qui ſeroit en même-temps l'*Emmanuël*, c'eſt-à-dire, Dieu avec nous, *l'admirable*, (a) le Dieu

(a) *Parvulus natus es nobis , & filius datus eſt no-*

fort, le Pere du fiècle futur, le Prince de la paix *affis éternellement fur le trône de David.* Parce que ce fils de David fera éternellement le Chef & le Roi de l'Eglife, tant militante, que triomphante. Qu'il eft en même-temps ce Dominateur tant défiré, cet Ange de la nouvelle alliance, qui devoit, felon Aggée & Malachie, rendre par fa préfence le fecond Temple beaucoup plus glorieux que le premier. En un mot, vous verrez qu'il eft le point de réünion où viennent aboutir toutes les prédictions des anciens Prophêtes, touchant le Meffie promis.

Pour moi, je me borne aux feules Prophéties de Jefus-Chrift même, contenues dans les livres du Nouveau Teftament. J'y découvre par-tout la plénitude de l'efprit prophétique qui l'infpiroit. Tantôt il perce les voiles qui cachent ce qu'il y a de plus fecret dans les cœurs. Tantôt il fait un détail des faits qui font très-éloignés de lui, auffi circonftancié que s'il y étoit préfent: témoin ce qu'il dit à Nathanaël, qui en fut fi frappé, que par là feul il confeffa fur le champ, qu'il reconnoiffoit en lui le Meffie. Témoin encore ce qu'il dit à la mort de Lazare, en prédifant en même-temps qu'il alloit le rappeller à la vie, quoiqu'il fut inhumé depuis quatre jours, & exhalât une odeur de putréfaction. Je ne dis rien de la révélation qu'il fit à

bis.... Et vocabitur nomen ejus admirabilis.... Deus fortis, Pater futuri fæculi, Princeps pacis.... Super folium David....., Sedebit.... A modò & ufque in fempiternum.

la Samaritaine, au fujet de celui paffoit pour fon fixième mari ; connoiffance prophétique, qui opéra fa converfion, & celle de quantité de Samaritains.

Ouvrons les livres de l'Evangile Je tombe par hazard fur un paffage de Saint Jean, où l'homme-Dieu s'applique à lui-même tout ce qui a été prédit du Chrift dans l'Ancien Teftament, & y renvoye les Juifs, comme à une preuve inconteftable de la divinité de fa miffion, & de la vérité de fa doctrine : *Scrutamini fcripturas.... illæ funt quæ teftimonium perhibent de me, & non vultis venire ad me ut vitam habeatis.* Joan. c. 5.

Ce paffage m'en rappelle un autre à l'efprit, où il s'applique à lui-même la Prophétie des foixante & dix femaines de Daniel, & prédit la ruïne totale de l'ingrate Jerufalem, en punition de ce qu'elle a refufé de croire en lui. (*a*) Et afin qu'on ne doutât pas de cette application, il cite nommément Daniel. (*b*) Il prédit avec la même certitude la réprobation des Juifs, en conféquence de leur endurciffement, la converfion des Gentils, qui leur feront fubftitués, la prédication de fon Évangile par toute la terre. Il prédit fa mort, avec fes moindres circonftances, la trahifon du perfide Judas, la fuite

(*a*) *Circumdabunt te inimici tui vallo, & circumdabunt te & coanguftabunt te undiquè : & ad terram profternent te ; & filios tuos qui in te funt, & non relinquent in te lapidem fuper lapidem, eò quod non cognoveris tempus vifitationis tuæ.* Luc. 19.

(*b*) *Cum ergo videritis abominationem defolationis quæ dicta eft à Daniele Propheta.* Matt. c. 24.

Y 3

honteuſe de ſes Diſciples, l'infidélité de Pierre, & ſa converſion, le renvoi de ſa cauſe entre les mains du Préſident Romain, ſes ignominies en tout genre, ſa ſanglante flagellation, ſon crucifiment entre deux voleurs, ſa réſurrection par ſa propre vertu, ſes apparitions qui la ſuivirent. Sur quoi voici un ſimple raiſonnement qui me paroît d'une force invincible.

Dieu ſeul peut être l'auteur des vraies Prophéties, je veux dire des Prophéties dont l'événement eſt tout-à-fait contingent, & qui cependant ont leur entier accompliſſement. C'eſt une vérité que la ſeule raiſon a appriſe à tous les hommes : les Idolâtres & les Juifs ont été de tout temps parfaitement d'accord ſur ce point avec les Chrétiens. La choſe ne pouvoit-être autrement. Car la ſcience de Dieu étant infinie, elle s'étend néceſſairement ſur toutes les choſes, mêmes les futures, quelques contingentes qu'elles ſoient ; les ténèbres qui cachent à nos foibles regards un ſombre avenir, diſparoiſſent néceſſairement devant elle ; elle découvre infailliblement la détermination de toutes les créatures en telles & telles circonſtances. Dieu étant d'ailleurs infiniment puiſſant, le maître ſouverain qui diſpoſe de tout ſelon ſon bon plaiſir, ſans pour cela bleſſer en rien la liberté des cauſes ſecondes ; c'eſt à lui ſeul à influer infailliblement dans leurs effets : c'eſt donc à lui ſeul à les permettre ou à les empêcher, comme il lui plaît ; lui ſeul ſait s'il veut les permettre ou les empêcher : donc lui ſeul peut infailliblement prédire les choſes futures & entièrement contingentes. Mais il ne peut les prédire en confirmation de l'erreur. Donc quand il fait des prédictions en confirmation d'une doctrine, cette doctrine devient par-là même authorisée par la suprême Vérité. Or je vous ai fait voir que Jesus-Christ s'est appliqué à lui-même les Prophéties anciennes concernant le Messie ; ce qui est la même chose que s'il les avoit fait lui-même dérechef: je vous ai fait voir de plus, qu'il avoit fait lui-même quantité de vraies prédictions, en confirmation de sa doctrine, pour prouver qu'il étoit vraiment le Messie prédit par tous les Prophêtes, l'Envoyé de Dieu, Dieu lui-même, & par conséquent infaillible. Donc la doctrine de Jesus-Christ, par conséquent son Evangile, est la parole infaillible de Dieu, le témoignage de la vérité même. Donc il est absolument nécessaire de s'y soumettre de cœur & d'esprit.

Le Gent. Je vous l'ai déjà dit. Je suis déterminé à ne vous pas céder même un seul pouce de terrein, sans qu'il soit emporté de vive force. Je trouve votre proposition générale ou majeure, de la dernière évidence, quant aux prédictions qui se font d'une manière infaillible ; mais il faut me prouver que celles dont vous me parlez sont telles, que ce ne sont point des visions de quelque enthousiaste, qui se seront trouvées vraies par hazard. La chose n'est pas impossible ; & à moins que de m'en démontrer l'impossibilité, je ne puis faire cas de vos prétendues Prophéties.

Le Théol. L'impossibilité que vous demandez, je la trouve premièrement en ce que les
lumieres seules de la raison, que vous ne pouvez supposer universellement fautives, sans que
l'erreur ou elles conduiroient, ne soit im-
putée au Créateur, ont cependant dicté généralement a tous les hommes, dans tous les
temps, que c'étoit une propriété inaliénable-
ment attachée à la seule Divinité, de faire des
prédictions qui sortissent parfaitement, & dans
tous les points, leur accomplissement, en matiere contingente. Lisez les histoires de tous les
peuples, & vous verrez qu'ils ont tous attribué
leurs prétendues prédictions & leurs Oracles ap-
parents, à quelque Divinité. Si l'Incrédule pense
aujourd'hui autrement, ce n'est pas que la raison ne lui dicte le contraire, c'est que son orgueil a malheureusement prescrit contre la raison; & que pour vivre à son gré, il ferme les
yeux à des lumières qui l'importunent & le
troublent.

Je la trouve secondement, en ce que dans
les livres de Moïse, que vous avez été obligé
de reconnoître comme divins, la puissance de
faire des prédictions véritables, est par-tout regardée comme un appanage incommunicable
de la seule Divinité. C'est que dans le Prophète
Isaïe, dont vous ne pouvez récuser le témoignage, puisqu'il a été confirmé par d'éclatants
miracles, Dieu donne le défi aux fausses Divinités des nations, de prédire l'avenir; consen-
tant de les regarder comme de véritables Dieux,

s'ils y peuvent réuſſir. (*a*) Ainſi comme il eſt impoſſible qu'il y ait pluſieurs Dieux, il eſt pareillement impoſſible qu'il ſe faſſe de vraies prédictions, ſinon par l'eſprit de Dieu.

Je la trouve en troiſième lieu cette impoſſibilité, en ce que Dieu, dans votre hypothèſe, ſe priveroit lui-même du pouvoir de ſe concilier une ferme créance de la part des hommes, pour ce qu'il lui plairoit de leur révéler par le moyen des Prophéties. Par conſéquent il ne ſeroit plus puiſſant en tout genre ; ce qui eſt abſolument impoſſible. La raiſon de ceci eſt, que chacun ſeroit toujours en droit de demander qu'on lui prouve que cette Prophétie a été faite d'une manière infaillible ; & comme l'infaillibilité de la Prophétie dépend de l'infaillibilité de la connoiſſance de Dieu, par rapport à tel & tel objet : cette connoiſſance nous étant tout-à-fait cachée ; il nous feroit donc impoſſible de ſavoir ſi la Prophétie auroit été faite d'une manière infaillible, où ſi elle ſe ſeroit vérifiée par hazard. Par conſéquent nous ferions toujours diſpenſés de croire avec une adhéſion certaine, ſi c'eſt Dieu qui nous parle par le moyen de toute Prophétie quelconque. Donc il ne pourroit plus par cette voie mériter de notre part une ferme adhéſion.

En quatrième lieu, quand bien même votre objection pourroit avoir quelque force, par rapport à certaines prédictions, elle ne le pourroit

(*a*) *Annunciate quæ ventura ſunt in futurum, & ſciemus quia dii eſtis vos. Iſaï* 41.

certainement pas, quand les prédictions se font
en confirmation d'une doctrine en matière de
Religion. Car comme tous les hommes, excepté les Incrédules, sont, comme je viens de
le dire, convaincus par les lumières de leur raison, qu'une prédiction qui se vérifie parfaitement en matière contingente, vient de Dieu;
sur-tout si elle est appuyée sur l'authorité des
miracles, comme celles de Jesus-Christ : donc
si elle se fait en confirmation d'une doctrine,
supposé qu'elle soit erronée, tous les hommes,
excepté les Incrédules, seront invinciblement
nécessités à l'erreur ; & comme l'incrédulité est
la plus capitale des erreurs, donc tous les hommes généralement, seront nécessairement induits
en erreur. Or Dieu ne peut permettre que tous les
hommes soient nécessités à l'erreur, en suivant
l'instinct de leur raison ; cela seroit contraire à
la fin de leur création, & par conséquent Dieu
seroit en contradiction avec lui-même ; ce qui
est impossible. Donc &c. Je puis pousser plus
loin cette progression,.....

Le Gent. Non. Ce que vous avez dit, a dissi-
pé mes doutes sur ce point ; venons aux autres
motifs de crédibilité.

Le Théol. Si ce premier motif de crédibilité
vous paroit suffisamment démontré pour vous,
il ne l'est point encore suffisamment pour l'honneur de notre sainte Religion, tant elle abonde
en convictions. J'ajoûte une seconde démonstration dans le même genre, pour servir d'appui
à la première, s'il en étoit besoin. La voici ; c'est
un développement de la première.

Quoique l'accomplissement qui s'est fait autre-fois, & que tous les siècles attestent, des Prophéties de Jesus-Christ, dût suffire pour faire embrasser sa doctrine à tout homme raisonnable : cependant pour pousser l'incrédulité à bout, la Providence divine a voulu qu'il y en eût plusieurs qui continuassent perséveramment à s'accomplir tous les jours sous nos yeux, & que par conséquent elles eussent encore, par rapport à nous, une force aussi victorieuse que si c'étoit à présent que cet homme-Dieu les fit.

Il avoit prédit que le Prince de ce monde, c'est-à-dire le démon, qui regnoit tyranniquement sur tout le monde, qui s'y faisoit partout adorer comme un Dieu, alloit être chassé de ces Idoles où il avoit établi l'empire de la séduction, en y trompant les hommes par de faux miracles. (a) La Prophétie commença à s'accomplir dès le temps de Jesus-Christ ; dèslors la fameuse Pithie de Delphes, & les autres Oracles cessèrent de séduire par de prétendues prédictions leurs aveugles adorateurs. Ce fort armé s'est vu forcé d'abandonner les possessions où il s'étoit injustement maintenu depuis tant de siècles, & continue encore de nos jours à avoüer par son silence, tout-à-la-fois, & son impuissance, & la puissance divine de celui qui le force à demeurer muet.

En effet, il est évident que ces Oracles trompeurs, portant leur ambition démesurée jusqu'à

____

(a) *Nunc Princeps hujus mundi ejicietur foras* Joan. c. 12.

affecter les honneurs divins, en trompant les hommes, ils ne pouvoient se taire, s'ils n'y avoient été forcés par une puissance supérieure. Or il n'y a point de puissance supérieure à celle des démons, sinon celle de Dieu, ou des esprits bienheureux, qui ne peuvent agir que conformément à la volonté & aux ordres de Dieu : donc c'est Dieu lui-même qui les a forcé à se taire. Et puisque Jesus-Christ avoit prédit ce prodige en confirmation de sa doctrine ; donc en premier lieu, c'est Dieu seul qui lui a communiqué cette connoissance : donc en second lieu, Dieu n'a pû opérer ce prodige en telles circonstances, sans authoriser la doctrine de Jesus-Christ. Or le point capital de la doctrine de Jesus-Christ, étoit sa divinité : donc Dieu en fermant la bouche aux Oracles séducteurs, a authorisé le dogme de la divinité de Jesus-Christ : donc il est vraiment Dieu, & sa doctrine est vraiment divine. Je ne vois pas que vous puissiez vous tirer de ce pas.

Le Gent. Je n'apperçois qu'un débouché, c'est celui que m'ouvre le célèbre Mr. Vandale, savoir que ces Oracles n'étoient point des démons, que ce n'étoient que des Prêtres prestigiateurs, dont l'avidité sacrilège conduisoit toute cette intrigue frauduleuse.

Le Théol. Le savant Pere Baltus vous a enlevé cette misérable échapatoire, en fermant la bouche au Médecin avanturier qui vous l'avoit fournie. Julien l'Apostat vous l'avoit enlevée long-tems avant lui. Quelqu'intérêt qu'eut cet
Empereur

Empereur d'y avoir recours; & quelque envie qu'il eut de le faire, le fait contraire étoit alors si évident, qu'il fut contraint d'avoüer que ces Oracles étoient les Dieux des Payens, & qu'ils s'étoient tûs par-tout aux temps de Jesus-Chrift. La raifon eft parfaitement d'accord là-deffus avec l'authorité. Car fi les Prêtres étoient les auteurs de cette manœuvre impie, pourquoi ne la continuèrent-ils point après la mort de Jefus-Chrift? L'occafion étoit infiniment favorable alors pour accréditer la fourberie. Les Idolâtres, cóntre qui les Chrétiens fe prévaloient du filence de leurs Oracles, & le citoient continuellement en preuve de l'impuiffance de leurs Dieux, & de la puiffance de Jefus-Chrift, euffent appuyé de tout leur pouvoir leurs Prêtres, en attribuant leurs preftiges à la puiffance de leurs fauffes Divinités. Ainfi je reprends le fil de ma démonftration.

Jefus-Chrift avoit encore prédit, en s'appliquant la Prophétie de Daniel, qu'en punition de leur déïcide, la défolation & la difperfion des Juifs, après la ruine de leur Ville & de leur Temple, dureroit jufqu'à la confommation des fiècles. (a) Nous voyons encore cette Prophétie s'accomplir de nos jours à la lettre. Nous le voyons depuis plus de dix-fept fiècles, ce peuple perfide, fans Cité, fans Temple, fans facrifice, fans chef, par-tout errant, par-tout étranger & difperfé, par-tout le rebut, l'exécration

____

(a) *Et ufque ad confummationem & finem perfeverabit defolatio.* Dan. c. 9.

Z

de l'univers. Ils ont affez de richeffes entre-eux, pour former, en fe réuniffant, un état puiffant & formidable ; la volonté ne leur en a jamais manqué; ils l'ont même quelque-fois tenté : mais une Providence contraire, Dieu qui veille à l'accompliffement de fes Oracles, & qui venge fur leur malheureufe poftérité le déïcide commis en la perfonne de fon fils, a mis des obftacles infurmontables à leurs projets. Il faut qu'ils apprennent à tous les peuples, & la divinité de celui qu'ils ont crucifié, & la vengeance dont ce crime horrible a été fuivi.

Enfin il a prédit cette homme-Dieu, qu'après avoir êté élevé fur la croix, pour y expier les péchés de tous les hommes, il attireroit à lui tous les peuples de la terre (*a*) Cette Prophétie a déjà eu en grande partie fon accompliffement, & elle continue à s'accomplir tous les jours. L'Empire Romain, qu'on regardoit comme le monde entier, après avoir perfécuté les Chrétiens à outrance, devint lui-même entièrement Chrétien ; fes Céfars, après avoir fait plier fous leur puiffance toutes les nations, plièrent eux-mêmes humblement le genoû devant Jefus-Chrift, à qui ils firent hommage de leur fceptre & de leur couronne, en le reconnoiffant pour feul vrai Dieu. Toute la Grèce, les peuples féroces de la Germanie, de la Pannonie, de la Bulgarie ; toute l'Europe, l'Affrique, l'Afie, fuivirent l'exemple de ces maîtres

(*a*) *Et ego fi exaltatus fuero à terrâ, omnia traham ad me ipfum.* Joan. c. 12.

du monde. Les nations qui suivent à présent la superstition de Mahomet, furent Chrétiennes, avant que d'adhérer à leur faux Prophète. Il est vrai que tous ces peuples n'ont point constâmment conservé le dépôt de la foi de Jesus-Christ : mais il n'avoit pas prédit leur persévérance. Leur conversion fut l'effet salutaire de son sang répandu pour tous les hommes, tant en général, qu'en particulier ; leur changement fut l'effet pernicieux de leur inconstance & de leur ingratitude.

Elle continue à s'accomplir tous les jours. Le seul François Xavier a conquis à Jesus-Christ presqu'un monde entier, dans les Indes & le Japon ; Dieu renouvellant en sa faveur les prodiges qu'on vit à la naissance du Christianisme, les guérisons miraculeuses, le don des langues & de prophétie, la résurrection des morts ; entre-autres celle d'un homme enterré depuis trois jours, à qui il commanda en présence de tout un peuple de barbares qui résistoient à l'Evangile, de sortir vivant du tombeau, en confirmation de la Religion qu'il leur préchoit. Le corps seul de ce grand Apôtre des Indes & du Japon, incorruptible après sa mort, malgré les moyens les plus efficaces qu'on employa pour le détacher des os ; son corps, qui au sçu de toute la terre, a conservé jusqu'à nos jours son incorruptibilité, n'est-il point un miracle toujours permanent, un témoignage toujours subsistant que nous donne le Ciel de la vérité de la Religion Chrétienne & Catholique, qu'il a

inconteſtablement profeſſée & préchée juſqu'à
la mort ? Sur les pas de cet homme de prodiges, on voit encore voler d'un pôle à l'autre,
des troupes généreuſes de ſes compagnons : déjà
un millier au moins de ces Athlétes a fertiliſé
par ſon ſang ces terres auparavant très-ingrates.
La Chine & la Cochinchinne ont des Chrétien-
tés très-nombreuſes. Il y a dans l'Amérique incomparablement plus de Catholiques, que l'Europe ne compte d'Hérétiques. Je m'arrête, & je
reprends. Il eſt impoſſible que la Vérité par eſſence nous induiſe en erreur, même pour un ſeul
moment. Donc il eſt, ſi je puis ainſi parler, pluſ-
qu'impoſſible qu'elle le faſſe perſévéramment.
Or elle le feroit, ſi elle accompliſſoit perſévéramment des prophéties en faveur d'une doctrine
erronée. Donc la doctrine de Jeſus-Chriſt eſt
véritable. Or la baſe & le point fondamental de
ſa doctrine eſt ſa divinité : donc il eſt vraiment
Dieu, donc tout ce qu'il a dit dans ſon Evangile eſt la parole de Dieu même.

Le Gent. Je me ſouviens que les Juifs impu-
tent leur diſperſion aux péchés de leurs ancêtres. Sur ce pied vous ſeriez encore loin de votre
compte.

Le Théol. Un homme qui ſe noye, ſe prend
à tout ce qui ſe préſente. Pour leur ôter ce
mépriſable ſubterfuge, on a coutume de leur
répondre que depuis que Moïſe les aſſembla en
corps de nation, jamais ils ne furent diſperſés
que pour le crime d'idolâtrie ; que long-temps
avant Jeſus-Chriſt, leurs Peres s'étoient dépris

du malheureux penchant qu'ils avoient pour cette prévarication, qu'ils n'y retombèrent jamais depuis ; que par conséquent il faut qu'un autre crime plus grand que l'Idolâtrie, leur ait attiré cette difperfion la plus terrible, la plus défaftreufe, la plus durable qui foit jamais arrivée à leur nation, & que ce crime ne peut être autre que le déicide commis en la perfonne de Jefus-Chrift. Cette réponfe eft d'une très-grande folidité. Mais moi je leur réponds en outre, que Jefus-Chrift ayant prédit leur difperfion interminable jufqu'à la fin des fiècles, comme une preuve de la vérité de fa doctrine, & du déicide commis en fa perfonne, ayant en outre foutenu fa prédiction par l'éclat de fes miracles ; Dieu ne pouvoit en ces circonftences concourir à cette affreufe défolation où ils font plongés, encore moins la continuer, fans divinifer & la perfonne, & la doctrine de Jefus-Chrift ; à moins qu'il n'eut donné un moyen de fe garantir de l'erreur & de l'illufion, fi c'en étoit une : mais ce moyen, on leur donne le défi de le trouver jamais.

Le Gent. Cette réponfe ferme la bouche. J'attends vos autres motifs de crédibilité.

Le Théol. Je prends le fecond, du fond même de la doctrine de l'Evangile. Sa fublimité, fa pureté, fa fainteté m'en démontrent elles feules la divinité. Quoi de plus fublime ? Les myftères qu'elle révéle font tout-à-fait au-deffus de la raifon humaine : bornons-nous au feul myftère de la Trinité des perfonnes en un feul Dieu.

C'eſt une conviction métaphyſique, formée en nous par le ſentiment intérieur, que l'intellect humain ne peut rien atteindre, qui n'ait quelque connexion, quelque rapport aves les choſes créées. Delà ce principe reçu généralement par tous les Philoſophes, & auſſi ancien que la Philoſophie même, qu'il ne peut rien y avoir dans l'entendement, qui n'ait auparavant affecté les ſens, au moins comme cauſe indirecte, ou occaſion. *Nihil eſt in intellectu quod non prius fuerit in ſenſu.* C'eſt-là notre ſphère, c'eſt notre portée. Mais quel lien, diſons mieux, quel rapport, quelle analogie peut-on trouver entre les choſes créées, ſur-tout celles qui tombent ſous nos ſens, & la Trinité des Perſonnes divines en une ſeule nature ? Donnez tant qu'il vous plaira la torture à votre eſprit. Je m'aſſure que vous n'en trouverez pas même l'ombre. Que je conçoive l'exiſtence d'un Etre néceſſaire & incréé, rien en cela de ſurprenant ; il y a une connexion néceſſaire entre lui & les êtres contingents qui ſont ſon ouvrage ; ils me conduiſent comme par la main à la connoiſſance de leur auteur. Mais que cet Etre ſuprême, quoiqu'unique en ſubſtance, renferme cependant trois perſonnes, il n'eſt rien dans la nature qui puiſſe donner lieu à cette idée. Elle eſt donc au-deſſus de la ſphère de l'intelligence humaine ; elle eſt d'une ſublimité parfaite.

Oſeriez-vous peut-être conteſter la pureté de la doctrine évangélique ? On entend ici, vous le ſavez, par pureté de doctrine, un tel aſſortiment des dogmes & des principes moraux ; un tel lien, une telle cohérence entre toutes les parties qui forment le corps de la doctrine, qu'elle soit parfaitement exempte de tout ce qui peut tant soit peu blesser la raison, soit par son inutilité, ou autrement. Sur quoi je défie hardiment tous nos Philosophes anti-Chrétiens de trouver dans la doctrine de Jesus-Christ, la moindre chose qui se démente, le moindre iota, qui offense tant soit peu la raison. Je ne crains point que vous réüssissiez dans une entreprise, où les Celses, les Porphyres, les Juliens, toute la gentilité la plus ingénieuse, & la plus obstinée, ont de tout temps vu échoüer leurs efforts les plus contentieux.

Pour la sainteté de la doctrine de Jesus-Christ, elle est telle que tous les prédécesseurs des impies de nos jours n'ont jamais osé exercer leur critique sur ce point. Ils se sont au contraire retranchés sur la prétendue impossibilité de sa pratique : *Lex Christianorum, Lex impossibilium*, disoit un de leurs dignes ancêtres. Quelles maximes, en effet, de morale, soit dans les préceptes, soit dans les conseils, plus propres pour conduire au sommet de la perfection, que votre instinct secret vous dicte être digne de Dieu, & de la créature raisonnable ? Prenez, lisez, & répondez-moi. Ou plutôt, je n'attends point là-dessus votre réponse, parceque je suis très-certain que vous n'en pouvez donner. Je m'arrête seulement à une réfléxion, que je vous prie de ne pas perdre.

Un homme qui n'a jamais étudié aucune science, tel qu'a été Jesus-Christ, de l'aveu de ses ennemis mêmes, n'a pu, par les secours humains, faire un code de doctrine, qui par sa sublimité, sa pureté, sa sainteté, surpasse incomparablement tout ce qu'ont pu jamais faire les hommes les plus savants & les plus éclairés, tout ce qu'enseigne même la Religion Mosaïque, dont vous avez été contraint de reconnoître la divinité. Or tel a été Jesus-Christ, telle est sa doctrine. Donc elle a sa source dans une lumière & une sagesse plus qu'humaine; & puisqu'il en a prouvé la vérité par des miracles & des prophéties les plus incontestables : donc sa doctrine est divine ; donc il est Dieu.

Le Gent. Vous vous trompez, si vous croyez que je vous passerai sans contestation l'assertion que vous venez de faire; savoir, que la doctrine de Jesus-Christ n'offense en rien la raison. N'est-ce point l'offenser ouvertement, à votre avis, que de contredire dans le mystère de la Trinité, ce principe évident & avoüé par tous les Philosophes : *Deux choses qui sont identifiées à une troisième, sont aussi identifiées entre-elles.*

Le Théol. Ce principe dans le sens que lui donnent les Philosophes, se trouve exactement vrai par rapport au mystère d'un Dieu en trois personnes. Ce sens est que quand deux choses s'identifient à un troisième attribut, ou totalement, ou en partie, elles ont de l'identité entre-elles, de la même manière qu'elles l'ont avec ce troisième attribut. Un des exemples qu'ils eitent, eſt ce ſyllogiſme : *Tout homme eſt animal: Pierre eſt homme ; donc Pierre eſt animal.* L'idée de l'animal eſt identifiée avec l'idée de l'homme, mais d'une identité non mutuelle, puiſque l'homme, au-deſſus de l'animal, emporte encore le raiſonnable. Pierre s'identifie auſſi à l'homme d'une identité non réciproque, puiſqu'outre l'animal raiſonnable, il renferme encore ſa ſingularité : donc il a une identité non réciproque, ou nòn totale avec l'animal ; & le ſyllogiſme eſt concluant. Mais ſubſtituez-lui cet autre raiſonnement : *Pierre eſt homme , Paul eſt homme ; donc Pierre eſt Paul ;* vous ferez au jugement unanime de toute l'Ecole phyloſophique , un vrai ſophiſme. Pourquoi ? Car deux , c'eſt-à-dire Pierre & Paul , ſont identifiés à un troiſième, c'eſt-à-dire à l'idée de l'homme. Cela eſt vrai ; mais ils n'ont avec ce troiſième qu'une identité non réciproque ; & vous leur donnez dans la concluſion une identité réciproque. Vous inférez donc plus qu'il ne vous a été accordé dans les prémices ; par conſéquent votre raiſonnement eſt vicieux. Appliquez maintenant , & le principe , & ſon explication, à la matière que nous traitons, tout ſe trouvera d'accord. Je fais , par exemple , ce ſyllogiſme : *Dieu eſt un Etre néceſſaire ; or le Pere eſt Dieu : donc le Pere eſt un Etre néceſſaire.* L'argument eſt en bonne forme, parceque dans les prémiſſes , je n'idenfie l'Etre néceſſaire, & le Pere à Dieu, que quant à la nature ; & ma concluſion ne leur donne point d'autre identité. Mais que je diſe,

Le Pere est Dieu , le Fils est Dieu ; donc le Pere est le Fils : je fais un paralogisme très-absurde, parceque dans mes prémisses je ne donne au Pere & au Fils, qu'une identité non réciproque avec un troisième, savoir avec la nature divine ; puisqu'au - dessus de la nature , le Pere & le Fils ont chacun leur hypostase ou leur personalité différente : & dans la conclusion , je leur donne une identité réciproque & totale. Ma conclusion infére donc plus que je n'ai établi dans mes prémisses ; illation que réprouve tout-à-fait , & la raison, & la Philosophie. Je n'ignore pas que nos Théologiens débrouillent cette difficulté en différentes façons ; mais celle-ci me paroît la plus naturelle, & je m'y tiens. Delà concluez que vos soi-disant esprits forts, ou manquent de bonne-foi , ou manquent de pénétration. Ils manquent de bonne foi, si entendant le véritable sens de ce principe phylosophique , ils le contournent cependant, comme ils font continuellement, de manière à le faire servir contre l'auguste mystère de la Sainte Trinité : ils manquent de pénétration , s'ils ne l'entendent pas. Je vous laisse à démêler cette fusée.

Le Gent. Je vous en prépare une autre , qui ne me paroît pas moins embarrassante. Vous avoüez que vos mystères sont au-delà de la sphère de la raison humaine ; donc vous ne pouvez savoir s'ils ne renferment point de la contradiction : pour le savoir , il faudroit les pénétrer. Or s'ils renferment de la contradiction , ils ne ne les faut pas croire. Donc nous ne pouvons savoir s'il les faut croire.

Le Théol. Le nœud que vous m'oppofez, n'eſt un nœud que pour qui ne l'enviſage point de près. Ce qui le forme, eſt une fauſſe propoſition que vous avancez bien hardîment, ſavoir que pour connoître qu'il n'y a point de contradiction dans une choſe, il faille la pénétrer : prétenſion deſtituée de tout fondement. Il eſt vrai qu'on ne peut démontrer qu'une choſe implique contradiction, ſans pénétrer le rapport qu'ont entre-elles les idées qu'elle renferme. Mais il eſt très-faux qu'on ne puiſſe par une autre voie s'aſſurer qu'elle ne renferme aucune contradiction. Pénétrez-vous l'aſſemblage des perfections infinies de Dieu ; eſt-il même poſſible qu'une intelligence finie, telle que la votre, les pénétre ? Cependant n'êtes-vous point convaincu qu'elles n'impliquent aucune contradiction ? Pénétrez-vous ſon immenſité, comment il ſe peut faire qu'il coëxiſte, ſans extenſion, à tous les lieux & à chaque partie des lieux ? Pénétrez-vous comment il a pû par un ſeul acte de ſa volonté, tirer du néant le Ciel, la Terre, & tout ce qu'ils contiennent ? Cependant vous croyez tout cela ; par conſéquent vous ſavez qu'il n'y a en cela aucune contradiction. Vous me direz que vous avez d'ailleurs une évidence que l'être de Dieu doit être néceſſairement infini en toute ſorte de perfections, que par conſéquent il vous conſte évidemment que les perfections infinies ne peuvent renfermer aucune contradiction. Mais moi je vous répondrai à mon tour, que nous avons auſſi d'ail-

leurs que par la voie de la pénétration de nos
myſtères, une évidence qui nous aſſure qu'ils
ne renferment aucune contradiction ; que cette
évidence eſt celle des motifs de crédibilité, ſur-
tout des prophéties & des miracles opérés en
preuve de la révélation que Dieu en a faite. Car
ſur ce fondement, voici comme tout Chrétien
raiſonne. Il eſt évident que Dieu étant ia ſuprême
& eſſentielle vérité, il n'a pu faire ni miracles,
ni prophéties , pour nous induire en erreur.
Or il n'eſt pas moins évident qu'il nous eut
induits en erreur, s'il avoit fait des miracles &
des Prophêties, dans la circonſtance où Jéſus-
Chriſt les donnoit comme une preuve de la révélation des myſtères qu'il annonçoit, ſans nous
fournir d'ailleurs un moyen ſûr de découvrir
qu'il les faiſoit pour une autre fin. Je demande
aux Incrédules où eſt ce moyen ? Quelque grands
qu'ayent été leurs efforts dans tous les ſiècles,
ils n'ont encore pû l'aſſigner. Donc il eſt évident
que Dieu a révélé les myſtères annoncés par
Jéſus-Chriſt : donc il eſt évident qu'ils ne renferment aucune contradiction. Il n'eſt pas poſſible d'éluder la force de cette démonſtration, à
moins qu'on ne diſe que Jeſus-Chriſt n'a point
donné ces miracles & ces Prophêtiés, comme
un témoignage certain de la révélation des myſtères qu'il enſeigne. Mais en tentant de s'échaper par ce faux-fuyant , quelle barrière impé-
nétrable n'offrent pas à des yeux amis de la vérité , ces deux verſets de l'Evangile de ſaint
Jean, l'un du chapître cinquième, l'autre du chapître

pître dixiéme : *Les miracles que je fais vous ren-*
dent témoignage que c'est de mon Pere que j'ai reçu
ma mission divine (a) *Si vous ne voulez point me*
croire, croyez-en à mes miracles, afin que vous voyez
& que vous croyez que mon pere est en moi, & moi
en lui (b) Mais ce fut peu pour Dieu de confirmer par les effets prodigieux de sa toute-puissance, la doctrine de Jesus-Christ, pendant sa
vie, il le fit encore après sar mort, par l'autho-
risation la plus soutenue & la plus constante.
Lisez le dernier verset du dernier chapître de
saint Marc, vous y trouverez ces mots remarquables : *Les Disciples se livrèrent à l'œuvre de la*
prédication , Dieu y coopérant par-tout, & confir-
mant la vérité de leurs discours par l'authorité des
miracles. Illi prædicaverunt, ubique Domino coope-
rante & sermonem confirmante sequentibus signis.
Si un seul miracle opéré en vertu d'une doctrine, exige notre croyance, comment serons-nous
excusables de ne point croire , après une suite
aussi persévérante de miracles opérés en confirmation de l'Evangile ?

    Le Gent. Tout ce qui est au-dessus de la rai-
son, milite contre la raison. Donc on ne doit
rien croire de ce qui est au-dessus de la raison.

    Le Théol. Vous êtes le fidèle écho de Bayle :
mais ce Philosophe anti-Chrétien, le nouveau

    (a) *Ipsa opera quæ ego facio, testimonium perhibent*
de me , quia Pater misit me. Joan. 5. ✝. 36.

    (b) *Si mihi non vultis credere, operibus credite : ut*
cognoscatis & credatis quia Pater in me est, & ego in
Patre. Joan. 10. ✝. 38.

A a

Pyrrhon de nos jours, sera pour toute la postérité une preuve bien funeste, que les lumières, même les plus brillantes, se changent en ténèbres, & plongent dans un déplorable aveuglement, quiconque s'y livre sans une humble soumission à l'authorité respectable de cette Eglise, que Jesus-Christ a bâtie sur la pierre immobile, contre laquelle les efforts de l'enfer jamais ne prévaudront. Ses perpétuelles vacillations en fait de Religion, n'ont enfin abouti qu'à le faire le triste joüet d'une imagination impérieuse, qui a usurpé chez lui l'empire de la raison. Jugez-en par ce léger échantillon. Il est évident qu'on ne peut savoir si une chose est contre la raison, à moins que de connoître quel rapport ont entre-elles les idées qu'elle renferme : on ne peut le connoître sans la pénétrer ; on ne peut la pénétrer, si elle est au-dessus de la raison. Cependant Bayle assure que ce qui est au-dessus de la raison, est contre la raison : donc il pénétre ces sortes de choses : donc elles sont au-dessus de la raison, & en même-temps elles ne sont point au-dessus de la raison. Donc ce grand Philosophe se contredit évidemment : donc en voulant raisonner sur ce qui est au-dessus de la raison, il perd lui-même la raison. Mais c'est peu d'une contradiction, pour vous souftraire à ce despotisme absolu que Bayle a sû s'établir sur quantité d'esprits : je vais vous en découvrir plusieurs autres, sans sortir de mon sujet. Ou ce Docteur Pyrrhonien admet un Dieu, ou il ne l'admet pas. S'il l'admet, comme il le veut paroître, il eſt néceſſaire qu'il reconnoiſſe en Dieu bien des choſes qui ſont au-deſſus de la raiſon, à moins qu'il ne veuille renfermer l'infini dans les bornes étroites d'un eſprit fini; ce qui ſeroit rendre compréhenſible un Etre eſſentiellement incompréhenſible. Donc, ſelon Bayle, il y a dans Dieu un aſſortiment d'attributs contraires à la raiſon. Donc Dieu eſt un amas monſtrueux de chimères. Cependant il eſt infiniment parfait, ſelon ce que Bayle paroît ſuppoſer : donc il eſt ſouverainement parfait & ſouverainement imparfait; il eſt le ſouverain Etre, & c'eſt la ſouveraine chimère ; il eſt l'Etre des êtres, ſans être lui-même. Voilà le Dieu de Bayle. Que s'il n'admet point un Dieu, comme il eſt bien plus vraiſemblable, il tombe dans les contradictions où mes démonſtrations contre l'athéïſme jettent, de votre aveu, les Athées. D'ailleurs ce fier deſpote des eſprits ſybarites, n'a pû nier qu'il n'y ait dans la nature pluſieurs eſpéces de myſtères qui ſont au-deſſus de la portée de notre eſprit : je n'en cite qu'un. A-t-il jamais conçu, ou a-t-il cru qu'on pût jamais concevoir comment un grain de bled ſe multiplie de telle ſorte, qu'à la longue il puiſſe fournir de quoi enſemencer pluſieurs campagnes, diſons mieux, pluſieurs Provinces, pluſieurs Royaumes ? Qu'il puiſſe même ſe multiplier à l'infini ? Ce que je dis du bled, je le dis d'une infinité d'autres ſemences. Il avoit trop d'eſprit pour avoir jamais nié que cela fût au-deſſus de nos concep-

tions, par conféquent au-deffus de notre raifon.
Donc, felon fon principe admirable, cette multiplication eft contraire à la raifon : cependant
nous la voyons fe renouveller chaque année:
donc elle eft contraire à la raifon, & en même-
temps elle n'eft point contraire à la raifon. Je
ne pouffe point cette marche plus loin ; il me
paroît qu'elle vous devient faftidieufe. Mais il
faloit vous faire connoître votre grand Ariftar-
que. Jugez-en par ce feul trait : *Ex ungue Leo-
nem*. Quand un homme vous débite d'un ton
d'Oracle, une maxime fi entortillée d'abfurdi-
tés & de contradictions fur un point de cette
importance, pouvez - vous lui donner votre
croyance fur d'autres points ?

Le Gent. Je laiffe-là Bayle, vous m'avez appris à le connoître. Il n'a déjà que trop d'aveugles adorateurs, fans moi.

Le Théol. Cette conteftation nous a infenfiblement conduit à un troifième motif de crédibilité. C'eft la manière étonnante dont s'eft
exécutée la propagation de la Religion Chrétienne. Il ne fe peut qu'elle ne vous paroiffe
tout-à-fait miraculeufe. Elle s'eft faite fans aucun fecours humain, contre tous les efforts réu-
nis & redoublés de la puiffance humaine ; &
cela en fort peu de temps.

Elle s'eft faite fans aucun fecours humain.
Son auteur étoit à la vérité de la race royale de
David, auffi-bien que fa mere : mais la médio-
crité de la fortune de Marie, en avoit fait l'é-
poufe d'un pauvre artifan, qui étoit après Dieu,

tout l'appui de cette famille. Jesus-Christ n'é-
toit pas mieux du côté de ses amis, ou des
sciences humaines : ses amis étoient les pauvres ;
les Juifs lui rendirent eux-mêmes témoignage
qu'il n'avoit jamais eu aucune teinture de littérature. Ses coopérateurs furent douze pauvres
pêcheurs, sans talents & sans aucune connoissance des lettres. Ils savoient à peine rejoindre
les mailles de leurs filets ; beaucoup moins sa-
voient-ils joindre les membres d'une période.
Voilà les Héros destinés à conquérir un monde
entier à l'Evangile.

Elle s'est faite cette conquête contre tous les
efforts réünis & redoublés de la puissance humaine. Tout ce qu'il y avoit de plus éclairé,
les Savants les plus profonds, les Orateurs les
plus éloquents, les Philosophes les plus subtils,
déploient toutes les forces de leur génie, mettent
en usage tout ce que leur fournit & leur art &
leur science, pour empêcher qu'on n'embrasse
une telle doctrine, préchée par de tels gens. Et
ces idiots, ces ignorants selon le monde, triom-
phent de toute l'érudition des Savants, de toute
l'éloquence des Orateurs, de toute la subtilité
des Philosophes ; ils les forcent même, malgré
leur orgueil, à se soumettre à l'Evangile, à en
devenir eux-mêmes les Prédicateurs. Qui peut
méconnoître ici l'esprit de Dieu, contre lequel
les plus grandes lumières ne font qu'obscurité
& que ténèbres ?

Témoins de la défaite de leurs Savants, les
Princes, les Rois, les Empereurs, se liguent

pour les soutenir par tous les ressorts de leur
vaste puissance. Tout conjure contre le Christianisme, tout conspire à sa ruïne; ce ne sont plus
de simples raisonnements qu'on emploie. C'est
d'une part ce que la fortune peut étaler de plus
riant, de plus flâteur pour séduire; de l'autre,
ce que l'affreuse pauvreté a de plus capable d'intimider : ce sont des bras armés du fer, du feu,
de mille instruments de mort, & de la plus
barbare cruauté. Mais que pouvez-vous, puissance humaine; que peut un bras de chair armé, contre le bras du Tout-puissant? Ces hommes impuissants, dénués de tout secours humain;
ces hommes qui sont la foiblesse même, on les
voit victorieux de tant d'efforts formidables,
sans autres armes que la patience & un dévoûment généreux à tous les plus horribles supplices que l'ingénieuse cruauté des bourreaux peut
inventer. On les voit par des armes si impuissantes, soumettre au joug de Jesus-Christ, tant
de Souverains conjurés contre le nom Chrétien;
les Césars eux-mêmes, & tout leur Empire. Il
doit pour cela tomber des milliers de Martyrs;
mais leur sang fécond engendre à Jesus-Christ
des millions de nouveaux Chrétiens. *Sanguis
Martyrum, semen Christianorum*, disoit Tertullien
qui en étoit témoin.

Enfin cette propagation prodigieuse se fit en
fort peu de temps. Saint Paul disoit déjà en
parlant de la Religion Chrétienne, quelques années après l'Ascension du Fils de Dieu : *Cette
Religion est répandue dans toute la terre, & elle*

fructifie & y croît, comme elle croît parmi vous. (a)
Et où difoit-il cela ? Au milieu de la Grèce, qui
contenoit prefque un peuple entier de Savants,
par qui il auroit pu facilement être démenti.
Or réfléchiffons maintenant fur un fond fi lumineux.

Il eft métaphyfiquement certain qu'une force
moindre à tous égards, ne peut vaincre une force
incomparablement.fupérieure : fi elle le pouvoit,
elle feroit moindre à tous égards, & elle ne le
feroit pas. Elle le feroit, comme on le fuppofe ;
& elle ne le feroit point ; puifque pour furmon-
ter une autre puiffance, il faut de la fupériorité fur elle : c'eft un principe auffi évident, que
l'évidence même. Or il n'eft pas moins évident
que l'auteur de la Religion Chrétienne, & fes
coopérateurs, avoient humainement parlant,
incomparablement moins de force du côté des
lumières, pour perfuader, que tout ce qu'il y
avoit de plus favant, de plus habile, de plus
éclairé dans l'univers ; qu'ils en avoient encore
beaucoup moins du côté de la puiffance coacti-
ve, pour établir le Chriftianifme, que les
Souverains, les Rois, les Empereurs conjurés contre cette Religion, n'en avoient pour
la détruire. Donc il eft évident qu'humainement parlant, la Religion Chrétienne n'a pu
être établie. Donc puifque nous la voyons établie, il eft évident qu'elle l'a été par la puiffance divine, & que par conféquent elle eft divine.

(a) *In univerfo mundo eft, & fructificat, & crefcit,
ficut in vobis.* Ad Coloff. c. 1.

Le Gent. Votre argument me paroit de nature à ne pouvoir être entamé. Il faut cependant que je vous propose un autre argument que j'ai entendu faire par quantité de nos beaux esprits. La propagation du Mahométisme, disoient-ils, faite avec une telle rapidité, une telle généralité, est assurément une chose bien surprenante. Or les adorateurs du Christ n'admettent point le Mahométisme comme divin. Donc ils ne doivent point non plus admettre le Christianisme pour divin.

Le Théol. Je ne leur disputerai pas la qualité de bel esprit. Je me contenterai de dire, que s'ils la possédent en effet, ils prouvent qu'on peut être bel esprit, sans être un esprit solide, du moins quand les brouillards qu'élevent les passions offusquent le jugement. Ces Messieurs trouvent la propagation du Mahométisme une chose bien surprenante ; & moi après un nombre presqu'innombrable non seulement de beaux esprits, mais d'esprits regardés généralement comme solides, je ne trouve en cela rien de surprenant. Est-on surpris quand on voit les eaux d'un torrent suivre avec rapidité leur pente naturelle ? Le surprenant feroit de les voir remonter contre ce penchant qui les entraîne. Appliquons cette comparaison à notre sujet. L'Alcoran favorise les mauvais penchants de la nature, sur-tout cette passion brutale qui entraîne avec tant d'empire les hommes charnels vers les plaisirs honteux ; pour la favoriser & l'allumer davantage, il rétablit l'usage de la polygamie, aboli depuis long-tems chez les nations même Idolatres, mais policées. Pour l'éterniser en quelque sorte, & infecter de ce motif impur toutes les actions de ses observateurs, il ne leur promêt même après la mort, que des voluptés obscènes ; ce qui a fait qu'un Philosophe quoique non Chrétien, a appellé la loi des Turcs, une loi de porcs, *lex Turcarum, lex porcorum.* Au contraire le Christianisme non seulement interdit sous peine de la damnation éternelle, & la pluralité des femmes, & toute espéce de plaisir infâme, mais il exige encore de ses observateurs, l'abnégation d'eux - mêmes, & de leurs mauvaises passions. Première différence accompagnée d'une autre qui n'est pas moins considérable. C'est que Mahomet précha l'Alcoran les armes à la main, ménaçant de la mort & du carnage quiconque n'embrasseroit point son fanatisme. Jesus-Christ & ses Disciples n'établirent l'Evangile que par l'humilité, les souffrances, le dénuement de toute chose.

Le Gent. Certes le Christianisme est bien la Religion la plus intolérante que je connoisse.

Le Théol. Il y a ici trois choses à considérer. La première est que nous envisageons ici le Christianisme, uniquement quant à la manière dont il fut établi dans le monde. Or sur ce point de vûe, où nous nous fixons ici, quels moyens d'établissement lui trouvez-vous? Ce n'est point assurément cette sagesse imposante, cette éloquence triomphante, qui enchaînoit à la suite des sages du monde, & les esprits & les cœurs:

non in perfuafibilibus humanæ fapientiæ verbis. Ce n'eft point la puiffance temporelle; c'eft, mettant à part les miracles, beaucoup de patience: *in patientiâ multâ*; beaucoup de perfécutions, les chaînes, les prifons, l'indigence, la mifére: *in tribulationibus, in neceffitatibus, in anguftiis, in plagis, in carceribus.* Mais par-deffus tout, c'eft l'opération du Saint-Efprit, *in Spiritu Sanéto*; c'eft une ardente & fincére charité, *in charitate non fiétâ.* Ce font là les armes par lefquels les Difciples de Jefus-Chrift vinrent à bout de foumettre le monde au joug de leur divin Maître. Saint Paul n'auroit point eû le front de l'affurer ainfi, au milieu de Corynthe, ville très-peuplée & très-célèbre, fi le fait n'avoit point été évident.

La feconde, eft que le Chriftianifme réprouve, condamne, anathématife toute autre Religion.

Dès qu'il eft démontré que l'Evangile eft la parole de Dieu, le témoignage de la vérité même, il eft pareillement démontré que toute feéte contraire eft un menfonge manifefte, une erreur, un blafphême contre la vraie Religion. Eft-il furprenant que la lumière ne puiffe s'accorder avec les ténébres, la vérité s'allier avec le menfonge ? Si c'eft-là intolérance, c'eft la vérité même qui eft intolérante.

La troifième, que vous avez fans doute en vûe, quoique vous ne vous en expliquiez point ouvertement, c'eft que la févérité, dont les Princes Catholiques fe croient quelquefois obligés d'ufer, envers leurs fujets refraétaires à la doétrine de l'Evangile, vous indifpofe fort contre) le Chriſtianiſme : c'eſt-là ce qui fait crier à l'intolérance, & les Incrédules, & les Héréti-ques. Mais examinons un peu la juſtice des prétentions de ces deux eſpéces de citoyens. La première claſſe renferme les Athées & les ſoi-diſant Déïſtes. Ce ſont des gens qui veulent qu'on les laiſſe vivre à leur guiſe, ſans loix, ſans Religion, ſans Dieu, ou ne reconnoiſſant qu'un Dieu ſans providence, ſans juſtice, c'eſt-à-dire, un Dieu, qui ne ſoit pas Dieu ; vaine Idole, enfantement chimérique de leur imagination, à qui ils offrent l'encens impur des paſſions les plus honteuſes, des vices les plus flétriſſants ; c'eſt ce qu'ils appellent la Re-ligion du cœur, l'honnête-homme, la vraie fé-licité. Mais à ne prendre la choſe que ſelon la loi naturelle, un Prince étant le dépoſitaire de l'authorité de Dieu, étant le Lieutenant de Dieu dans ſon état, pour faire rendre à cet Etre ſou-verain les hommages qui lui ſont dûs, pour faire vivre ſes ſujets d'une manière conforme à la nobleſſe de leur origine, & de leur deſti-nation, ne manqueroit-il point à la partie la plus eſſentielle de ſes devoirs, s'il les laiſſoit impunément vivre dans une eſpéce d'anarchie en fait de Religion ; s'il laiſſoit, ſans s'y oppo-ſer de tout ſon pouvoir, ravir au Maître ſuprême ſes droits les plus ſacrés, ſous le nom impoſant de nouvelle Philoſophie ?

La ſeconde claſſe de ces citoyens renferme les Hérétiques. Ce n'eſt plus ici le droit naturel, c'eſt le droit divin ſur lequel doit poſer mon

raifonnement. Dieu a fans doute bien droit d'é ta-
blir une Religion telle qu'il la juge devoir mieux
contribuer à fa gloire, & de la manière qu'il
juge la plus convenable, pour l'affurer, en affurant le fuprême bonheur de l'homme : je vous
crois trop raifonnable pour lui contefter ce
droit. Or en révélant la Religion Chrétienne,
il a établi fon Eglife en forme de royaume fpirituel ; Jefus-Chrift l'appelle lui-même, *le Royaume de Dieu*. Ainfi il a confié à fon Eglife fon
authorité, pour régir & gouverner tous les Chrétiens, felon l'efprit ; il lui a communiqué le don
d'infaillibilité, pour les conduire d'un pas fûr
& certain à leur bonheur ; pour empêcher qu'ils
ne fuffent comme des rofeaux flottants, au gré
des vents des nouvautés qu'il prévoyoit devoir
s'élever dans fon Eglife, difoit l'Apôtre des nations : *ut jam non fimus parvuli fluctuantes, & cir-
cumferamur omni vento doctrinæ*. Tous les Princes
auffi-bien que leurs fujets, fe font foumis à ce
royaume fpirituel par le Baptême ; en jurant fidélité à Jefus-Chrift ; ils l'ont en même-temps
jurée à fon Eglife ; fans quoi ils n'euffent point
été incorporés à fon corps myftique, & ne fuffent point fortis du royaume des ténèbres. Je
vous demande à préfent fi un Prince foumis lui-
même à l'Eglife de Jefus-Chrift, certain qu'en
fe révoltant contre l'Eglife, on fe révolte contre Dieu même, qui l'a établie comme fouveraine, pour le gouvernement fpirituel fur la
terre ; comme l'organe infaillible de fes oracles,
pour juger en dernier reffort de toutes les con-
troverfes.

troverſes mûes entre ſes ſujets, touchant la Religion & les mœurs; je vous demande, dis-je, ſi ce Prince n'agit pas d'une manière conforme à la volonté de Dieu, lorſque requis par cette tendre Mere, qui s'allarme ſur la perte éternelle de ſes enfants rebelles, il employe ſon pouvoir coactif, pour empêcher la révolte de ſes ſujets contre Dieu même, dont ils doivent reſpecter & vénérer l'authorité dans les mains de celle à qui il l'a confiée? Vous avez trop de pudeur & de bon ſens pour le nier. Avoüez-donc que tout mûrement peſé, le reproche injuſte d'intolérance, que les Incrédules font au Chriſtianiſme, retombe ſur la raiſon même, ſur Dieu même.

Ajoûtez qu'à ne conſidérer que le ſeul bien temporel de leur Etat, les Princes Souverains ont toujours les plus ſolides raiſons qu'on puiſſe imaginer, d'employer toute la rigueur des loix, pour étouffer les héréſies naiſſantes, ou pour en empêcher les funeſtes progrès. Quand on s'élève contre l'Egliſe à qui Dieu a commis la puiſſance ſpirituelle, on s'élève à plus forte raiſon bien-tôt contre celui à qui il a confié la puiſſance temporelle. C'eſt ce qu'a prouvé l'expérience conſtante de tous les ſiécles. Pour vous épargner un détail circonſtancié des exemples; rappellez-vous ſeulement les funeſtes ſçénes qu'a donné à l'Europe allarmée le Proteſtantiſme. Que de ſang n'a-t-il point répandu? Quelles Puiſſances a-t-il reſpecté? Quels Etats, quels Trônes n'a-t-il point ébranlés? N'a-t-il point

Bb

pouffé fa fanatique fureur jufqu'à porter une main fanguinaire & parricide fur des têtes couronnées ? Vous en rougiffez ; mais ce font-là les fruits ordinaires qu'on doit attendre de toutes les nouveautés en matière de Religion. *Ab uno, difce omnes.*

Le Gent. Vous m'avoüerez au moins qu'il y a bien de l'exagération dans la rapidité avec laquelle on prétend que ce foit faite la propagation du Chriftianifme, puifqu'au troifième fiècle, Grégoire, furnommé le Taumaturge, ne trouva que dix-fept Chrétiens à Néocéfarée, quand il fut chargé du gouvernement de cette Églife.

Le Théol. Je hais l'exagération ; mais je fuis convaincu qu'il n'y en a aucune ici.

Si le témoignage de faint Paul, cité un peu auparavant, ne vous fuffit pas, j'y joints celui de faint Luc, aux Actes des Apôtres, où il dit que faint Pierre dans une Prédication trèscourte, gagna à Jefus-Chrift huit mille perfonnes. Que ne dûrent point faire les autres, qui felon l'ordre de leur divin Maître, fe répandirent par toute la terre, avec un effain nombreux de Profélytes qu'ils avoient faits, & que le même zéle animoit à faire connoître par-tout la vérité qu'ils avoient eux-mêmes reconnue ? Que fi vous chicanez mal-à-propos fur ces deux témoignages, quoique tirés des livres que je vous ai démontré être divins, je prendrai témoins les Payens mêmes, ces ennemis déclarés du Chriftianifme. Le Philofophe Senéque, qui ne jugeoit des Chrétiens que par les faux préjugés qu'on lui en avoit donnés, difoit d'eux au premier fiècle de l'Eglife, fous l'Empire de Néron : *La Religion de cette Secte impie a pris de tels accroiffements, qu'on l'embraffe déjà par toute la terre* (a) Que le témoignage que rendit dans le même fiècle à Trajan, touchant les Chrétiens, Pline le jeune, alors Proconful d'Afie, eft bien oppofé à celui de Senèque ! Voici en quels ter- il écrivoit à l'Empereur. *Ayant fait par vos or- dres des informations juridiques contre les Chrétiens, même jufqu'à en mettre à la queftion, pour en tirer plus furement la vérité ; je n'ai pû rien découvrir en eux, finon un culte particulier qu'ils rendent à leur Chrift, comme à un Dieu ; & un ferment par lequel chacun d'eux s'oblige à fuir toute efpéce de vols & de com- merces impurs ; à garder à chacun la foi promife ; à rendre tous les dépots, &c.*

Vous pouvez voir plus au long le texte latin dans le livre dixième de fes Lettres, Epître 97. Dans le fiècle fuivant, Dion Caffius s'exprimoit en cette forte, en parlant auffi des Chrétiens. *Il y a encore dans l'Empire Romain une efpéce de fecte, qu'on a fouvent tenté d'éteindre, mais qui s'eft telle- ment accruë, quelle a triomphé de la rigueur des loix.* (b)

Dans le même fiècle St. Juftin le Philofophe,

(a) *Interim ufque adeò fceleratiffmæ gentis confue- tudo convaluit, ut per omnes jam terras recepta fit.*

(b) *Eft etiam apúd Romanos genus illud, imminutum quidem fæpe numero, adeò tamen auctum ut vim legum pervicerit.*

dans son Dialogue avec Triphon, comptoit les nations barbares dans le sein de l'Eglise : Saint Irenée livre 1 c. 3, fait le dénombrement des Eglises de Germanie, des Celtes, de l'Egypte, de la Lybie : Tertulien dans son Apologétique c. 1, y ajoute les Getules, la Mauritanie, les Espagnes, une partie des Gaules, les Isles Britanniques, les Sarmates, les Daces, les Scythes; Arnobe grossit cette liste, en y joignant, dans son livre second, les Perses, les Medes, les Arabes, les Isles alors connues.

Pour ce que vous opposez de St. Grégoire le Taumaturge, c'est un fait accidentel qui n'est arrivé que par la disette des Pasteurs, puisque ce Saint Prélat en mourant rendit graces à Dieu de n'avoir laissé que dix-sept Gentils, dans cette grande Ville. Mais je m'apperçois que cette dispute tire trop en longueur. J'abrége, & sans avoir recours aux autres motifs de crédibilité, je me borne à vous en proposer un quatrième.

Le Gent. C'en est bien assez pour un ennemi qui est déja tout-prêt à vous rendre les armes.

Le Théol. Je vous ai démontré qu'il étoit impossible de toute impossibilité, que Jesus-Christ n'eût point fait des miracles éclatants, en confirmation de la vérité de sa doctrine, tant par lui-même, pendant sa vie mortelle, que par ses Disciples après son Ascension; par conséquent qu'il étoit impossible que sa doctrine ne fût pas divine. Vous devez vous en ressouvenir; je ne me répéterai pas.

Ce que j'en ai dit dans cet endroit, doit encore ici avoir la même force sur votre esprit ; c'est une lumière vive & pénétrante, qui doit toujours vous éclairer. L'évidence de cette preuve ne paroît pas pouvoir monter plus haut : mais comme elle pouvoit dans la suite des temps perdre quelque chose de son brillant, par rapport à certains esprits ; la Providence a pris soin elle-même d'empêcher qu'elle ne s'affoiblît, en la confirmant par les miracles les plus avérés, les plus publics, les plus au-dessus de la critique la plus difficultueuse. Je n'en cite que deux. L'un est du quatrième siècle, l'autre du cinquième ; ils renferment chacun une multiplicité de miracles la plus frappante.

Vous avez vû que Jesus-Christ avoit prédit la ruïne du Temple de Jerusalem, qu'il ne resteroit pas pierre sur pierre dans ce superbe édifice. Cependant il en restoit encore quelques débris du temps de Julien l'Apostat ; la prophétie n'avoit point encore son accomplissement entier. Ce furieux ennemi du nom Chrétien, pour couvrir la honte de son apostasie, porta l'excès de son impiété jusqu'à vouloir donner un démenti à Jesus-Christ. Pour cela il adressa un édit impérial aux Juifs, où il les exhortoit à rebâtir le Temple de Jerusalem, leur assignant pour cette fin des sommes très-considérables de son épargne. Vous concevez assez l'ardeur avec laquelle cette nation ennemie jurée du Christianisme se livra à une entreprise, qui devoit rétablir son culte, sa gloire, sa fortune. La chose ne pouvoit manquer de réussir selon le cours ordinaire de la Pro-

vidence, elle n'avoit qu'à les laisser faire : elle le
devoit même, si Jesus-Christ n'étoit point l'envoyé de Dieu, son Fils, Dieu lui-même, égal en
tout à son Pere, comme il l'avoit assuré : dès-
lors le prestige qui fascinoit les esprits se dissi-
poit de lui-même. Mais non, apprenez, Incrédules, qu'il est tout ce qu'il a dit, que sa parole
est la parole infaillible de Dieu : c'est le Tout-
puissant qui va vous l'apprendre lui-même. A
peine eurent-ils découvert les fondements du
Temple, pour en relever les murailles, que des
tourbillons effrayants de feu en sortirent & con-
sumèrent tout-à-la-fois, & les instruments, & les
travailleurs. Ce feu en quelque manière raisonnable, parcequ'il n'agissoit que comme l'instrument de celui qui est la sagesse incréée, ce
feu recommençoit toutes les fois qu'on vouloit
reprendre le travail ; de sorte qu'on fut obligé
de l'abandonner , & que les Juifs, aussi-bien
que Julien, eurent la honte & la douleur de
voir s'accomplir parfaitement l'Oracle, n'y étant
plus demeuré même dans les fondements, pierre
sur pierre. Le fait est assurément bien marqué
au coin de la toute-puissance de Dieu, qui con-
firma par ce témoignage éclatant la vérité de
l'Evangile. Mais qui en est garant? C'est Am-
mien Marcellin, auteur Payen & contemporain. C'est saint Jean Chrisostôme , qui vivoit
alors, & qui préchant au peuple d'Antioche,
prit à témoin toute cette grande Ville , de la
réalité de cette merveille. C'est saint Grégoire
de Nazianze, qui dans l'éloquente Oraison qu'il

déclama d'abord après la vengeance éclatante que Jesus-Christ tira de l'impie Julien , ajoûte encore à toutes ces circonstances , qu'il se fit d'horribles tremblements de terre ; que les Juifs dans leur effroi, s'étant sauvé dans un Temple voisin, un nouveau feu-vengeur en sortit encore, & consuma les uns , mutila les autres ; que la Croix parut en l'air toute resplendissante de lumière ; que les habits des spectateurs furent empreints de ce signe adorable ; qu'en conséquence il se fit des conversions innombrables. Supposer qu'il ait osé imposer à tout un peuple, dans un fait où il pouvoit être si facilement démenti, c'est supposer contre l'évidence, non-seulement qu'il ne fut point homme d'honneur, mais même qu'il ne fut plus homme. Enfin , c'est encore Rufin , qui vivoit dans le même siècle , & qui assure de plus, que les mêmes tourbillons de feu s'élevèrent tout-à-coup d'un bâtiment, où étoient enfermés des instruments des travailleurs , & qu'après avoir tout consumé, ces flammes vengeresses parcoururent la rue pendant tout un jour : ce sont après lui, Théodoret, Socrates, Sozomène, Orose, Nicephore. Jamais fait fut-il mieux authentiqué ? Mais en même-temps jamais fait prouva-t-il avec plus de force & d'éclat qu'une Doctrine vint de Dieu ?

Le Gent. Je ne vois pas ce que nos Philosophes pourroient repliquer à cette preuve.

Le Théol. La seconde merveille a quelque chose , sinon de plus frappant , au moins de

plus multiplié & de plus durable. Dans la fanglante perfécution des Vandales Ariens en Afri-
que, fous leur Roi Huneric : ce cruel tyran,
pour empêcher que les généreux confeffeurs de
Jefus-Chrift ne continuaffent à confeffer fa divinité, s'avifa d'un ftratagême digne d'un génie
auffi barbare & auffi inhumain. Voyant que la
crainte des fupplices ne pouvoit les empêcher
de publier à haute voix que leur Maître étoit
vraiment Fils de Dieu, il fit inhumainement arracher la langue à une très-grande partie des
habitants de la Ville de Typafe en Mauritanie.
Mais ces invincibles Athlétes continuèrent, au
grand étonnement de leurs ennemis, d'annoncer avec la même aifance qu'auparavant, les
loüanges & la divinité de Jefus-Chrift ; de parler même le refte de leur vie avec autant de
facilité, que s'ils avoient encore eû leurs langues. Voilà un peuple de miraculés, un miracle auffi multiplié qu'il y eut d'hommes dans
cette glorieufe troupe ; auffi fouvent renouvel-
lé qu'il y eut de moments dans leur vie. Que
répondrez-vous à ces témoins humainement
muëts, qui vous crient hautement fans langue
que la Religion de Jefus-Chrift eft divine, qu'il
eft lui-même vraiment Dieu ? Vous riez peut-
être tout bas de ma crédulité. Mais Victor d'U-
tique attefte dans fes livres de la Perfécution
des Vandales, qu'il fut lui-même témoin de
cette merveille ; il y prend à témoin toute l'A-
frique, qui la voyoit encore lorfqu'il écrivoit,
tout l'Empire Romain, où ces hommes admi-

rables ſe répandirent, pour y être par-tout une preuve inconteſtable de la divinité & de la toute-puiſſance de leur Sauveur, qui leur conſervoit ſi miraculeuſement l'uſage de la parole. L'Empereur Juſtinien lui-même aſſure qu'il avoit été témoin de ce miracle encore ſubſiſtant, & avec lui toute la Cour de Conſtantinople. Enée de Gaze, Philoſophe Platonicien, dans ſon livre de l'immortalité de l'ame ; le Comte Marcellin, dans ſa Chronique ; Procope, Rhéteur & Hiſtorien, dans ſon liv. premier de la Guerre des Vandales, aſſurent la même choſe. Quiconque après cette nuée de témoins, au-deſſus de toute exception, m'accuſera de trop de crédulité, il me pardonnera, ſi je le regarde, moi, comme très-ſottement incrédule.

Le Gent. Je fais profeſſion d'ingénuité & de bonne foi. J'avoue que ce miracle eſt trop bien appuyé, pour pouvoir être révoqué en doute. Mais il me reſte une barrière à vous oppoſer : je ne la crois point facile à franchir. C'eſt que l'éclat des miracles ne démontre point qu'une Religion vienne de Dieu. L'hiſtoire d'Apollonius de Thyane, écrite par Philoſtrate, prouve elle ſeule cette vérité. C'eſt-un tiſſu de miracles faits en faveurs du Paganiſme, qui ſe firent admirer par-tout l'Empire. Direz-vous pour cela, que le Paganiſme eſt l'ouvrage de Dieu ?

Le Théol. Il ne faudra point une batterie pour faire ſauter votre barrière ; je l'ai même déjà renverſée par avance, en démontrant que Dieu ſeul peut être l'auteur des vrais miracles, &

qu'il n'en peut faire en confirmation d'une erreur. Je ne veux pas pourtant me prévaloir de ce que vous avez été forcé de vous rendre à ces démonstrations; j'ai d'autres moyens de vous forcer jusques dans vos derniers retranchements. L'histoire des actions d'Appollonius écrite par Philostrate, voilà le boulevard dont vous vous couvrez. Mais je commence par vous dire, que ce que vous appellez histoire, est appellé fable maussadement imaginée, par les savants de l'antiquité, tels qu'Euphrates, Epictete, Eusebe, Saint Augustin, Suidas, Photius, & par les modernes, comme, Scaliger, Vossius, Huet, & les autres. Venons aux preuves. Premièrement n'est-il point tout-à-fait incroyable que Tacite, Suetone, Pline, qui fleurissoient du temps d'Appollonius, c'est-à-dire dans le premier siècle, n'eussent pas même dit un seul mot de ces faits si merveilleux & si vantés, qui ont dû faire tant de bruit dans Rome, & dans tout l'Empire, s'ils sont réellement arrivés? Et cependant tandis que les Auteurs contemporains, qui ont pris soin de transmettre à la posterité tout ce qui se passa d'un peu remarquable dans leur siécle, gardent là-dessus un profond silence, quoiqu'il fût d'un intérêt tout-à-fait capital pour leur Secte, d'accréditer ces prétendus prodiges; un Philostrate au troisième siècle, a le courage d'assurer que des merveilles si frapantes, dont personne n'avoit pas même dit un mot avant lui, sont réellement arrivées dans le premier siècle. Quel homme de bon sens le croira? Est-on rit fort, quand on a si peu de critique?

En second lieu, sur quelles authorités se fonde Philostrate? Il lui en faut de bien grandes, pour rendre un peu vrai-semblables des faits, que les circonstances que je viens de toucher, rendent tout-à-fait incroyables. Point d'autres authorités que des rumeurs toujours incertaines d'un vulgaire ignorant, & les Mémoires d'un Damis Assyrien, homme sans nom, qui n'a rien de recommandable, sinon d'avoir été le compagnon d'Appollonius. Encore n'est-ce point de Damis même que Philostrate a reçu ces manuscrits : c'est-un ami de Damis qui les a donné à Julie, épouse de l'Empereur Sévére, femme qui ajoutoit à la legereté de son sexe, le génie le plus versatil, & le plus avide des nouveautés. Quel fond peut-on faire sur les manuscrits clandestins d'un Damis Assyrien, homme inconnu? Qui nous garantira qu'il n'a point forgé ces prétendues merveilles en faveur de son ami Appollonius? Seroit-il même hors de vrai-semblance que cet ami, soi-disant tel, de Damis, ait lui-même été l'auteur de toute cette charlatanerie, pour s'insinuer dans la faveur de Julie, & ait emprunté le nom de Damis, pour donner un air de vrai-semblance à cette histoire romanesque? Il est vrai que Philostrate cite, outre Damis, deux autres Ecrivains, Maxime d'Egée & Mœragenes. Mais Maxime dit à peine deux mots d'Appollonius; Mœragenes le traite de Magicien : Philostrate lui-même accuse Mœragenes d'avoir ignoré quantité de faits, qui regardent Appollonius : cependant il s'appuye sur son témoignage ; tout lui est bon.

Mais suivons la marche de ce faiseur de romans ; faisons un précis des belles choses qu'il y débite : les Avantures de Dom Quichotte n'ont rien de fabuleux en comparaison de celles dont ce judicieux & véridique Ecrivain régale ses lecteurs. Qui peut lire sans rire, ce qu'il écrit au livre premier, chap. 3 & 4, que le Dieu Protée se fit voir à la mere d'Apollonius, lorsqu'elle étoit enceinte de lui ; qu'il lui prédit que ce seroit lui-même qui alloit naître d'elle ; qu'une troupe de cygnes vint faire un concert mélodieux autour d'elle quand elle accoucha ? Le chapître quatorzième renferme un trait d'aussi grand goût : c'est qu'Apollonius fut imbû par les Arabes du secret admirable d'interpréter infailliblement le langage des oiseaux & de tous les animaux ; que ces savants Docteurs acquièrent cette science en mangeant le cœur d'un dragon : cependant, selon Philostrate, ce fameux interprête du langage des bêtes, eut besoin lui-même d'un truchement dans ses courses chez les Indiens. Vous reconnoîtrez encore la même force de jugement dans ce qu'il raconte ailleurs d'une nation qui habite le Mont Caucase, & qui n'a que quatre coudées de haut : nos Géographes ne l'ont jamais connue. Mais le beau sur-tout, le saillant, l'admirable de sa narration, c'est le puits du péché, & la couppe du pardon, qu'on voit dans l'Inde : ce sont ces deux immenses tonneaux, l'un qui renferme les pluies, pluyes, l'autre qui renferme les vents ; en sorte que les Indiens, selon leur gré, & selon les besoins du Pays, ouvrent tantôt l'un, tantôt l'autre. La tête d'un tel Auteur n'a-t-elle pas bien de l'analogie avec le tonneau des vents? Mais que penser de vos prétendus esprits forts, qui rejettant obstinément les vérités les plus certaines, s'opiniâtrent à suivre avec la plus grande docilité, un écrivain qui ne leur donne que du vent? Au moins faut-il avoüer que leur prétendue force d'esprit, est une foiblesse de tête très-réelle, & que c'est en eux que s'accomplit à la lettre cet Oracle de l'Ecriture : *Evanuerunt in cogitationibus suis*. Ils se sont évanouïs dans leurs pensées. Je finis par vous dire que cette vaine Idole que Philostrate avoit voulu élever sur le mensonge & la vanité, tomba avec lui ; & que selon le témoignage d'Eusébe, au quatrième siècle, loin de regarder Appollonius comme un homme admirable ; on ne le regardoit pas même comme un Philosophe, mais seulement comme un Magicien exécrable, un suppôt de l'enfer. Voilà la force de votre barrière.

Le Gent. Elle n'est point encore entièrement renversée. Tacite & Suétone attestent que l'Empereur Vespasien rendit la santé à deux malades, qui le vinrent trouver à Alexandrie, par ordre du Dieu Esculape, qui leur étoit apparu en songe, avec promesse que l'Empereur les guériroit. Elius de Sparte, dit que l'Empereur Adrien rendit la vûe à un aveugle né. Valère

Maxime affure de même qu'une Veftale foutint un volume d'eau dans un crible, en témoignage de fa chafteté, qu'on l'accufoit d'avoir violée.

Le Théol. Vous devriez ajoûter que Tacite ajoûte, que les Médecins confultés fur la guérifon faite par Vefpafien, jugèrent avec unanimité, après avoir examiné les deux malades, que leurs maladies n'étoient point incurables, qu'elles avoient pû être guéries par l'application de quelque reméde falutaire : *Potuiffe fanari fi falubris vis adhibeatur.* Souvenez-vous que je vous ai dit ci-devant, que de telles cures ne furpaffent point le pouvoir des démons, qui favent appliquer invifiblement les caufes actives aux paffives ; un Charlatan en feroit prefque autant. Mais la fin perverfe de l'Idolâtrie, que cette forfanterie d'Efculape favorifoit directement, étoit un moyen fuffifant pour découvrir le preftige.

Vous devriez auffi ajoûter qu'Elius de Sparte dit dans le même endroit, que Marius Maximus, écrivain plus ancien que lui, a jugé que cette prétendue guérifon étoit une vraie fiction.

Pour le fait rapporté par Valère Maxime, je ne le contefterai pas : mais il ne peut tirer à conféquence. Dieu ne fit point ce prodige en confirmation d'aucune erreur ; mais pour rendre recommandable la chafteté, & pour délivrer du péril évident de la mort une innocente accufée fauffement par fes ennemis. Il n'y a rien en cela qui ne foit digne de Dieu. Il feroit diamétralement oppofé à cette vérité par effence, qu'elle eût confirmé par les miracles les plus éclatants

& les plus multipliés, la Religion Chrétienne, si elle n'étoit point une émanation divine de cette suprême & infaillible vérité. Ayez - vous quelque nouvelle barrière à m'oppofer ?

Le Gent. Non. J'avoüe avec reconnoiffance ma défaite ; je vous rends les armes, ou plutôt, je les rends à Jefus-Chrift même. Grand Dieu ! feul vrai Dieu ! pourquoi ai-je été affez malheureux pour vous méconnoître ! Guides aveugles, faux Philofophes, c'eft vous qui de concert avec mon orgueil, m'avez égaré. Vos prétendues lumières n'étoient qu'un faux jour qui m'a fafciné les yeux, & conduit dans le cahos le plus ténèbreux. Mais c'en eft fait ; je renonce pour jamais à vos lectures empoifonnées, à ces livres que vous avez faits avec tout le fiel & la tortuofité du dragon infernal. Je marcherai déformais, ô mon Dieu ! à la lueur du flambeau que vous faites briller à mes yeux. Je réparerai mes blafphêmes contre le Chriftianifme, & contre vous, par mon zéle à le défendre par-tout, & contre tous. Par-tout je ferai hautement profeffion de vous adorer comme mon Dieu, mon Sauveur, la vraie voie, la vérité & la vie, par qui feul on peut éviter la damnation éternelle.

Le Théol. Ces fentimens me touchent; & pour vous aider dans un deffein fi digne de vous & de cet Efprit divin qui vous infpire, je vais vous fournir comme le prècis & le fommaire de tous les motifs de crédibilité : c'eft de la Réfurrection de Jefus-Chrift que je veux parler : ce feul point bien prouvé, tout eft prouvé.

Le Gent. Quoiqu'il n'en foit point befoin, vous mettrez par là le comble aux grandes obligations que je vous ai déjà. Je ne laifferai point cependant de vous propofer fur cet article, que je crois maintenant fans héfiter, les difficultés qui me furviendront : mon deffein n'eft que de m'affermir de plus en plus dans la foi que je profeffe de tout mon cœur.

ARTICLE TROISIEME.

De la Réfurrection de Jefus-Chrift.

Le Théol. JE pofe, fans autre préambule, deux propofitions, comme les points d'appui de tout cet article.

Première propofition. Jefus-Chrift eft vraiment reffufcité du tombeau, le troifième jour après fa mort, felon qu'il l'avoit prédit.

Seconde propofition. Sa Réfurrection eft la démonftration la plus complette de fa divinité, & de celle de la Religion qu'il a annoncée. C'eft l'abrégé de toutes les preuves qui établiffent le Chriftianifme. L'incrédulité ne peut tenir contre ces deux points bien démontrés. Je viens aux démonftrations de la première propofition, qui fouffre plus de difficultés.

Première démonftration. Jefus-Chrift eft vraiment reffufcité le troifième jour après fa mort, fi à ce jour fon corps ne fut plus trouvé dans le tombeau, & fi perfonne ne l'en a enlevé. Or la première partie de cette conditionelle est avoüée par les Juifs & les Gentils : la seconde va être démontrée. Donc &c.

Je démontre la seconde partie de ma conditionelle. Si quelqu'un l'avoit enlevé du tombeau, ce seroient sans doute ses Disciples. Ils sont les seuls que les Juifs chargent de cette damnable fourberie. Or ses Disciples n'ont pû même vouloir tenter cette sacrilège entreprise : donc ils ne l'ont point tentée, beaucoup moins executée.

Je dis qu'ils n'ont pû même vouloir tenter cette sacrilège entreprise. Car ou ils regardoient de bonne foi leur Maître comme le Messie prédit par les Prophètes, ou ils le regardoient comme un imposteur, ou au moins ils en doutoient. S'ils le regardoient comme le Messie prédit par les Prophètes, ils étoient certains qu'il sortiroit glorieux du tombeau, selon sa prédiction ; que par conséquent ce seroit une entreprise non-seulement vaine & inutile, que de vouloir l'enlever, mais tout-à-fait impie ; puisqu'elle ôtoit en même-temps à la Religion qu'ils professoient, sa preuve la plus triomphante ; & cela sans aucun fruit, même avec danger évident pour eux de la vie. Auroient-ils pû vouloir tenter une insigne imposture dans ces circonstances ?

Le Gent. Il est de la dernière évidence, que la volonté ne peut rien vouloir que pour un bien au moins apparent ; & ils n'en pouvoient même trouver d'apparent dans ces conjonctures.

Le Théol. Vous rencontrez fort bien. Mais

pourfuivons. S'ils le regardoient comme un impofteur, ils ont encore beaucoup moins pû vouloir fe rendre coupables de cette infâme fupercherie. En effet; la volonté étant une puiffance raifonnable, elle ne peut rien vouloir entreprendre, que pour un motif qui lui paroiffe proportionné avec ce qu'elle entreprend. Or je défie tout homme d'imaginer ici un motif qui ait cette proportion avec une entreprife fi hazardeufe. Seroit-ce la gloire de l'impofteur même? Quoi, ils auroient pû vouloir s'expofer à une mort cruelle, pour rendre célèbre un fcélérat qui les auroit indignement trompés? Un fcélérat puni du fupplice le plus ignominieux & trop juftement mérité? Un fcélérat qui par des fourberies impies, les auroit expofés à la haine de leur nation? Si vous trouvez là de la proportion entre le motif & l'action, où n'en trouverez-vous pas? Pouvoient-ils avoir d'autres fentiments pour lui, que des fentiments de haine & de vengeance? Jugez-en par vous-même.

Seroit-ce leur propre gloire? Outre qu'une ambition fi démefurée répugne au caractère des perfonnes de la lie du peuple, fur-tout au caractère des Apôtres, qui loin de s'en faire accroire, profeffent par-tout qu'ils n'avoient d'eux-mêmes rien qui les diftinguât, finon une profonde ignorance, un génie fans culture & fans pénétration, une condition très-abjecte : leur Maître leur avoit même enlevé tout efpoir de s'accréditer parmi le peuple, en donnant lui-même les miracles que feroient fes Difciples, pour preuve de la vérité de sa doctrine. Car si c'étoit un imposteur, il étoit manifeste qu'il n'y avoit pour eux aucun miracle à attendre; & sans ce secours, il devenoit pareillement manifeste au peuple qu'ils étoient eux-mêmes des imposteurs.

Seroit-ce peut-être l'espoir de s'agrandir, de faire une fortune brillante ? Mais s'ils devoient être évidemment convaincus eux-mêmes d'imposture sans les miracles, qu'elle fortune pouvoient-ils espérer ? Que pouvoient-ils attendre de cette haine outrée de leur cruelle Synagogue, que des supplices ? Jesus-Christ lui-même leur avoit-il promis autre chose dans ce monde, que des persécutions, la flagellation, la mort même ? S'il n'avoit pû l'éviter, pouvoient-ils espérer qu'ils l'éviteroient ?

Enfin, s'ils doutoient au moins qu'il ne fut un imposteur : les mêmes raisons que je viens de toucher militent encore contre les ennemis du Christianisme. Car en ce cas, les Disciples ne pouvoient s'empêcher de raisonner de cette sorte. Il y a bien de l'apparence que cet homme est un séducteur, qui nous a rendus l'objet de la haine de notre nation, en nous faisant ses dupes. S'il étoit tel qu'il l'a assuré, laissons le faire, il triomphera de tout, sans notre secours : si c'est un séducteur, que pouvons-nous gagner en le retirant du tombeau avec tant de risque, sinon l'exécration du peuple, la vengeance éclatante de notre Synagogue, la mort la plus cruelle & la plus honteuse ? Peut-on croire que des gens que personne ne s'avise d'accuser d'extravagance, ayent pû former le projet d'enlever le corps de Jesus-Christ en pareilles circonstances?

Le Gent. Je n'avois pas approfondi ces circonstances, & je vois avec plaisir que votre démonstration porte avec soi une lumière, à laquelle il n'est pas possible de se refuser.

Le Théol. Je la crois telle. Mais dites moi sans façon, ce que vous jugez de la suivante : je la tire des circonstances de la chose même. Je viens de vous démontrer que les Disciples de Jesus-Christ ne pouvoient même vouloir tenter l'enlévement de son corps. Maintenant je vous démontre, que quand bien même ils l'eussent voulu, ils n'eussent pû l'exécuter. Je trouve dans cet enlévement plusieurs répugnances.

1° Il répugne, au moins moralement, que les soldats de la garde du sépulchre, d'une part inquiets par l'attente, ou de la Résurrection d'un homme à miracles, qu'ils savoient s'être dit Fils de Dieu, ou du moins d'un attentat furtif & nocturne contre l'authorité publique; d'autre part, excités puissamment à être sur leurs gardes, par les promesses des Princes des Prêtres, qui craignoient que ce dernier événement n'accréditât, disoient-ils, tout-à-fait l'erreur ; intimidés en outre par ce qu'ils devoient attendre de leur fureur & de leur vengeance, s'ils se comportoient négligemment dans une affaire aussi essentielle ; il répugne, dis-je au moins moralement, qu'en ces circonstances tous les ſoldats de la garde, ſans en excepter un ſeul, ſe ſeroient livrés au ſommeil, & à un ſommeil auſſi profond, que le prétendent les ennemis de la Religion Chrétienne.

2° Suppoſé même qu'ils ſe fuſſent tous livrés au ſommeil; il répugne que les Diſciples de Jeſus-Chriſt ayent pû ſavoir qu'il n'y en eût pas même un ſeul qui veillât, ou qui ne fût qu'aſſoupi, en ſorte qu'il pût aiſément éveiller toute la garde. Ils ne pouvoient le ſavoir humainement; & les Déïſtes n'admettent rien que d'humain dans toute cette intrigue nocturne. Mais s'ils ne pouvoient le ſavoir, ils ne pouvoient, à moins que de les ſuppoſer tombés en phrénéſie contre toute vraiſemblance, ſe porter à un projet ſi téméraire, où il alloit non-ſeulement de la vie, ſi un ſeul ſoldat s'éveilloit, mais encore de la Religion Chrétienne, qu'une fourberie ſi indigne auroit deshonorée & perdue ſans reſſource.

3° En ſuppoſant gratuitement que les Diſciples aient pû ſavoir que toute la garde étoit dans un profond ſommeil; il répugne encore à la nature des choſes, qu'étant diſpoſée autour du ſépulchre, elle n'ait point été éveillée par l'ébranlement d'une pierre auſſi lourde qu'étoit celle qui couvroit un ſépulchre taillée dans le roc, & qui dut néceſſairement être renverſée. Il répugne même que les divers mouvements que ſe doivent naturellement donner des gens pour tirer un cadavre du tombeau, découdre le ſuaire, détacher les linceuls des chairs où ils étoient, comme colés par la myrrhe, l'aloës, & autres parfums, ne l'éveillaſſent pas. Mais ſurtout, il répugne que les Diſciples, dans un ſi grand péril, aient eû tant de ſécurité, qu'ils n'emportaſſent pas du moins au plus vite le corps, avec ſes enveloppes : c'eſt ce que feroit tout homme qui ne feroit pas fou à lier. Eux, au contraire, quoique perſonne ne les ait jamais ſoupçonné de folie, s'amuſent, comme s'ils étoient ſeuls dans une chambre fermée, à ôter les linges les uns après les autres, & à les remettre tranquillement dans le tombeau. En vérité, les têtes incrédules ſont étranges ; elles refuſent ſouvent de croire ce qu'on leur prouve avec évidence, & croient opiniâtrément, ce qui répugne évidemment. Quelle étonnante foibleſſe, que de n'être fort que contre la raiſon !

Le Gent. Cette démonſtration, ſans être auſſi métaphyſique que la première, fait pour le moins autant d'impreſſion ſur mon eſprit ; & en y employant l'analyſe, elle deviendroit aiſément métaphyſique. Mais j'apperçois une iſſuë par où l'incrédulité pourroit s'échaper. C'eſt de dire que les Diſciples ménagèrent ſourdement un ſouterrain, qui les conduiſit ſans bruit dans l'intérieur du ſépulchre.

Le Théol. Cette réponſe eſt elle-même un vrai ſouterrain. Avez-vous oublié que le ſépulchre étoit taillé dans le rocher même ? Quel moyen d'y pratiquer un ſouterrain, ſur-tout en ſi peu de temps ? D'ailleurs Meſſieurs les Déiſtes. croient les Juifs de bien bonnes-gens, pour avoir

réfervé cette échapatoire à leur imagination féconde, pour n'avoir point examiné fi le monument étoit dans le même état, pour ne s'être
point enfin tirés d'affaire par la même iffue, fi
l'évidence contraire ne la leur eût point entièrement enlevée. Voilà ce que c'eft que d'avoir
de l'efprit, & fur-tout de l'efprit fort. Mais
cette ridicule défaite ne me fera point inutile;
elle me fournit un nouveau moyen de démontrer la partie controverfée de la feconde pré-
miffe de mon fyllogifme. Prenons la chofe dans
fes fuites; elles vont former une troifième démonftration.

Si les Princes des Prêtres, les Pharifiens, le
Magiftrat judaïque, n'avoient point été pleinement convaincus que les Difciples de Jefus
n'avoient point enlevé fon corps du tombeau, ils auroient fait des informations contre
les partifans audacieux d'une intrigue fi attenta-
toire à l'authorité publique, fi contraire à leur
honneur & à leur réputation, qui les rendoit
coupables dans l'efprit du public d'un déïcide,
atteints d'avoir corrompu par argent la fidélité
des foldats Romains; qui, enfin, mettoit à fon
dernier période & la Religion & la République des Juifs. Ils n'euffent pas manqué d'exiger juridiquement les témoignages des gardes,
afin de conftater publiquement la fourberie &
l'impofture, fur-tout quand ils virent le fentiment contraire s'accréditer de plus en plus chaque jour parmi le peuple, & groffir confidéra-
blement le nombre des Chrétiens. Il n'étoit pas

possible que des Magistrats & des Prêtres si zélés, négligeassent ces précautions que prendroient même les Juges les moins éclairés & les plus incurieux, à moins que le désespoir de leur cause ne les eût réduits à cette espéce de léthargie. Or ils ne firent rien de tout cela ; non pas même quand ils virent les Apôtres attester avec la plus grande célébrité au milieu de Jerusalem & de tout le peuple, qu'ils avoient été témoins de la résurrection de Jesus-Christ. Quand ils virent que plus de cinq cens Disciples, comme le rapporte saint Paul, certifièrent avoir vû cette homme-Dieu ressuscité ; quand ils entendirent ces intrépides témoins cités à leur tribunal, soutenir hardiment la même chose, malgré toutes leurs ménaces. Donc ils étoient pleinement convaincus que les Disciples n'avoient point enlevé le corps de leur Maître ; le contraire implique, on les diroit tout-à-la-fois trèszélés pour leur Religion, ce qu'on ne peut nier ; & cependant sans aucun zéle pour elle.

Le Gent. Celle-ci me paroît encore enchérir sur les deux autres. Mais s'ils en étoient convaincus, pourquoi ne se convertirent-ils point ?

Le Théol. Les Philosophes dont parle saint Paul, étoient convaincus de l'existence d'un seul Dieu, ainsi que le prouvent leurs écrits ; pourquoi ne l'adorérent-ils pas comme un seul Dieu ? Reconnoître publiquement que Jesus étoit ressuscité, c'étoit s'avoüer publiquement les principaux auteurs d'un déicide, reconnoître à la face du peuple, que leur Sacerdoce étoit

éteint,

éteint, la loi de Moïfe abrogée. Quiconque connoit la force des paffions humaines, fur-tout de l'orgueil, de l'envie, de l'intérêt, pour aveugler l'efprit & endurcir le cœur, ne fera point furpris qu'ils ne fe convertiffent pas. N'étoient-ils pas convaincus que Jefus n'avoit point détourné de payer le tribut? Qu'il ne s'étoit pas voulu faire Roi? Pourquoi l'en accufoient-ils? Le cœur humain eft un labyrinthe où l'on fe perd. Ainfi, je pourfuis ma démonftration: j'étois à la feconde fuite du célèbre événement dont nous parlons. Et voici là-deffus ma réfléxion. Ou Dieu pour confirmer la prédiction de Jefus-Chrift, touchant fon retour à la vie opéré par fa propre puiffance, a fait de très-grands miracles par fes Difciples, ou il n'en a pas fait. S'il en a fait, donc Jefus-Chrift s'eft reffufcité véritablement lui-même, comme il l'avoit prédit. Donc il eft vrai Dieu, vrai Fils de Dieu; le Chriftianifme eft la feule & unique vraie Religion. S'il n'en a pas fait, il s'enfuit qu'à ce feul trait, Jefus-Chrift, & fes Difciples, ont dû être regardés par ce feul défaut dans tout l'univers, comme évidemment convaincus d'impofture; la Religion Chrétienne comme une fuperftition évidemment facrilège & impie; puifque comme je vous l'ai fait voir ci-devant, Jefus-Chrift avoit donné à la face de la Synagogue, & de tout Jerufalem, les miracles que le Ciel opéreroit par fes Difciples après fa mort, comme le complément & la confirmation des témoignages éclatants qu'il leur avoit donnés pendant

D d

fa vie mortelle, de fa divinité, & de la vérité
de la Religion qu'il leur prêchoit. Donc il étoit
d'une impoſſibilité abſolue, que le monde ajou-
tât foi au témoignage que les Diſciples rendoient
de la Réſurrection de Jeſus-Chriſt. Or le monde
entier a ajouté foi à leur témoignage ſur la
Réſurrection de Jeſus-Chriſt, & en conſéquence
le monde entier a embraſſé la Religion Chrétienne, comme la pure parole de Dieu : la choſe
eſt d'une évidence la plus lumineuſe : donc ce
qui étoit abſolument impoſſible, s'eſt évidemment accompli ; donc il étoit abſolument impoſſible, & il ne l'étoit pas ; ce qui eſt le comble de l'abſurdité. J'ai dû, comme vous le voyez,
rappliquer à cet article en particulier, ce que
j'avois dis ailleurs du Chriſtianiſme en général.

Le Gent. Si je n'étois pas déjà convaincu de
la Réſurrection de mon Seigneur Jeſus-Chriſt,
ce ſeul argument ſuffiroit pour m'en convaincre.

Le Théol. Auſſi mon deſſein n'eſt pas de vous
convaincre ; mais ſeulement de vous fournir des
preuves pour convaincre les autres : c'eſt ſuivant toujours ce point de vûe, que je vais encore vous fournir une autre démonſtration, qui
ſervira de confirmation aux précédentes.

Un fait controverſé, doit être regardé comme inconteſtable, quand la partie qui a un intérêt de la plus grande importance à le nier,
ne peut l'impugner que par une abſurdité manifeſte & un menſonge qui ſaute aux yeux : car
ſi on pouvoit au moins l'obſcurcir par une raiſon en quelque ſorte probable, on ne manque-

roit pas de le faire. Or les Princes des Prêtres, les Scribes, les Pharisiens, qui avoient sans contredit, un intérêt de la dernière importance à convaincre de faux le témoignage des Disciples, touchant la résurrection de leur Maître, n'ont pû l'impugner que par une absurdité manifeste & un mensonge évident. En effet, quoi de plus absurde, de plus éloigné de la vérité, que d'opposer à des témoins oculaires d'un fait, des témoins qui dormoient de leur propre aveu ? Quiconque dort, que peut-il savoir de ce qui s'est passé durant son sommeil, sinon qu'il ne sait rien ? Que peut-il attester, sinon qu'il dormoit alors ? Tout le reste est un mensonge, & même une contradiction manifeste. Donc la résurrection de Jesus-Christ doit être regardée comme un fait incontestable.

Le Gent. Toutes ces démonstrations répandent une lumière, qu'il n'est pas possible de ne point appercevoir, a moins qu'on ne ferme les yeux avec l'obstination la plus aguerrie. Je ne laisserai point de vous proposer une difficulté, que j'ai ouï faire valoir beaucoup dans le parti que j'ai quitté. Si Jesus-Christ, disoient-ils, s'étoit ressuscité vraîment le troisième jour, comme il l'avoit prédit, il n'auroit pas manqué de se faire voir publiquement à tout le peuple, à Pilate même, & aux Pharisiens. Par là le miracle seroit devenu tout-à-fait évident; Dieu en auroit tiré plus de gloire ; les Juifs auroient reconnu Jesus-Christ pour le Messie, & les Incrédules n'auroient plus osé attaquer la

Religion Chrétienne. Or c'est ce qu'il n'a pas fait. Donc &c.

Le Théol. Il faut avoüer que nos esprits forts font plus qu'admirables par la solidité de leur jugement & de leurs arguments. Pour vous faire sentir la force de celui-ci, substituons-lui un autre argument, qui soit exactement dans la même forme. Supposons qu'un Athée vienne vous dire : s'il existoit vraîment un Dieu, il n'auroit pas manqué de manifester à tous les peuples son existence, par des marques si claires, qu'il n'y auroit eu personne qui pût même en douter. Par là son existence seroit d'une évidence au-dessus de toute évidence. Dieu en auroit tiré sa gloire, tous les hommes l'auroient reconnu ; les Athées n'auroient plus osé s'élever contre la certitude de son existence. Or c'est ce qu'il n'a pas fait. Donc, &c. Que jugeriez-vous d'un tel raisonnement ?

Le Gent. Que c'est un déraisonnement qui fait pitié.

Le Théol. Il est cependant dans la même forme que le votre ; une goutte d'eau ne ressemble pas plus à une goutte d'eau. Mais pour en appercevoir mieux la valeur, appliquons-y les régles de la Dialectique ; elles font la pierre de touche du raisonnement. Selon une de ces régles, pour qu'une conditionelle soit concluante, il faut que la seconde partie, qu'on appelle le conséquent, ait une liaison, un nœud nécessaire avec la première, qu'on nomme l'antécédent. Or dans la proposition conditionelle des

Déistes sur la résurrection de Jesus-Christ, on ne trouve point ce nœud, cette cohérence nécessaire ; car qui peut nier que Dieu peut avoir eû de justes raisons, pour ne vouloir point manifester la résurrection de son Fils autrement que par le témoignage des Disciples, sur-tout confirmé par tant de miracles ? Donc leur argument ne conclud pas. Voilà comment ces Messieurs savent faire valoir la plus fausse monnoie.

Le Gent. Cette pierre de touche me prouve avec évidence, que ce qui m'avoit paru de l'or, n'est qu'un clinquant très-méprisable, une sotise même des plus hupées. Quel ridicule, en effet, quand on a une lumière suffisante pour conduire à un terme, où il est de la dernière nécessité d'arriver, de ne vouloir point s'y rendre, à moins qu'une lumière beaucoup plus considérable ne vienne frapper nos yeux? Voilà l'admirable Philosophie de mes anciens Maîtres.

Le Théol. La résurrection de Jesus-Christ bien constatée, il n'est pas difficile d'en tirer une démonstration pour sa divinité & celle de la Religion qu'il a annoncée. Outre qu'il n'y a qu'un Dieu, qui puisse se ressusciter par sa propre vertu, comme il l'avoit prédit dans saint Jean, ch. 10, ⅴ. 17 : c'est qu'il avoit donné positivement sa résurrection, comme une preuve authentique de sa divinité & de celle de la Religion Chrétienne, dans saint Matthieu, ch. 12 : or Dieu, comme je l'ai dit bien des fois, ne peut

faire un miracle pour confirmer l'erreur. Donc
&c.

Le Gent. Il feroit fuperflu d'aller plus loin.
Les Déïftes mêmes conviennent de cette vérité,
& ne conteftent que la réfurrection de Jefus-
Chrift, parce qu'ils fentent très-bien, que ce
point démontré, tout eft démontré. Puifque
vous l'avez fait, & d'une manière à fermer la
bouche à l'incrédulité la plus obftinée : je ne
prendrai pas même la peine de vous faire quelques objections, que font les Déïftes & les Juifs,
parceque vous les avez pulvérifées par avance,
par des preuves auffi convainquantes. J'ai quelque
chofe de plus important à vous propofer. Vous
avez fait une conquête dont je ne faurois affez
eftimer le prix, en me retirant de l'abyme où
j'étois tombé. Mais réfléchiffant fur les funeftes
fources de mon malheur, je n'en trouve prefque point d'autres que les principes que j'ai
puifés dans le Calvinifme ; delà ils me devien-
nent fort fufpects. Achevez, je vous prie votre
victoire ; continuez-moi votre zéle avec la même
patience : en un mot, d'un Athée, faites un Catholique. Le triomphe de Jefus-Chrift fera complet.

Le Théol. J'y fuis bien déterminé. Mais comme j'ai un voyage à faire, nous remettrons, fi
vous le voulez bien, la chofe à mon retour.

F I N.

ERRATA.

Page 34 *Nullam*, lisez *ullam*.
Page 70 *grévir*, lisez *gravir*.
Page 72 *je répons*, lisez *je reprends*.
Page 96 *qu'il ne renonce*, lisez *qu'ils ne renoncent*.
Page 129 *la veru*, lisez *la vertu*.
Page 155 *l'hommage de de*, lisez *l'hommage de*.
Page 228 *pordige*, lisez *prodige*.
Page 258 *Jehovale*, lisez *Jehova*.
Page 289 *far mort*, lisez *sa mort*.